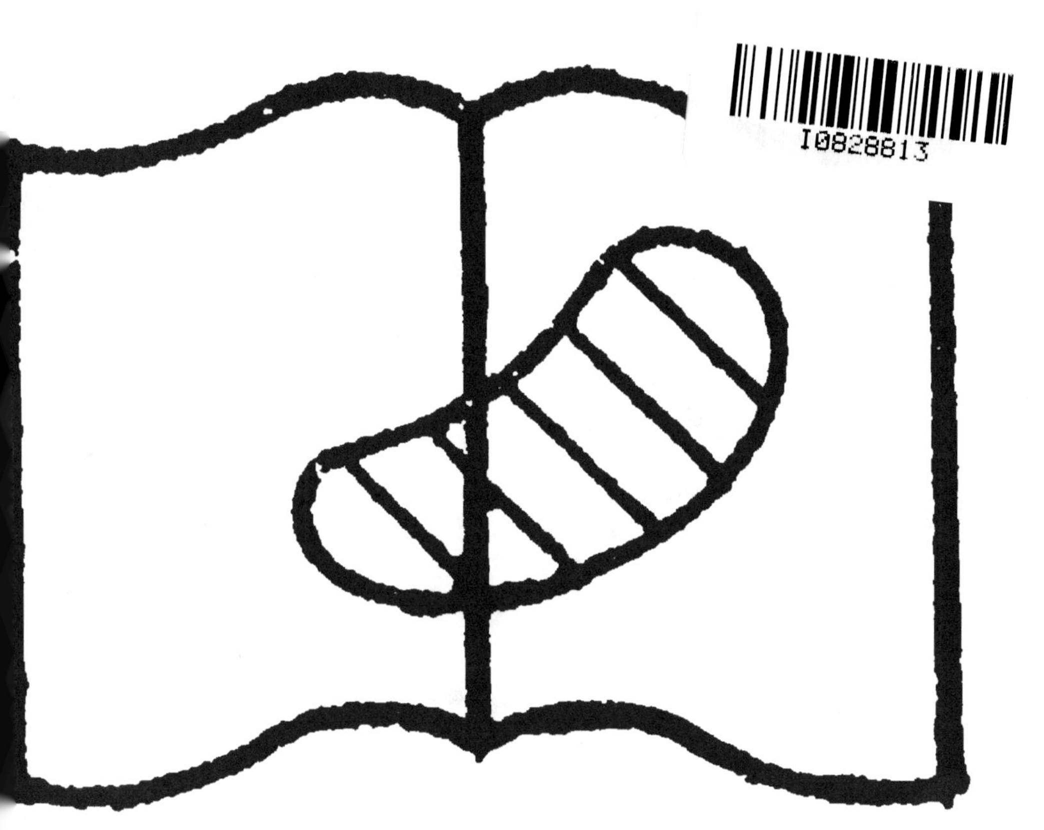

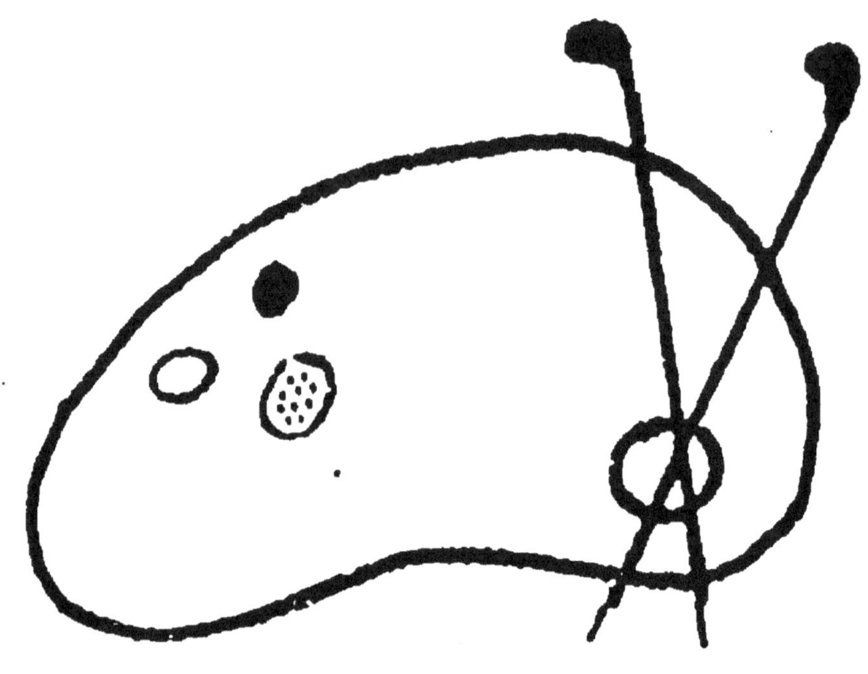

Couvertures supérieure et inférieure
en couleur

ŒUVRES COLLECTION

PAUL DE KOCK

LE

PETIT ISIDORE

LE MILLIONNAIRE

I

Paris
DÉGORCE-CADOT
70 bis rue Bonaparte

Paris. — Typ. Collombon et Brûlé, rue de l'Abbaye, 22

LE

PETIT ISIDORE

LE MILLIONNAIRE

I

F. Aureau. — Imprimerie de Lagny.

LE PETIT ISIDORE

A. Degorce-Cadot, éditeur. Typ. Collombon et Brûlé.

ŒUVRES DE CH. PAUL DE KOCK

LE
PETIT ISIDORE

LE MILLIONNAIRE

I

« Quelque différence qui paraisse entre les
« fortunes, il y a certaine compensation de
« biens et de maux qui les rend égales. »

Maximes de La Rochefoucauld.

PARIS
A. DÉGORCE-CADOT, ÉDITEUR
9, RUE DE VERNEUIL, 9

1878

LE

PETIT ISIDORE

I

UNE STATION DE CHEMIN DE FER.

Il est neuf heures du soir à la station de Lisieux, qui n'est qu'à quelques lieues de Caen, on attend le convoi du chemin de fer, qui, partant de Caen à neuf heures du soir pour se rendre à Paris, ne doit pas tarder à prendre les voyageurs qui sont à Lisieux.

La salle d'attente de cette station est assez peu éclairée pour que les personnes qui attendent le convoi puissent, suivant leur fantaisie, ne pas être vues, ou causer à l'écart si tel est leur bon plaisir. Il n'y a guère qu'une douzaine de personnes qui se disposent à prendre le chemin de fer.

D'abord un jeune couple qui s'est assis dans un coin obscur de la salle. Ce doit être des amoureux ; si ce sont des jeunes gens mariés, à coup sûr ils sont encore dans leur lune de miel, car ils se parlent de bien près, en se regardant dans les yeux, en se tenant les mains, il semble qu'ils aient peur de perdre une parole l'un de l'autre. Aussi ne s'occupent-ils nullement des autres voyageurs et de ce qui se passe autour d'eux.

La femme peut avoir dix-huit à dix-neuf ans. Elle est petite, mignonne, sa taille est toute mince, ses pieds et ses mains sont remarquables par leur exiguïté. C'est une blonde, blanche et rose de teint; elle a des yeux bleus, remplis d'amour en ce moment, ce qui les rend extrêmement jolis, car lorsque les yeux d'une femme, déjà gentille, sont animés par cette passion, ils gagnent cent pour cent; ce qui ne veut pas dire qu'ils y voient double, mais seulement qu'ils sont deux fois plus séduisants.

Cette jeune femme a la bouche un peu grande, mais les dents assez bien, son nez est d'accord avec le reste de ses traits, et ceci n'est point un mince avantage, car nous avons beaucoup de personnes qui ont un nez qui n'est pas du tout fait pour leur figure; quand vous regardez ces personnes-là, vous trouvez quelque chose de singulier, de bizarre dans leur physionomie, vous ne pouvez pas vous rendre compte de ce qui vous choque. Il vous semble d'abord qu'elles louchent et pourtant elles ne louchent pas. Tout cela vient de leur nez qui ne va pas avec leurs autres traits. Probablement leur mère aura été frappée à la vue de quelque masque difforme, pendant qu'elle était dans la position intéressante.

Nous disions donc que cette jeune femme sans être très-jolie, était gentille et gracieuse. Le jeune homme avec qui elle est, doit avoir vingt-quatre ans tout au plus. Il est grand, un peu taillé en échalas, mais il a devant lui beaucoup de temps pour prendre du ventre, ce qui du reste n'est pas une chose indispensable pour descendre le fleuve de la vie; il y a même des personnes que cela fait chavirer. Toutes ces choses qui nous arrivent après coup, ont rarement l'avantage de nous rajeunir.

Ce jeune homme est brun, il n'est pas beau de figure, mais en ce moment il a aussi ce qui embellit sa compagne : de l'amour dans les yeux, du bonheur dans la physionomie, et cette expression-là en vaut bien une autre; malheureusement elle n'est qu'accidentelle, tandis que si vous avez l'air bête ou grognon cela reste toujours.

Dans la partie éclairée de la salle, deux dames très-majeures, tournures de province, prétentieuses et raides, se plaignent beaucoup de ce qu'il n'y a point une glace dans les salles d'attente, parce que le vent ayant dérangé l'harmonie de leur coiffure, il doit y avoir quelques réparations à opérer dans les boucles de leurs cheveux. Ces dames ne font que changer de place, partout où elles s'asseyent, elles craignent un courant d'air, enfin elles appellent un des employés du chemin de fer :

« — Monsieur, nous avons pris des billets de première « classe, nous serons bien, n'est-ce pas?

« — Parfaitement bien, mesdames !

« — Nous ne serons pas entre deux vents.

« — En fermant les portières vous n'en aurez pas du « tout!

« — Nous serons bien assises ?

« — Vous vous asseoirez comme cela vous fera plaisir.

« — Vous ne nous comprenez pas, nous désirons sa- « voir si les banquettes sont douillettes... bien rembour- « rées?

« — Tout ce qu'il y a de plus rembourré, mesdames !

« — Et vous ne mettrez avec nous dans le vagon que « des personnes comme il faut, n'est-ce pas !

« — Oh! soyez tranquilles! en première classe il n'y « a jamais que du beau monde, ce n'est pas là où vont « les nourrices!...

« — C'est que vous comprenez bien, monsieur, nous « ne sommes pas habituées à voyager en chemin de fer, « ma cousine et moi...

« — Cependant, mesdames, on ne voyage pas autre- « ment...

« — On a tort, monsieur, on a tort!... Dans une voi- « ture, les dames étaient beaucoup moins exposées... « surtout la nuit!...

« — C'est-à-dire, mesdames, que dans une voiture, « vous aviez à peine de la place pour vous asseoir, à « chaque instant un voisin en dormant... ou sans dor- « mir, reposait sa tête sur vos épaules, ou ailleurs... « vous étiez serrées, cahotées... et quelquefois ver- « sées!...

« — Jamais on ne nous a versées, monsieur!... il est « vrai que nous voyageons bien rarement et si nous « nous rendons à Paris en ce moment, il faut que ce « soit un motif bien grave... pour un cas de première « nécessité... n'est-ce pas, Armande?

« — Oh! oui, Argentine!...

« — Et si nous voyageons la nuit c'est parce qu'il fait « plus frais et que le voyage fatigue moins le teint... « tandis que dans le jour, la chaleur, la poussière « abîment la peau... mais pourquoi n'y a-t-il pas une « glace dans cette salle, monsieur...

« — Parce qu'on n'en a pas mis, madame!

« — Mais il fallait en mettre... est-ce que des femmes « n'ont pas toujours besoin de se voir... Allons, il ne « nous écoute plus cet homme... ah! Armande! je crains « qu'il ne nous arrive de fâcheuses aventures sur ce « chemin de fer!... je ne suis pas tranquille!... »

La cousine Armande qui est une énorme femme de trente-neuf à quarante ans, ayant de gros yeux à fleur de tête, un nez de négresse, deux mentons, et des fossettes dans les joues, de plus le teint continuellement animé, comme une personne qui aurait trop dîné, ou qui serait trop serrée dans son corset, répond avec une petite voix flûtée, qu'on est étonné d'entendre sortir d'un si gros corps :

« — Mais Argentine, si vous avez des pressentiments, « ne partons pas ; retournons à notre domaine de la « Grenouillère... nous écrirons à Paris au lieu d'y aller.

« — Écrire!... écrire!... est-ce donc la même chose « que d'aller soi-même!... vous savez bien que non... « nous avons déjà écrit plusieurs fois pour nous plain- « dre... pour détailler nos griefs... on n'a jamais bien « suivi nos instructions. Non, pour ces choses-là, il faut « y être, il faut essayer... il faut faire ses observations « sur place...

« — Alors, ma cousine, résignons-nous...

« — Oh ! Armande, que vous êtes heureuse, avec « votre caractère tranquille, impassible!... rien ne vous « inquiète... rien ne vous émeut...

« — Mais, Argentine, vous vous trompez... Je suis « émue très-souvent!... seulement je me raisonne...

« — Eh bien, moi, je n'ai jamais pu me raisonner... « allons nous asseoir ailleurs... il me semble qu'on sent » du vent ici...

« — Allons dans ce coin...

« — Par exemple!... ne voyez-vous pas, Armande, « qu'il y a dans ce coin un homme et une femme qui se « parlent dans le nez... qui se tiennent les mains... qui « sont assis... comme si on les avait ficelés ensemble... « Fi! cela est inconvenant! j'espère bien que nous ne « voyagerons pas avec ces gens-là...

« — C'est sans doute le mari et la femme...

« — Ah! ma cousine... que vous avez peu de con- « naissance du monde! si c'était le mari et la femme, « ils ne se tiendraient pas les mains en se parlant, « comme s'ils avaient peur de se perdre... ah! que c'est

« désolant qu'il n'y ait pas ici seulement un miroir. »

En ce moment un jeune homme qui se promenait dans la salle, entend les dernières paroles prononcées par la cousine Argentine, et saluant ces dames d'une façon assez originale et comme s'il allait exécuter un pas de danse devant elles, ôte son chapeau et leur en présente l'intérieur en disant :

« — Mesdames, voilà tout ce que je puis vous offrir, « c'est peu de chose, mais enfin cela vaut mieux que « rien... »

Les deux cousines qui avaient d'abord paru effarouchées en voyant un jeune homme les aborder, deviennent tout à coup beaucoup plus gracieuses en apercevant une petite glace fixée au fond du chapeau qu'on leur présentait, et elles daignent sourire au jeune homme, en lui disant :

« — Ah! monsieur... vous êtes trop obligeant... comment, vous avez une glace au fond de votre chapeau... « mais c'est très-ingénieux cela!...

« — L'idée n'est pas de moi, mesdames, elle n'est pas « nouvelle, mais j'ai pensé que cela pouvait quelquefois « être utile en voyage. Cela doit vous paraître singulier « de me voir possesseur d'un tel chapeau, moi qui suis « passablement laid et qui ne devrais pas avoir un grand « plaisir à contempler mon image... et dans le fait, il « semble d'abord que ce petit meuble ait dû être inventé « pour un Adonis, un Narcisse! toujours empressé de se « mirer, de se voir. Mais moi, je ne pense pas comme tout « le monde... je ne me trouve pas si vilain que je ne « puisse me regarder quelquefois... il y a mieux, à force « de me mirer, j'ai fini par m'habituer à ma figure... « par la trouver passable, avec le temps je ne désespère « pas de me découvrir quelque grain de beauté dans les « traits. Voilà mon excuse, mesdames, mais en ce mo« ment mon chapeau va être bien agréablement surpris,

« puisqu'au lieu de refléter ma figure il va s'embellir « de deux charmantes images! »

Le jeune homme qui vient de s'exprimer ainsi est en effet porteur d'une tête qui, au premier aspect, inspire l'envie de rire, parce qu'elle rappelle ces grotesques que l'on voit dans les mascarades, ou sur les tabatières. C'est une figure chétive, maigre, pâle, grimaçante, pourvue d'un nez mince et trop long, de deux yeux ronds, renfoncés, d'une bouche très-grande, tout cela surmonté d'une crinière formidable, épaisse, descendant presque sur les sourcils, et laineuse comme celle des nègres. Ajoutez à cela une taille petite, mal prise, des fuseaux pour jambes, un dos très-voûté, qui fait douter si l'individu est ou n'est pas bossu, et l'on concevra qu'au premier aspect, ce monsieur ne devait pas séduire; de plus ce jeune homme était affligé d'une infirmité légère, mais quelquefois très-gênante en société: il était presque constamment enrhumé du cerveau; à chaque instant vous voyiez son nez se crisper, ses lèvres se pincer, et un éternument partait, dont quelquefois vous attrapiez des éclats, lorsque vous causiez de trop près avec le jeune homme; il était affligé de son inconvénient, mais tout ce qu'il avait pu faire pour guérir ce rhume de cerveau presque permanent, n'avait servi qu'à l'augmenter encore. Deux fois, le jeune Torse, c'est le nom de ce monsieur, qui est dessinateur, avait été mis à la porte d'un concert, parce qu'il ne cessait pas d'éternuer pendant un solo de violon ou le point d'orgue d'une chanteuse. On avait pris cela pour une cabale montée d'avance avec le nez de ce monsieur; enfin il avait aussi été prié de ne plus se rendre à des réunions littéraires où des poëtes avaient l'habitude de lire de leurs vers, parce que ses éternuments intempestifs avaient souvent provoqué le rire dans des moments où les lecteurs espéraient faire couler des larmes. Mais...

mais... car il y a des mais pour tout, si en parlant ce jeune homme faisait souvent des grimaces très-comiques, si par ses gestes anguleux, ses longs bras et ses cheveux crépus, il avait une forte ressemblance avec un polichinelle, en revanche dans ses yeux qu'il roulait avec beaucoup de vivacité, il y avait une expression fine et souvent railleuse, qui annonçait de l'esprit, et quand on l'écoutait on trouvait que ses yeux ne mentaient pas. Or, pour les gens qui eux-mêmes ne sont pas absolument bêtes, l'esprit fait bien vite trouver grâce pour la laideur; l'oreille fait alors pour nous, ce que le miroir faisait pour lui; à force d'entendre causer ce jeune homme on oubliait qu'il était vilain, on finissait même par le trouver gentil.

« Les personnes d'esprit sont-elles jamais laides?... »

Mademoiselle Argentine a donc pris le chapeau doublé d'une glace et s'empresse de se mirer et de remettre en place quelques boucles de sa chevelure que le vent avait fait voltiger outre mesure; car il faut dire qu'il ventait beaucoup ce soir-là, et que l'air était humide et frais, bien que l'on fût en plein mois de juillet; mais depuis quelque temps les saisons ont jugé convenable de faire comme les hommes; on ne peut plus compter sur elles.

Après avoir assez longtemps fait usage du petit miroir, mademoiselle Argentine qui offrait un contraste frappant avec sa cousine, étant aussi maigre que celle-ci était grasse, consentit à laisser Armande se regarder dans le fond du chapeau, et pendant que l'énorme demoiselle retouchait aussi à ses cheveux, elle dit au jeune homme qui venait de leur faire cette galanterie :

« — Monsieur se rend-il à Paris?

« — Oui, mesdames.

« — Monsieur vient de Lisieux ou de Caen, peut-être?

« — J'ai visité une partie de la Normandie, je voulais « voir cette belle vallée d'Auche... ces vertes prairies, « ces magnifiques pâturages dont j'avais souvent en « tendu parler... j'ai trouvé que les récits que l'on « m'avait faits n'étaient point exagérés... j'ai été en- « chanté...

« — Monsieur voyage donc seulement pour son agré- « ment?...

« — Pas tout à fait, madame, car je suis dessinateur... « même un peu peintre dans l'occasion.

« — Ah! monsieur fait des portraits?

« — Quelquefois, madame.

« — A l'huile ou au crayon?

« — Comme on veut... je manie les deux... je ne dirai « pas également bien, mais enfin je connais mon af- « faire... »

Et le jeune artiste accompagne ces derniers mots d'un sourire dans lequel il fait jouer tous les muscles de sa physionomie, tandis que la grosse Armande lui présente son chapeau en lui faisant une révérence de menuet.

« — Infiniment obligée, monsieur, vous avez là un « chapeau bien agréable!

« — C'est un couvre-chef à deux fins.

« — Ma cousine, pourquoi les dames ne feraient-elles « pas placer une petite glace au fond de leur chapeau... « comme monsieur?

« — Mais, ma cousine, parce que les dames n'ôtent pas « leur chapeau à chaque instant comme les hommes... « et que c'est surtout lorsqu'elles ont mis le leur sur « leur tête qu'elles ont besoin de se regarder...

« — C'est bien fâcheux...

« — Mesdames, il me semble que l'on pourrait trou- « ver pour vous une invention qui remplacerait celle-

1.

« ci... n'avez-vous pas déjà des éventails garnis de « plumes avec un miroir au milieu...

« Oui, mais ces éventails ne se portent qu'en céré- « monie... on ne peut pas sortir avec lorsqu'on va à « pied...

« — C'est juste... je vois, mesdames, qu'il faudra que « j'invente quelque chose de nouveau... de facile... de « portatif...

« — Les dames vous en seront bien reconnaissantes, « monsieur!...

« — Attendez... je crois que je tiens ce qu'il vous « faut... un flacon plat, avec une petite glace sur une « des faces... voulez-vous jeter un coup d'œil sur votre « visage, vous feignez de vous trouver indisposée... ou « bien vous vous plaignez d'une odeur fâcheuse, et tout « en portant le flacon sous votre nez, il vous est très-fa- « cile de vous regarder sans même que l'on s'en doute... « Que pensez vous de cela?

« — Oh! c'est charmant, monsieur, c'est ravissant... « ces flacons auront le plus grand succès!

« — Je me charge d'ailleurs d'en faire venir la mode, « je fais des dessins sur bois pour *l'Illustration* et pour « plusieurs autres journaux... j'y mettrai des dames se « servant de flacon-miroir...

« — Monsieur fait-il aussi de la photographie?

« — Non, mesdames, je m'en tiens à mon crayon... « mais si vous me permettez de vous croquer toutes les « deux, j'ose croire que je vous ferais ressemblantes...

« — Ah! ma cousine... monsieur veut nous croquer... « est-ce que vous nous mettriez aussi dans le journal?...

« — Certainement, si vous le voulez bien... vous fe- « riez beaucoup d'effet.. je vous mettrais dans le *Jour-* « *nal pour rire*...

« — Oh! ce serait bien amusant... Argentine, est-ce « que vous ne voulez pas être croquée?

« — Que vous êtes inconséquente Armande... mettre « nos portraits dans un journal pour que tout le monde « puisse posséder notre figure... y pensez-vous?... vous « ne voyez pas que monsieur vous offre cela pour plai- « santer. »

On ne savait jamais si le jeune dessinateur plaisantait ou s'il parlait sérieusement car il avait le talent de conserver toujours le plus grand sérieux, même lorsqu'il se moquait du monde, ce qui lui arrivait plus souvent qu'on ne le pensait.

Il prend alors la physionomie d'un tyran de drame en répondant à la maigre demoiselle :

« — Moi! me moquer de ce sexe charmant, dont je « ne fais pas partie!... lorsque je voudrais passer ma « vie sur ses genoux... non, je veux dire à ses genoux... « mais je serais donc un Roquelaure!... un Richelieu!... « j'ai bien quelque chose de Roquelaure... on m'a dit « quelquefois... des personnes qui ont son portrait, que « j'étais presque aussi laid que lui... mais je crois qu'on « m'a flatté.

« — Ma cousine, je soupçonne ce jeune homme d'être « un peu toqué, dit mademoiselle Argentine en parlant « dans l'oreille de sa compagne. »

L'artiste profite de cette circonstance pour éternuer à plusieurs reprises et quitter ces deux dames; car, ainsi que tous les gens bien élevés et de bon goût, il s'éloignait des personnes qui causaient bas près de lui. Nous en connaissons qui se rapprochent et tâchent d'entendre : c'est pousser trop loin le désir de s'instruire.

Un nouveau voyageur vient d'arriver à l'embarcadère, c'est un homme de trente ans, dont les cheveux sont séparés par une raie aussi bien faite que celle d'un garçon de café ; cela vous donne sur-le-champ une idée du personnage; en effet celui-ci est une espèce de lion bourgeois, figure assez commune, le nez au vent, des yeux vert-gris qui sont légèrement bordés de rouge, mais qu'on cherche à rendre fascinateurs en les roulant avec vivacité sur le moindre cotillon, des cheveux blonds, fort soignés comme nous vous le disions tout à l'heure, une bouche en cœur, des favoris formant collier, et un monocle appliqué presque constamment sur l'œil droit, voilà pour la tête; la taille est ordinaire et la tournure n'offrirait rien de remarquable si ce monsieur ne se tenait pas toujours penché en arrière, et une main sur la hanche, comme s'il s'apprêtait à renvoyer un ballon.

La mise de ce personnage annonce les mêmes prétentions que sa figure : il porte un pantalon gris à carreaux énormes, un gilet d'un dessin extravagant, une cravate de fantaisie si étroite qu'il semble n'avoir qu'un ruban autour de son cou, le col de sa chemise est rabattu à la Colin, un petit paletot ou plutôt une jaquette vert pomme, qui ne lui descend pas à mi-cuisse, flotte sur son torse sans être boutonnée, enfin sur sa tête est posé un chapeau qui a la prétention d'être un véritable panama, bien qu'il n'en soit qu'une troisième ou quatrième imitation.

Le nouveau venu commence par se promener d'un bout à l'autre de la salle, faisant beaucoup de bruit en marchant, toussant, crachant, fredonnant une chanson, puis disant assez haut pour être entendu :

« — Ah ! c'est ici qu'on prend le convoi... j'espère que « nous n'attendrons pas longtemps, il n'y a pas foule... « nous aurons de la place... voyons la société... hum!... « c'est mêlé!... un peu de tout... ça me rappelle les « stations d'omnibus à Paris... »

Et ce monsieur braque son monocle sur toutes les dames, mais il se détourne de quelques paysannes, s'éloigne très-vite après avoir examiné les deux cousines, et semble vexé, après s'être arrêté quelques instants devant le jeune couple qui se parle de si près, de voir que la jeune femme n'a pas même porté les yeux de son côté. Après avoir terminé sa revue que ne l'a nullement satisfait, ce voyageur prend à part un des employés du chemin de fer et lui dit :

« — Savez-vous bien, mon cher, qu'il n'y a pas une « seule jolie femme à votre station.

« — Dame, monsieur, il y a des jours comme cela !... « d'autres où l'on n'aurait que l'embarras du choix.

« — Je n'ai pas de chance alors... c'est que je suis un « grand amateur, moi... les femmes, c'est mon élé-« ment, j'ai toujours été si heureux près d'elles que je « leur dois bien un peu de reconnaissance... Pensez-« vous qu'il y en aura beaucoup dans le convoi que « vous attendez ?

« — Oh! oui, monsieur... Lisieux, Caen, nous en-« voyent... toujours du beau sexe en quantité...

« Eh bien, écoutez... soyez gentil... c'est vous qui « ouvrez les vagons ?

« — Oui, monsieur.

« — Vous avez l'habitude, vous voyez tout de suite « ceux qui renferment beaucoup de femmes... mettez « moi de préférence dans un de ceux-là... première, se-« conde ou troisième classe, ça m'est égal... pourvu que « je sois avec du beau sexe...

« — Cela suffit, monsieur, alors prenez un billet de « première classe, et vous irez où vous voudrez.

« — C'est justement ce que je vais faire. »

Pendant que cet amateur du beau sexe prend son billet, de nouveaux personnages entrent dans la salle d'attente.

II

DE NOUVEAUX VOYAGEURS.

C'était un monsieur orné de sa femme, de son enfant et de sa bonne. Le monsieur a cinquante ans. C'est le vrai type du rentier campagnard ; un homme robuste, bâti solidement; bonne figure, ouverte, joviale, qui a été bien dans son temps et qui se flatte de ne pas être encore trop déjeté. Sa femme a quarante ans; elle a dû faire des passions; c'est une brune aux yeux très-piquants, qui possède maintenant un embonpoint agréable, et est assez bien conservée. L'enfant est un petit garçon de sept ans, qui saute sans cesse en tapant sur tout ce qu'il rencontre, et semble gêné dans son pantalon ; il est vilain, mais en revanche il est volontaire, rapporteur et désobéissant. M. Phonphonse peut être classé parmi les enfants terribles, son bonheur étant de redire les choses qui peuvent être désagréables aux gens. Mais ce n'était qu'après douze ans de ménage que les époux Langlumot avaient obtenu ce gage de leur amour, et alors ils commençaient à désespérer d'avoir un rejeton ; celui-ci fut donc accueilli avec des transports d'allégresse; et ses parents dans leur ivresse ne savaient point corriger les défauts de leur unique enfant.

La bonne a vingt-cinq ans, mais elle est tortue, cagneuse et horriblement couturée par la petite vérole. Madame Langlumot, c'est le nom de sa maitresse, n'a jamais voulu avoir à son service que des monstres de laideur, est-ce coquetterie ou jalousie, peut-être est-ce pour ces deux motifs.

A peine tout ce monde-là est il arrivé dans la salle d'attente, que Langlumot prend la petite valise et le sac de nuit que portait sa bonne, en disant :

« — Maintenant, mes enfants, que me voici à l'em-« barcadère... voyez qu'il ne m'est arrivé aucun acci-« dent. Je vous remercie de m'avoir conduit jusqu'ici, « mais ne restez pas plus longtemps... ne vous attardez « pas... vousavez un bon bout de chemin à faire pour re-« tourner chez nous... Je sais bien que les chemins sont « sûrs, que Jaquinette a sa lanterne ; mais c'est égal, si « vous tardiez je serais obligé de vous reconduire, et il « n'y aurait plus de raison pour que cela finit.

« — Mon ami, vous êtes bien pressé de nous voir « vous quitter!... Songez donc que nous allons être « longtemps séparés de vous... Il parait que cela ne « vous fait rien!...

« — Ah! Hortense... je ne mérite pas ce reproche, « chère amie ; vous savez bien que je n'aime pas à « voyager; je ne songeais pas à aller à Paris, moi!... « Mon neveu Auguste y fait des sottises, je me disais : « Ma foi ! tant pis ! Après tout, Auguste a vingt-cinq « ans, et à cet âge on envoie promener un oncle qui « veut vous donner des conseils... D'autant plus que « les sottises qu'il fait ne compromettent que son bon-« heur personnel... Mais voilà qu'un petit héritage m'ar-« rive, auquel certes je ne m'attendais pas... pour le

« toucher, il faut que j'aille à Paris moi-même, chez le « notaire... car donner des procurations cela n'en finit « plus, et puis c'était des frais inutiles... D'ailleurs avec « le chemin de fer on voyage si vite à présent ?... et « j'ai pris des premières places afin d'être très à mon « aise.

« — Papa ! est-ce vrai que dans les chemins de fer « on peut être brûlé, brisé et tué?...

« — Taisez-vous, Alphonse! Mon Dieu, quelle idée de « dire cela maintenant à votre père !...

« — Ma chère amie, cet enfant dit ce qu'il a entendu... « il n'y met pas de méchanté ! Oui, mon fils, il est arrivé « des accidents bien terribles sur les chemins de fer ! « mais cela est rare et l'on a dû depuis redoubler de « prudence pour éviter le retour de ces malheurs.

« — Tu crois donc que tu ne sauteras pas, toi, papa ?

« — Du moins j'aime à le croire, mon ami...

« — Taisez-vous donc, Alphonse !

« — Dame! maman, c'est notre voisin monsieur Ranflard, qui le disait encore hier : Si votre mari saute, « ma belle voisine, je me mets sur les rangs pour le « remplacer. »

Madame Langlumot devient très-rouge et pince son fils, en murmurant :

« — Que ce petit garçon est bête. Il entend tout de « travers !...

« — Non, j'ai pas entendu de travers... Aïe.., « Holà !!... pourquoi que tu me pinces, à présent!...

« — Ah ! le voisin Ranflard se met sur les rangs pour « me remplacer, » dit M. Langlumot avec un sourire un peu forcé. « C'est bien aimable de sa part... Je lui en « ferai mes remerciments à mon retour...

« — Tu sais bien, mon ami, que monsieur Ranflard « plaisante toujours... J'espère bien que tu ne prends « pas au sérieux ce que vient de dire cet enfant.

« — Par exemple!... tu sais que je ne suis pas jaloux, « moi!... D'ailleurs j'ai toujours entendu dire que cela « ne servait à rien... et que cela n'empêchait pas une « épouse de tromper son mari lorsqu'elle avait cette « fantaisie...

« — Vous n'êtes pas jaloux parce que vous n'avez « jamais eu sujet de l'être, je m'en flatte...

« — Qui te dit le contraire?... Mais il ne s'agit pas de « tout cela. Je verrai Auguste, je lui donnerai de bons « conseils... je tâcherai de lui donner aussi l'idée d'é- « pouser mademoiselle Goberville, qui est venue, au « printemps, nous voir avec son père...

« — Ah! la grande demoiselle qui a un cou de cigo- « gne! » s'écrie le petit garçon, en frappant avec une baguette sur une des banquettes placées dans la salle.

« — Phonphonse, pourquoi dites-vous cela?... Ma- « demoiselle Athénaïs a toujours été fort aimable pour « vous... elle vous a donné des dragées.

« — Ah! ouiche! elles étaient mauvaises ses dragées ? « maman a dit que c'était du plâtre, tout ce qu'il y a « de plus commun en dragées...

« — Je t'ai dit cela, Alphonse, pour que tu n'en man- « ges pas trop, ce qui t'aurait fait du mal...

« — Ah! c'est pas vrai... elles étaient mauvaises... Je « t'ai vue toi-même les jeter après les avoir sucées...

« — Alphonse, vous avez mal vu!...

« — Si, si, si! oui, oui, oui! si, si, si!... »

Et le petit garçon s'éloigne en sautant et en continuant de frapper sur les banquettes avec sa baguette.

« — Quel espiègle! » s'écrie madame Langlumot, lorsque son fils est éloigné « Il n'y a pas moyen de rien lui « cacher... C'est vrai que les bonbons de mademoiselle « Goberville ne valaient rien du tout!... et qu'elle a un « cou d'une longueur démesurée...

— Oui, mais elle a cent mille francs de dot .. c'est gen-

« til, c'est rond, c'est net; avec cela on peut s'acheter de « très-bonnes dragées; et comme Auguste ne serait pas « toujours pendu au cou de sa femme, il ne remarquerait « pas la longueur de celui d'Athénaïs. Enfin, je ferai mon « possible pour nouer cette affaire... et comme Auguste est « très joli garçon, je... »

De grands cris poussés par monsieur Phonphonse arrivent aux oreilles de ses parents, qui s'interrompent aussitôt en regardant de tous côtés et en criant aussi :

« — Ah! mon Dieu! qu'est-ce donc... c'est Alphonse « qui pleure!

« — Qu'est-il arrivé à notre fils?... »

Le petit garçon revient en pleurnichant.

« — Qu'est-ce donc, mon ami? que t'a-t-on fait... pour- « quoi pleures-tu!

« — C'est ce monsieur là-bas, qui m'a battu. »

Et l'enfant désigne un individu d'un âge mûr et à la figure sévère, qui est assis sur une banquette, où il fume un cigare.

« — Comment, on s'est permis de battre mon fils! » s'écrie madame Langlumot, « et de quel droit... mais « c'est affreux cela... Mon ami, j'espère que vous allez « punir cet homme qui a eu l'audace de toucher à notre « fils...

» — Sois tranquille, Hortense... Ah! je crois bien « que je vais lui parler... et sapristi... je vais le traiter... « je vais le... ah! mais... c'est que!... »

A mesure que M. Langlumot s'approchait du particulier désigné par son fils, sa voix baissait de ton. C'est qu'il remarquait que ce monsieur avait une paire de moustaches grises, des sourcils épais, et dans le regard quelque chose qui annonçait ce que l'on nomme : un gaillard solide. De plus, à la tournure de ce personnage, à son col noir, à sa redingote boutonnée jusqu'au menton, enfin dans toute sa tenue, on devinait un ancien militaire.

M. Langlumot s'approche cependant du fumeur, il s'arrête devant lui, tâche de prendre une tenue imposante et fait une grosse voix :

« — Monsieur, je voudrais bien savoir pourquoi vous « vous êtes permis de porter la main sur mon fils? que « voilà... et qui répand des pleurs par votre fait »

Le monsieur, qui n'avait pas eu l'air de faire attention au campagnard, relève à demi la tête en répondant avec beaucoup de calme :

« — C'est votre fils, ce petit garçon?

« — Oui, monsieur.

« — Je ne vous en fais pas compliment.

« — Pourquoi cela, s'il vous plaît?

« — Parce qu'il est fort mal élevé.

« — Mal élevé! notre fils!... » s'écrie madame Langlumot en s'avançant d'un air courroucé. « C'est vous, « monsieur, qui l'êtes, puisque vous portez la main sur « un faible enfant.

« — D'abord, madame, je n'ai pas porté la main sur « votre fils, car c'est mon pied que je lui ai appliqué au « derrière...

« — Un coup de pied... mais c'est bien pis encore... « Entends-tu, Langlumot, cet homme a molesté ce pau« vre Phonphonse dans un endroit qui n'a jamais « reçu le fouet de sa vie... »

M. Langlumot juge convenable de se moucher avant de répondre, mais le voyageur sourit en reprenant :

« — Madame, avant de vous mettre si fort en colère « pour quelque chose qui n'en vaut pas la peine, ayez « la complaisance de m'écouter : J'étais bien tranquille à « fumer mon cigare à cette place, lorsqu'un petit gar« çon... c'est monsieur votre fils, qui faisait une horrible « poussière avec une baguette dont il frappait la ban-

« quette, est venu faire son petit jeu contre moi. Finis « donc, petit, lui ai-je dit d'abord ; tu nous couvres de « poussière. Au lieu de finir, il tapa plus fort. Je te dis « de finir, repris-je en haussant la voix. Au lieu de cesser, « votre petit garçon vint plus près de moi, et fit sur ma « cuisse ce qu'il faisait sur les banquettes, et je vous « assure que le gaillard n'y allait pas de main morte. « C'est alors, madame, que pour faire cesser un diver- « tissement qui ne me plaisait pas, je renvoyai votre « fils en lui administrant une légère correction qui n'a « pas dû lui faire grand mal, mais qui l'a fait crier « beaucoup. J'ai donc eu raison de dire que votre petit « garçon était mal élevé, car si on lui avait appris à écou- « ter et à obéir, il ne m'aurait pas forcé à le corriger.

« — Comment, Alphonse, vous aviez frappé mon- « sieur? » dit la maman, tandis que le papa juge néces- saire de se moucher une seconde fois.

« — Non! c'est pas vrai!... c'est lui qui m'a battu le « premier, » s'écrie le petit garçon.

« — Monsieur vous entendez... mon fils assure que « c'est vous qui avez commencé... »

Le monsieur se contente de détourner la tête en haus- sant les épaules, et continue de fumer en murmurant :

« — Mon Dieu! qu'il y a des gens bêtes, avec leurs « enfants. »

Mais M. Langlumot, qui ne se soucie pas que cette affaire aille plus loin, retourne vivement vers sa bonne en disant :

« — Je crois que le convoi va partir... Voyons, Jac- « quinette, donnez-moi mes bagages. J'espère que vous « n'avez rien oublié... mes chaussettes... mes foulards... « et cette superbe brioche... dans le cas où j'aurais faim « en route?

« — Tout y est, monsieur, tout y est? » répond la maritorne en donnant les bagages à son maître.

« — Ah! la brioche n'y est pas... elle l'a mangée!... » crie M. Phonphonse, en tenant toujours une main sur la partie de sa personne qui a reçu le coup de pied.

« — Comment, Jacquinette, il serait vrai... vous au« riez mangé cette superbe brioche que j'avais fait faire « exprès pour le voyage de mon mari !...

« — Non, madame, non... je n'ai rien mangé...

« — Ah! la menteuse... je l'ai vue qui la cachait dans « son tablier, en courant dans la cuisine, et puis elle en « fourrait de gros morceaux dans sa bouche... en disant : « ça leur apprendra à ne jamais me donner du des« sert. »

Mademoiselle Jacquinette trépigne des pieds et s'en va en disant :

« — Tant pis! j'aime mieux avoir mon compte que « de rester dans une maison avec cette peste de petit « garçon-là...

« — Eh bien!... elle s'en va, je crois... elle s'en re« tourne sans nous attendre! » dit madame Langlumot.

« — Et elle emporte la lanterne! » dit M. Phonphonse, « nous ne verrons plus clair en chemin... nous « allons tomber dans des trous en revenant.

« — Courez après elle, rejoignez-la... » dit M. Langlumot. « Va, ma chère Hortense, adieu, au revoir...

« — Bon voyage, mon ami, reviens bien vite...

« — Je ferai tout pour me hâter... embrasse-moi, « mon fils...

« — Papa, tu verras que la brioche n'y est pas dans « tes paquets.

« — C'est bien, mon fils... mais partez donc, mes en« fants... Si vous ne rattrapez pas Jacquinette, je crains « qu'il ne vous arrive quelque chose en route...

« — N'aie pas peur, papa, si nous ne retrouvons pas « Jacquinette, nous trouverons le voisin Ranflard... Il

« nous attend toujours sous des arbres quand je me « promène avec maman !... »

Madame Langlumot entraîne vivement son fils pour que son mari n'entende pas la fin de ces paroles, et M. Langlumot, qui est très-embarrassé avec ses paquets et cherche un employé pour savoir ce qu'il doit en faire, n'a pas écouté ce que vient de lui dire le petit garçon qui, en quittant la salle, trouve encore moyen de frapper avec sa baguette sur les jambes de plusieurs voyageurs.

Au moment où madame Langlumot entraînait son fils hors de la salle, en appelant à grands cris sa bonne, qui l'entendait bien et ne lui répondait pas, un nouveau voyageur entrait encore dans la gare. C'était un monsieur entre deux âges, mis avec beaucoup de recherche, pourvu d'un peu d'embonpoint, et porteur d'une de ces figures fleuries et souriantes, qui semblent dire :

« — Regardez-moi, vous verrez un homme heureux, « un homme à qui tout réussit, qui a de la fortune, de « la santé, encore un peu de jeunesse, qui se croit de « l'esprit et surtout du mérite, parce qu'il n'a jamais « éprouvé de revers, et qui regarde avec un certain air « de pitié ou plutôt de dédain, les pauvres diables qui « n'ont pas su faire leur chemin comme lui. »

Voyez, dans la démarche de ce monsieur il y a l'aplomb que donne l'argent aux gens qui n'ont pas d'autre mérite que d'avoir su en gagner; il y a la suffisance que donne la sottise quand elle roule carrosse ; il y a enfin cet air de protection que prend celui qui croit toujours qu'on vient lui demander son appui. Tel est monsieur Dahautcours, qui, après avoir été commis en librairie, puis courtier marron, puis entrepreneur de fêtes publiques, puis négociant, puis tripoteur d'affaires a si bien fait les siennes, et a spéculé si heureusement à la Bourse, qu'en moins de seize ans il a réalisé son million, et avec ses cinquante mille francs de rente a fait un riche mariage, est devenu veuf, s'est remarié pour redevenir veuf encore, ce qui a fait dire à ses connaissances que décidément Duhautcours réussissait en tout.

Ce monsieur entre dans la salle en faisant craquer ses bottes vernies, en regardant tout le monde, sans fixer personne, en s'essuyant nonchalamment le visage avec un véritable foulard de l'Inde qui répand une douce odeur de violette et de jasmin. Les deux cousines qui viennent de l'apercevoir se donnent aussitôt des coups de coude en se disant à demi-voix :

« — Voilà monsieur Duhautcours, Armande!...

« — Oui, Argentine, je le vois...

« — Qu'il a bonne façon... quelle belle tournure !...

« — Oh! oui, on voit bien que c'est un homme comme « il faut!...

Pour beaucoup de gens, un homme comme il faut signifie : un homme très-riche. Les deux cousines étaient dans cette catégorie. Elle se redressent, jettent un coup d'œil sur leur toilette, font bouffer leurs jupes le plus possible, en faisant les mines qu'elles pensent devoir être les plus gracieuses, dans l'espérance que le nouveau venu va les apercevoir. En effet, en passant devant leur banquette, M. Duhautcours aperçoit les deux demoiselles majeures et les salue très-convenablement. Les deux cousines rendent ce salut avec les intérêts, en se disant :

« — Il nous a saluées...

« — Oui, et fort poliment...

« — C'est fâcheux qu'il ne nous ait pas parlé.

« — Il a peut-être craint d'être indiscret...

« — Un homme comme lui ne saurait l'être!...

« — Il est immensément riche, dit-on?

« — Millionnaire, je crois.

« — Et veuf pour la seconde fois?

« — Oui, ma cousine, il pourrait bien se marier une « troisième fois, s'il le voulait!

« — Oh! certes, car il est encore fort bien...

« — Très-bel homme.

« — Et jeune!

« — Il ne doit pas avoir plus de quarante-cinq ans!...

« — En eût-il quarante-huit! un homme est encore « jeune à cet âge!...

« — Même à cinquante ans...

« — Même à cinquante-cinq...

« — Les hommes comme il faut sont toujours jeunes...

« — Si nous pouvions être dans le même vagon que « M. Duhautcours.

« — Cela se peut, puisque nous avons pris des places « de première classe...

« — Ne pourrions-nous pas nous placer près de lui, « et lorsqu'on donnera le signal, sortir en même temps...

« — Cela peut très-bien se faire sans avoir l'air d'être « prémédité... seulement il ne faut pas le perdre de « vue...

« — Promenons-nous dans la salle, ma cousine... »

Ces dames se lèvent pour aller du côté du riche voyageur, lorsque le jeune artiste qui ressemble à Polichinelle se trouve tout à coup devant elles et leur présente de nouveau le fond de son chapeau en leur disant :

« — Mesdames, voulez-vous vous revoir... je crois « que cela ne vous sera pas désagréable!... »

Mais cette fois on passe sans s'arrêter devant le dessinateur en lui disant, d'un air assez raide :

« — Merci, monsieur, merci... nous nous sommes assez vues!...

« — Et moi aussi, je vous ai assez vues!... fausses « jeunesses!... » murmure le jeune homme en se retournant. « Mais vous avez beau faire, vous ne m'é-

« chapperez pas, et vos deux boules seront dans un « de mes dessins... et ce ne sera pas le moins drôle... « il y a de bonnes têtes ici... le monsieur aux paquets « que sa famille a accompagné, vaut aussi la peine « d'être pris... Ah! quel est celui-là, avec un petit carré de « verre sur l'œil... un habitué du boulevard des Italiens qui « s'est égaré jusqu'ici... Non... ce n'est pas là un abonné « du Jokey-Club!... c'est tout au plus un habitué du « boulevard du Temple... mais... tiens, je le reconnais, « ce beau-là... je l'ai vu souvent au café de la Porte « Saint-Martin... et à l'atelier de Bricotin... où il nous « parlait toujours de ses bonnes fortunes, de ses con- « quêtes... c'est Berlinet, le courtier en vins!... »

Le monsieur au monocle vient aussi d'envisager le jeune dessinateur, il va à lui en lui tendant la main :

« — Eh! c'est ce cher petit Torse!...

« — Lui-même, monsieur Berlinet...

« — Par quel hasard à Lisieux.

« — Ce n'est point un hasard, je suis venu exprès me « promener par ici, je ne connaissais pas la Norman- « die... ce n'est pas le pays où j'ai reçu le jour, ce qui « n'empêche pas que ce soit fort beau...

« — N'est-ce pas... quels pâturages, hein?

« — C'est vrai, j'ai regretté plusieurs fois de ne pas « être un baudet!...

« — Avez-vous bu du cidre?

« — Oui, ah! par exemple, je n'y mords pas. C'est « trop fort... cela me rendait désagréable en société.

« — Vive le vin, mon cher, il n'y a que cela de « bon...

« — Je partage votre opinion, toutes les autres bois- « sons sont de la gnognotte!... Vous en avez vendu par « ici!

« — Oui, j'ai fait quelques affaires à Caen et à Li- « sieux... mais j'étais trop distrait!... des femmes char-

« mantes, mon cher, et qui me faisaient des yeux fort « significatifs!... Oh!... j'ai fait mes frais...

« — Vous avez fait vos frais de voyages... en cour« tage, en commission?

« — Vous m'entendez bien, petit farceur!... et tout à « l'heure... Tâchez de monter dans le même vagon que « moi... j'ai dit un mot à celui qui les ouvre... je serai « avec du beau sexe... charmant voisinage quand on « voyage la nuit!...

« — Cette idée anacréontique me sourit assez... je vais « vous emboîter le pas.»

Pendant que cette conversation avait lieu dans un coin de la salle, le monsieur nommé Duhautcours, tout en se promenant de long en large, venait de se trouver vis-à-vis de l'individu à moustaches grises qui avait eu un démêlé avec le petit Phonphonse. Ses yeux se portent par hasard sur le fumeur; de son côté, celui-ci semblait guetter le regard du promeneur qu'il examinait depuis quelque temps.

En se trouvant face à face, ces deux personnages échangent un léger salut. Mais la rencontre ne semble nullement agréable au riche particulier, dont le sourire se change un moment en une expression d'humeur et de contrariété, cependant il se remet bientôt et reprend son air placide habituel, en disant à l'ancien militaire :

« — Ah! c'est vous, Franville!... Comment, vous « avez quitté Paris?

« — Pourquoi pas!... j'ai bien le temps de me « promener à présent que je suis rentier...

« — Vous êtes parfaitement libre de faire ce qui « vous plaît!... Vous avez pris le goût des voyages...

« — Non... j'ai assez voyagé lorsque j'étais au ser« vice... j'ai ma retraite, mes économies, total seize « cent cinquante francs par an... ça me suffit... je me « trouve très-satisfait avec cela.

« — Il y a des gens qui se contentent de peu !...

« — Ça ne vous irait pas à vous, Charles... Ah ! « qu'est ce que je dis donc... je vous appelle par votre « nom de baptême... comme autrefois... j'oublie toujours que je parle au millionnaire... à l'homme à qui « tout réussit !... au fastueux monsieur Duhautcours; il « me semble que vous êtes encore le petit commis en « librairie avec lequel il y a vingt-deux ou vingt-trois « ans j'allais faire la poule au petit café borgne de la « rue de Bondy... et pour lequel je mettais quelquefois « la mise... parce qu'il n'avait pas toujours douze sous « dans son gousset. »

M. Duhautcours relève la tête d'un air assez impertinent, en répondant :

« — Est-ce que je vous dois quelque chose, Franville ? « Est-ce que je ne vous ai pas toujours remboursé ce « que vous me prêtiez à cette époque...

« — Si fait ! si fait ! Aussi, je ne vous demande rien, « vous ne me devez rien !... mais je disais cela... parce « que je pensais à ce temps-là !...

« — Vous disiez cela, parce que, jaloux de la position « brillante à laquelle j'ai su m'élever par mes capacités... par mon mérite, vous voulez sans cesse me rappeler que j'ai eu aussi de mauvais jours... Eh bien ! « qu'est-ce que cela prouve, sinon que j'avais en moi des « ressources que d'autres n'ont pas !...

« — Vous vous trompez dans tout ce que vous dites, « monsieur Duhautcours... Jamais le lieutenant Franville n'a été jaloux de personne... jamais jaloux de « l'avancement de ses camarades, lorsque, lui, restait à « sa place... et pourtant quelquefois, il avait peut-être « aussi bien qu'un autre mérité d'être distingué... mais « il se disait : si ce n'est pas pour cette fois, ce sera pour « une autre !... faisons toujours notre devoir et laissons « aller les choses !... Et vous pensez que je serais envieux

« de votre position, de votre fortune, parce que nous « avons été camarades, presque amis, à cet âge où l'on « se lie si facilement, parce qu'on croit à l'amitié comme « à l'amour, parce qu'on a ces douces illusions qui font « voir tout en rose au début de la vie!... Vous me con- « naissez bien mal... ou plutôt je crois que vous ne « m'avez jamais apprécié ce que je valais. Mais peu « vous importait ce que je valais, vous ne deviez pas « faire d'affaires avec moi... Loin d'être envieux de per- « sonne, sachez que j'ai toujours été heureux du bon- « heur de mes amis et même de mes connaissances; seu- « lement il m'avait semblé, à moi, que si la fortune « m'était devenue favorable... si, après avoir été pauvre... « car vous étiez tout à fait pauvre à l'époque où vous « me tendiez la main, en m'appelant votre ami Fran- « ville... si je m'étais trouvé un jour riche... très-riche... « comme vous l'êtes enfin, j'aurais mis ma joie, mon « bonheur à faire du bien autour de moi; à en faire sur- « tout à ceux qui jadis m'auraient aidé dans mes jours « de peine; et si ceux-là... n'étaient plus de ce monde... « si je ne pouvais plus embellir leur existence... j'aurais « trouvé moyen de les faire sourire... de les faire me « bénir de la place où Dieu les a mis... encore une fois « ce n'est pas pour moi que je dis cela, et vous le savez « bien... J'ai embrassé l'état militaire par goût; une « blessure m'a obligé, il y a quatre ans, à prendre ma « retraite... mais je suis garçon, je n'ai point d'enfant « et j'ai bien assez de quoi vivre!... je n'ai pas besoin « pour bien dormir d'être sous des rideaux de velours « ou de soie...

« — Mon cher Franville, je me souviens que, dans « notre première jeunesse, vous aviez déjà un penchant, « très-prononcé pour faire de la morale, pour donner des « conseils à tout le monde... surtout à ceux qui ne vous « en demandaient pas.

« — Et qui auraient peut-être eu raison de les écou« ter, cependant...

« — Vous me permettrez de ne pas être de votre avis : « si je vous avais écouté, je crois que je ne me trouverais « pas en ce moment possesseur d'une brillante fortune !...

« — Vous seriez peut-être possesseur... d'autre « chose !...

« — Quant à l'usage que j'en fais de cette fortune, il « me semble qu'on ne peut que m'en féliciter : je fais « travailler... je fais bâtir... je donne fréquemment des « fêtes splendides à Paris ou dans ma villa ; eh bien, « plus l'on dépense, plus cela profite aux marchands « et aux ouvriers... Seriez-vous du nombre de ceux « qui trouvent mauvais qu'un homme riche mène un « grand train de maison et fasse de la dépense ?...

« — Je ne suis pas encore assez bête pour cela...

« — Alors vous ne pouvez blâmer l'emploi que je fais de « mes richesses. Si je cherche à m'enrichir encore par « mes spéculations, c'est que j'ai des enfants, une fille « et un fils. Ma fille, issue de mon premier mariage, aura « cent mille francs du bien de sa mère... mais qu'est-ce « que cela !... je veux lui en donner en dot trois fois « autant.

« — Mon fils n'a encore que onze ans, mais il gran« dira... il faudra le lancer dans le monde... lui acheter « probablement une charge d'agent de change... si je « mets pour lui cinq cent mille francs de côté, ce n'est « pas trop... voilà comme j'emploie mon argent !... y « trouvez-vous à redire ? »

Pendant que le capitaliste parlait, l'ancien militaire avait jeté le bout de son cigare, et il caressait doucement sa moustache en fronçant le sourcil d'une façon qui n'annonçait pas qu'il fût entièrement satisfait.

Il répond enfin d'une voix brève :

« Tout cela est bel et bon... vous employez votre argent

« comme vous l'entendez, vous en avez le droit... seule-
« ment, il y a quelque chose que vous oubliez... quelque
« chose qui ne vous coûterait pas des cent mille francs!..
« et ce quelque chose... pourquoi ne le faites-vous
« pas?... pourquoi ne voulez-vous pas le faire?... »

C'est alors M. Duhautcours qui fronce le sourcil et laisse échapper un mouvement d'impatience en disant:

« — Monsieur, je vous ai prié une fois pour toutes de « ne plus revenir sur ce sujet!... à mon âge, on sait ce « que l'on a à faire; il y a une foule de raisons... que « vous ne pouvez pas comprendre, et dont je n'ai pas à « vous rendre compte... encore une fois ne me parlez « plus de cela... ce serait parfaitement inutile. »

Après avoir dit ces mots, M. Duhautcours tourne le dos à Franville et s'éloigne de lui. Celui-ci le regarde s'éloigner et tourne la tête en murmurant:

« — C'est bien, monsieur... on ne vous parlera plus « de cela, puisque cela vous fâche... puisque cela vous « irrite... mais un jour viendra peut-être où vous chan- « gerez de ton et de langage... Le ciel m'est témoin que « je ne vous souhaite pas de malheur!... mais il arrive « tant de choses dans la vie... Les événements ne mar- « chent pas toujours comme nous les avons arrangés » dans nos calculs... C'est égal, je suis fâché de trouver « si peu de mémoire du cœur chez ce Charles... Je suis « fâché de l'avoir autrefois appelé mon ami!... moi, qui « me figurais que le bonheur devait rendre bon... Ah! « pauvre Adèle!... tu as bien fait de mourir!... »

En ce moment, la cloche qui retentit annonce l'arrivée du convoi que l'on attendait; aussitôt un mouvement général s'opère parmi tout le monde réuni dans la salle. Ceux qui sont assis se lèvent; ceux qui sont debout se mettent à tourner, à virer; ils cherchent leur chapeau qui est sur leur tête, ou leur sac de nuit qu'ils tiennent sous leur bras. Au lieu de se diriger tranquillement du côté du convoi, on y court, on s'y précipite; il semble que chacun ait peur de ne point avoir de place; et cependant on devrait savoir qu'il y en a toujours, alors même que tous les vagons seraient pleins : c'est sitôt fait d'ajouter de nouveaux vagons à la queue du convoi. Mais les hommes agissent un peu comme ces fameux moutons que nous cite Panurge : s'ils voient courir, ils courent; s'ils entendent crier, ils crient; s'ils voient la foule rire, ils se mettent aussi à rire de confiance, sauf à demander ensuite pourquoi l'on rit. Voulez-vous dans la rue faire arrêter des passants? Arrêtez-vous en regardant en l'air et en poussant quelques exclamations de surprise, vous serez bien vite entouré par des curieux, des badauds, qui regarderont du côté que vous fixez, et qui chercheront à y découvrir quelque chose. *O servum pecus!* Il en est de même dans les affaires, dans les modes, dans les plaisirs... Cela est si facile d'imiter, de copier, de contrefaire! C'est si difficile d'inventer, de créer, de trouver!... et cependant ceux qui inventent sont rarement récompensés suivant leur mérite... Ce n'est pas eux qui recueillent la gloire et la fortune... Je pourrais ici vous faire encore une citation de *Virgile*, mais cela nous mènerait trop loin, et le convoi va partir.

M. Langlumot, qui est toujours chargé de paquets dont il n'a pas su trouver le placement, regarde tout le monde d'un air effaré, laisse tomber une petite boite de cigares, et, pour la ramasser, jette par terre sa canne et sa tabatière. Le courtier en vins, le beau Berlinet, cherche des yeux l'employé auquel il a parlé, et fait signe au jeune Torse de le suivre; mais le petit dessinateur est en train d'éternuer et ne remarque pas les signes du dandy. Les cousines Armande et Argentine ne voudraient sortir de la salle que derrière M. Duhautcours, afin de se précipiter dans le vagon où il entrera. Mais cela est difficile, parce que ce monsieur, comme tous les gens riches, ne se presse pas et laisse passer les autres, en ayant l'air de dire :

« — Je suis bien tranquille ! j'aura.. toujours une des « meilleures places. »

Si bien que les deux cousines sont obligées d'avancer, poussées par des personnes qui se trouvent derrière elles et leur marchent sur les talons. L'ancien militaire suit le monde, et le jeune couple qui causait dans un coin, y causerait encore, si un des employés ne venait lui dire :

« — Allons, monsieur et madame, le convoi pour « Paris va partir... Dépêchez-vous !... »

Les jeunes amoureux se décident alors à quitter leur petit coin et à faire comme les autres voyageurs. Mais peu leur importe à eux où on les placera ; ils seront toujours bien, parce qu'ils ne se quitteront pas.

III

INTÉRIEUR DE VAGONS SECONDE CLASSE.

Il fait nuit complète, il n'y a pas la moindre lune ce soir-là, et malgré quelques lanternes éparpillées çà et là, c'est presque toujours à l'aveuglette que l'on prend sa place dans le vagon que l'on vous ouvre, et où souvent l'on vous pousse lorsque l'on vous voit hésiter, car les hésitations retardent, prennent du temps, et en chemin de fer le temps est ce qu'il y a de plus précieux.

Les vagons sont ordinairement éclairés assez mal par une petite lampe fumeuse, dont vous n'avez que la moitié, car elle est placée de façon à desservir deux vagons à la fois; cette faible clarté ne répand qu'une lumière rougeâtre qui menace à chaque instant de s'éteindre et qui parfois ne s'en tient pas à la menace, lorsque l'huile vient à lui manquer, ou lorsqu'un coup de vent infiniment prolongé est venu s'abattre sur le convoi.

Le courtier en vins, qui trouve qu'il a perdu sa journée lorsqu'il n'a pas su captiver un cœur, et qui probablement, malgré son monocle, n'avait encore rien captivé ce jour-là, a bientôt rejoint l'employé de la station, auquel il avait parlé d'avance. Sur un signe que lui fait celui-ci, il s'élance dans un vagon de seconde classe, dont on vient de lui ouvrir la portière.

Le vent avait probablement soufflé, ou l'huile avait manqué, car la plus grande obscurité régnait dans l'intérieur de ce vagon. Mais l'employé a dit à l'oreille du sémillant Berlinet :

« — Si vous aimez le beau sexe, monsieur, il y a huit « dames là dedans, et vous serez le seul cavalier.

A ces mots, notre séducteur s'est élancé avec la légèreté d'une biche. Une fois dans le vagon où l'on n'y voit goutte, il est fort embarrassé pour se placer, comment savoir où il pourra s'asseoir? il fait quelques pas en avant disant :

« — Mesdames, daignez me pardonner si je vous dé« range... Il paraît qu'il y a encore deux places dans « votre vagon où l'on tient dix... mais votre petite « lampe s'est éteinte, et il m'est assez difficile de « m'orienter... Je crains de marcher sur vos pieds... Si « vous étiez assez bonnes... si la personne près de la« quelle il y a une place voulait bien me le dire... cela « me guiderait...»

Pour toute réponse, le jeune homme au monocle entend des ronflements très-prononcés qui se suivent, se croisent, s'accompagnent tantôt en sourdine, tantôt en grosse basse, ce qui produit une fort singulière musique qui a quelque chose du bourdonnement d'une grosse mouche, mêlé à celui du hanneton.

« — Ah ! il paraît qu'on dort ici... on y ronfle « même ! » se dit Berlinet toujours debout dans le vagon dont on a depuis longtemps refermé la portière sur lui. « — C'est l'obscurité qui aura endormi. « ces dames ; — et puis, quand on voyage la nuit !... « Je ne peux cependant pas rester debout, moi... Ma « foi, tant pis, puisqu'on ne me répond pas, je vais « tâcher de me placer à tâtons... Si je commets quelque « bévue... si je prends une chose pour une autre, ce ne « sera pas ma faute... pourquoi laisse-t-on les lampes « s'éteindre?... »

Et ce monsieur fait quelques pas, trouvant sur son chemin des genoux plus ou moins ronds, mais qui tous paraissent solides. En appuyant sa main dessus, Berlinet continue de demander excuse, mais on continue de ronfler. Il s'étonne cependant de ne point avoir encore senti sous sa main des étoffes de soie, ou tout au moins quelques mousselines légères, mais il se dit encore :

« — En vogage, la nuit, les dames craignent la fraîcheur; elles auront mis des pardessus, ou des pelisses « en étoffes chaudes. »

M. Berlinet est arrivé à son septième genou : probablement celui-là lui semble plus mignon, et il appuie davantage dessus, lorsqu'une grosse voix éraillée crie à ses oreilles :

« — Eh ben! qu'est-ce qu'il y a donc?... de quoi que « c'est... qui donc qui me pince?... est-ce que c'est vous, « Mathurine Droguin?...

« — Non, ce n'est pas Mathurine Droguin... Excusez, « madame, c'est un voyageur qui cherche à se placer « et qui, n'y voyant pas, ne sait où s'asseoir.

« — Qu'est-ce qu'il chante, celui-là... boutez-vous où « que vous voudrez; mais laissez-moi dormir, et surtout ne réveillez pas le petiot!...

« — Que je me boute où je voudrai !... » répond Berlinet, qui comprend que c'est à une nourrice qu'il s'est adressé, « cela vous est facile à dire... Ah! bon, la « voilà qui ronfle de plus belle... L'obscurité, même « avec des dames, n'est pas toujours aussi agréable que « je l'aurais cru... Ah! voilà le convoi qui se met en « en marche... ah! bigre!... »

Une secousse vient de faire perdre l'équilibre au beau monsieur, il trébuche, tombe en arrière sur une dormeuse qui le repousse fort brutalement en lâchant un gros juron, et l'envoie tomber sur sa voisine, qui, d'un coup de poing bien appliqué, le rejette sur une autre. On joue ainsi quelque temps au ballon avec ce monsieur, jusqu'à ce qu'enfin le hasard le fasse tomber sur une place vide.

« — Ah! sapristi!... avec qui suis-je donc! » s'écrie Berlinet en se frottant les côtes, « on n'a jamais traité « un homme de la sorte... Ces dames ont des poignes « d'une vigueur!... C'est donc avec des paysannes que « l'on m'a mis? Peste! ce sont des gaillardes!... Enfin, « il y a de fort jolies villageoises en Normandie, j'aime à « croire qu'il s'en trouve dans ce vagon... C'est égal, me « voilà assis, ce n'est pas malheureux... On ronfle à « droite et à gauche... Je crois que je ferai bien d'en faire « autant jusqu'au point du jour... Diable ! il règne une « singulière odeur dans ce véhicule... cela ne sent pas « la rose... Enfin!... on comprend qu'en dormant... « il y a des choses dont on ne peut pas répondre... « J'aime à croire que cela se dissipera... Ah s'il « était permis de fumer ici... cela changerait l'air... « mais c'est défendu. Ah! sapristi... on se croirait à Pan- « tin... Essayons de dormir...

Berlinet se penche en arrière et commence à fermer les yeux, mais bientôt les pleurs, les gémissements d'un enfant partent d'un des coins du vagon; aussitôt on y répond d'un coin opposé, puis de tous les côtés à la fois; c'est un concert de pleurs, de cris, de piaillements d'enfants, auquel se mêlent des voix fort peu mélodieuses qui font entendre ces mots :

« — Allons, allons... v'là ses coliques qui lui pren-
« nent!...

« — C'est comme le mien, il a des tranchées, ce pauvre
« chéri!...

« — Le mien fait ses dents...

« -- O toi! je te connais, tu veux ta goutte, gour-
« mand... Quel ivrogne que ce petit-là, il faut toujours
« qu'il boive!...

« — La mienne aussi, elle veut sa bouteille... Allons!
« ne crions pas... en v'là du lolo... et il est pur, celui-là!...

» — Le mien aurait grand besoin d'être changé... mais
« tant pis... ce sera pour plus tard!

« — Je suis donc tombé au milieu d'un troupeau de
« nourrices! » se dit Berlinet. « Joli cadeau qu'il m'a fait
« là, l'employé aux vagons!... Il me semble pourtant
« qu'à ma gauche, chez ma voisine, je n'ai pas entendu
« pleurer un nourrisson... Il y a peut-être là une jeune
« mère qui accompagne la nourrice... quelque jolie Pa-
« risienne qui a fait le voyage de Normandie pour venir
« chercher son mioche. On a le sommeil plus paisible
« par-là. Si je pouvais... tout en ayant l'air de dormir,
« savoir si mes conjectures sont fondées... Justement
« les enfants se sont rendormis... les ronflements recom-
« mencent... J'ai le droit de dormir aussi... seulement,
« au lieu d'appuyer ma tête en arrière, laissons-la se
« pencher sur la gauche... je finirai par rencontrer quel-
« que chose... »

En effet, à force de laisser ballotter sa tête à gauche, M. Berlinet rencontre une surface douce, ferme et chaude, il ne doute pas que ce ne soit la joue droite de sa voisine, et d'abord il recule sa tête craignant d'avoir été indiscret. Mais on n'a rien dit; il risque de nouveau sa figure de ce côté, où il a senti une douce chaleur, il retrouve bientôt cette surface rebondie dont le contact lui cause un frémissement de plaisir; il frotte sa joue contre... on ne dit rien, on le laisse faire, il s'enhardit et risque un baiser, on ne souffle pas mot, mais on souffle autre chose... Berlinet recule vivement en se disant :

« — Fichtre... cette dame a l'haleine forte... c'est « dommage... Ah! je donnerais cent sous pour une prise « de tabac... et je n'ai que des cigares... Ah! ma foi tant « pis... je n'y tiens plus, d'ailleurs je veux savoir à qui « j'ai affaire. »

Et ce monsieur prenant dans sa poche une petite boîte à un sou dont les fumeurs sont presque toujours pourvus, y cherche une allumette, l'allume, puis regardant à sa gauche il aperçoit une nourrice mulâtre, qui, en dormant tenait son nourrisson presque à la hauteur de son cou, l'enfant lui servait de cravate; avec ses bras passés sous lui, elle avait relevé la robe et les langes du moutard que tout cela n'empêchait pas de dormir, et c'était sur le derrière du nourrisson que notre séducteur avait tendrement appliqué sa bouche et prit un baiser...

M. Berlinet est stupéfait; de tous côtés il n'est entouré que de nourrices ornées de leur nourrisson, et celles qui sont dans les coins n'ont pas manqué de fermer les portières, parce que les paysannes semblent se plaire dans le mauvais air.

« — C'est horrible! c'est affreux! .. je dois être vert! » se dit le courtier en vins. « Mesdames... baissez les « glaces je vous en prie... il y a de quoi prendre la fièvre « jaune... baissez donc les glaces, l'air a besoin d'être « renouvelé... Ah! elles ne m'écoutent pas... nous allons « voir... »

Berlinet quitte sa place. Son allumette est éteinte, mais il sait maintenant avec qui il se trouve et craint peu de frotter les genoux de ses compagnes de voyage.

Il se précipite près d'une portière, baisse la glace, et retourne à sa place. Au bout de quelques minutes, l'air frais éveille les nourrices de ce coin du vagon.

« — Tiens!... comme il vente!... j'ai pas chaud... d'où « donc que ça vient cet air-là...

« — C'te malice... tu as baissé le carreau, toi, et tu « demandes d'où ça vient!

« — C'est pas moi qui ai baissé le carreau... par « exemple! pour que mon petit prenne un coup d'air et « moi une fluxion... merci... je vas fermer ben vite au « contraire...

« — Mesdames, c'est moi qui ai baissé la glace, et je « vous supplie de vouloir bien ne point la fermer. « Vous êtes dans ce vagon en grande quantité avec des « enfants qui ne savent pas encore ce que c'est que de « s'observer en so[illegible] D'après cela vous devez bien « comprendre qu'il n[illegible].. pas moyen de se tenir calfeutré « dans un si petit espace!...

« — Tiens! d'où sort-il, celui-là. Nous avons donc des « mâles avec nous, à présent... J'étions toutes femmes « quand nous sommes parties de Caen.

« — C'est donc une taupe que ce particulier-là, qui « est venu la nuit se faufiler avec nous... c'est sans « doute lui qui a éteint notre lanterne... Dis donc, Guil- « lemette... c'est peut-être un farceur qui veut nous faire « des malices...

« — Eh ben qu'il y vienne, et je lui flanque une fa- « meuse torgnole, moi!...

« — Mesdames, je ne suis ni une taupe, ni un farceur, « je n'ai nullement l'intention de vous faire des malices, « Dieu m'en garde! Je suis un voyageur qui vient de « monter avec vous à la dernière station, vous ne vous « en êtes pas aperçu parce que vous dormiez toutes « comme de véritables marmottes, vous ronfliez même « à faire envie à une contre-basse. Quant à votre lampe

« elle était déjà éteinte quand je suis entré dans ce va-« gon...

« — Qu'est-ce que ça nous fait tout ça?... En fait-il « des discours, celui-là... ça doit être un huissier...

« — Ou un avocassier...

« — Eh bien, mesdames, que faites-vous donc... vous « refermez la glace...

« — Le plus souvent, que nous allons garder ce vent-« là sur notre nez...

« — Pour que demain nos nourrissons aient mal aux « yeux, ce serait agréable pour les ramener à leurs pa-« rents...

« — Mais vous pouvez leur couvrir le visage, les ga-« rantir de l'air, sans pour cela nous forcer à rester « dans une atmosphère malfaisante.

« — Qu'est-ce qu'il nous chante avec son *Osphère!* « C'est lui qui est malfaisant...

« — Ne l'écoute donc pas ! il nous embête !...»

La glace est remontée. Berlinet ne répond plus, parce qu'il voit bien qu'avec ces dames, il n'aurait pas le dernier. Battu de ce côté, il se précipite vers l'autre portière, baisse le carreau après avoir marché sur plusieurs pieds, mais les nourrices ne sont pas délicates, leurs chaussures les garantissent d'ailleurs de ces petits incidents, et notre voyageur regagne sa place en se disant :

« — Espérons que de ce côté on continuera à dormir. »

Mais cette nuit-là n'était point douce, chaude, tiède comme devrait l'être toute nuit d'été. De ces belles nuits, pendant lesquelles on se lève à deux ou trois heures du matin pour se mettre à la fenêtre dans l'espoir d'y sentir un peu d'air; et où l'on va se recoucher sans que le plus léger zéphyr soit venu caresser vos cheveux ou votre foulard. Le vent soufflait avec violence et il était froid, désagréable, orageux. De ces vents qui vous agacent les nerfs, vous étourdissent, qui vous donnent de l'humeur... qui vous rendent tout bête, quand vous ne l'êtes pas ordinairement... Ah! la vilaine chose que le vent...

On se réveille près de la glace baissée, comme on s'était réveillé près de l'autre.

« — Ah çà, mais quéque y a donc! quéque y a... « Est-ce que nous sommes déjà arrivés?...

« — Main Dieu! main Dieu!... c'est-i que le coche « a versé et que je sommes en pleins champs...

« — Geneviève! y vois-tu clair, toi?

« — Eh non, main Dieu!... je ne sais pas où que « je suis, si je ne sentais pas mon petit sur mon giron, « je me croirais dans le fond d'un fossé...

« — Bah? nous roulons toujours tout de même... « c'est c'te fenêtre qui s'est ouverte et l'air qui aura « éteint le lustre!... peux-tu la refermer, toi.

« — Oh faudra ben que j'en vienne à bout, j'ai pas « envie d'attraper un torticolis, et que mon enfant « prenne la coqueluche... Avec ça qu'il l'a déjà... mais « comment que ça se ferme ces machines-là!...

Ici, Berlinet juge convenable de prendre la parole, et cette fois il tâche d'être irrésistible.

« — Charmantes nourrices, c'est moi qui viens de « baisser la glace de cette portière, mais il était temps, « grandement temps!... sans cela, je vous assure, nous « étions sur le point d'être asphyxiés!...

« — Qu'est-ce que c'est que celui-là qui nous parle...

« — Il y a donc des monsieur avec nous, à c'te « heure. .

« — Qui donc que vous êtes, vous qui nous parlez?

« — Je suis voyageur... je fais commerce de vins, « ce qui ne m'a pas empêché de faire des affaires en « Normandie, car on n'y boit pas que du cidre. Je « viens de monter dans ce vagon à la station de Li-« sieux, et à peine étais-je depuis quelques minutes

« avec vous, que j'ai senti que l'air était horriblement « vicié... j'ai ouvert bien vite... un peu plus tard nous « étions tous suffoqués !

« — Suffoqués ! Comprends-tu ça, toi, Geneviève ?

« — Non... est-ce que vous êtes médecin, monsieur ?

« — Je viens de vous dire, belles nourrices, que je « faisais le commerce de vins.

« — Pourquoi que vous nous appelez belles nour- « rices ? vous nous connaissez donc... car on ne voit « pas clair ?

« — Je crois vous avoir rencontrées dans mes excur- « sions aux environs de Caen... je reconnais votre voix...

« — Ah ! il veut se gausser de nous, celui-là !... dis « donc,.. il a vu nos voix !... en v'là une de blague ! « comme ils disent à présent les Parisiens, — ferme « toujours le carreau, voilà ma petite qui tousse...

« — Ne fermez pas le carreau, honnêtes nourrices, si « vous tenez à conserver la santé de votre moutard, je « vous répète que l'air vicié est capable de le rendre « malade...

« — Laissez-nous donc tranquille avec vos airs !... Si « vous l'aimez tant, vous, fallait monter sur la ma- « chine au lieu de vous mettre en dedans...

« — Quand nos mioches seront enrhumés, c'est pas « lui qui payera le médecin...

« — Mais puisque je vous explique au contraire...

« — Assez causé ! allez, marchez ! je ferme la boutique. »

Berlinet en est encore pour ses frais d'éloquence. Le carreau est refermé, et au bout de quelques minutes, des bruits désagréables annoncent que l'air est vicié de nouveau.

« — Dans quel guêpier je suis tombé ! » se dit le malheureux courtier en tâchant de se fourrer un cigare dans le nez. « S'il me faut passer ainsi la nuit, certaine- « ment demain je serai moisi !... Mais non, cela ne sera

« pas... je lutterai jusqu'au bout... Ces dames se sont « rendormies, très-bien; recommençons mon petit jeu. « Oh! j'y mettrai de l'entêtement! »

Le voyageur retourne à la portière de gauche, il l'ouvre et revient se blottir à sa place; mais cinq minutes ne sont pas écoulées que les mêmes nourrices se réveillent, se remettent à maudire le vent, la fraicheur, et referment la glace en jurant, en maugréant après celui qui l'a rouverte.

Berlinet attend que l'on soit rendormi, il se glisse alors jusqu'à la portière de droite, il baisse le carreau; mais là les nourrices se réveillent presqu'au même instant, et apostrophent le voyageur d'une façon très-énergique :

« — Avez-vous bientôt fini de nous mettre aux quatre « vents, vous, monsieur l'échauffé...

« Mais il a donc le diable au corps, ce gas-là, c'est « pas possible, ce doit être un apothicaire, il veut que « nous soyons toutes malades demain, nous et nos « marmots, afin de nous vendre de ses drogues...

« — Qu'il y revienne encore à c'te fenêtre, et je le ré« gale d'un coup de poing dont il se souviendra! S'il le « reçoit dans l'œil, tant pis pour lui... ce sera bien fait.

« — Et moi, je te promets que je vais lui flanquer « une paire de gifles qui lui fera voir comme en plein « midi... il saura ben mieux si nous sommes de belles « nourrices... »

Le courtier en vins ne souffle pas mot. On a refermé la portière. Il ne bouge point pendant quelque temps. Il n'ose plus affronter les nourrices du côté droit; il attend que les ronflements reprennent. Un quart d'heure s'écoule; les nourrices semblent jouir toutes du repos le plus parfait. Berlinet cherche dans sa tête par quelle ruse il parviendra à se donner de l'air. Baisser la portière de gauche ne servirait qu'à la faire refermer au bout de quelques instants. Quant à celle de droite il ne veut plus s'y frotter.

« — Allons, il n'y a qu'un moyen pour l'emporter « sur ces paysannes, » dit-il, après de mûres réflexions, « l'expédient est hardi! violent... mais il est immanquable!... son résultat me fait triompher de la sottise « de ces femmes... elles seront furieuses... je m'en « moque!... Allons... c'est décidé!... »

Et M. Berlinet, enveloppant sa main droite dans son mouchoir, se précipite de nouveau sur la portière gauche, et cette fois, donnant un grand coup de poing dans le carreau, le brise et fait voler ses morceaux sur la voix ferrée. Il veut après cela regagner bien vite sa place, mais, soit que les nourrices eussent seulement fait semblant de dormir, soit que le bruit de la glace brisée les ait toutes éveillées en sursaut, lorsqu'il se retourne, il ne rencontre devant son visage que des poings levés, il sent des mains lourdes, pesantes, rudes, tomber sur ses épaules, sur sa tête, sur ses bras, tandis que des voix rauques, aigres, et que la colère rend encore plus discordantes, lui crient dans les oreilles :

« — Ah ! le gredin !... le chenapan ! le gueusard !...

« — Voyez-vous ! il vient de briser la fenêtre exprès, « le scélérat !...

« — Quand je vous dis que c'est queuque apothicaire, « queuque médecin à drogues, qui espère se donner des « pratiques pour demain !...

« — Oui ! oui, comptes-y sur notre pratique...

« — Si mon petit est malade demain, c'est toi qui « le payera, le médecin !

« — En attendant, tiens, attrape ça !... »

Berlinet tâche de parer les coups de ces dames, en leur répondant avec un sang-froid superbe :

« — Je brave votre colère, j'aime encore mieux être « battu, qu'empoisonné, »

IV

INTÉRIEUR DE VAGONS TROISIÈME CLASSE.

Nous savons que le jeune dessinateur avait été pris d'un besoin d'éternuer qui l'avait empêché de remarquer les signes que lui faisait M. Berlinet pour l'engager à venir avec lui au moment de monter en voiture. Certes, M. Torse devait rendre grâce à la Providence et à son rhume de cerveau qui l'avaient empêché de faire le dixième dans le vagon occupé par huit nourrices et leurs élèves. Mais l'artiste ne connaissait pas son bonheur. Il nous arrive ainsi bien souvent dans la vie d'échapper par l'effet du hasard ou par la cause la plus légère, à un péril éminent, à une situation fâcheuse, et d'ignorer toujours que nous étions si près du danger.

Dans son obstination à éternuer, le petit jeune homme n'avançait pas et le convoi allait partir lorsqu'un des préposés au service des vagons apercevant ce retardataire, court à lui, le saisit, l'enlève comme une plume et le porte, ou plutôt le jette par une portière encore ouverte dans un vagon de troisième classe. L'artiste avait cependant pris un billet pour les secondes; mais de telles méprises arrivent assez fréquemment; cette fois

3.

d'ailleurs la faute venait du voyageur qui n'avait pas songé à se placer.

Le vagon dans lequel on vient d'insérer le jeune Torse, était fort grand et contenait quatre banquettes, sur chacune desquelles il y avait dix personnes. On pouvait donc tenir quarante dans ce véhicule, c'était l'arche de Noé; mais pour les personnes qui aiment la société, le bruit des causeries générales et particulières et une grande variété de types, c'est dans un tel vagon qu'il faut voyager. Les banquettes n'y sont pas douillettes, mais il est reconnu qu'en voiture, comme dans un lit, c'est infiniment plus sain d'être assis sur quelque chose de dur que sur ce qui enfonce sous votre centre de gravité.

Cependant comme les hommes sont rarement assez sages pour préférer ce qui leur est salutaire à ce qui leur est agréable, le petit jeune homme en reconnaissant qu'on l'a mis en troisième classe lorsqu'il avait droit aux secondes, veut réclamer et se faire placer ailleurs; mais déjà les vagons s'agitent, le signal est donné, on est parti. L'artiste prend bien vite son parti, il se laisse aller sur une banquette et se dit en regardant autour de lui :

« — Après tout!... puisqu'il y a plus de monde ici j'ai « plus de chances pour y rencontrer de drôles de têtes... « J'en vois déjà qui ne manquent pas d'originalité... Dé« cidément je crois que je suis mieux pour faire des « études que dans un vagon de seconde classe... Je « n'aurai pas des aventures aussi agréables que ce sé« ducteur de Berlinet; mais la nature ne m'a pas créé « pour être séducteur... Si je dois faire des conquêtes, « il faut qu'elles me viennent d'elles-mêmes... Je ne « veux pas courir après! *La Fontaine* a toujours raison :

« Ne forçons pas notre talent
« Nous ne ferions rien avec grâce. »

Le vagon où se trouvait l'artiste était presque complet, il contenait trente-sept personnes. Là dedans il y avait en grande majorité des marchands de bestiaux qui allaient vendre leurs marchandises à Paris; il y avait encore deux nourrices, mais elles étaient presque perdues dans la foule, et surtout cachées par de grosses et fraîches campagnardes qui les entouraient pour caresser leur nourrisson.

Il y avait ce couple de jeunes amoureux que nous avons vu causant à part dans un coin de la salle d'attente. Ceux-là n'avaient pu prendre que des places de troisième classe, et cependant il ne recherchaient pas la société! Mais dans la jeunesse on a souvent plus d'amour que d'argent. En se voyant au milieu de tout ce monde, le jeune homme et sa compagne se serrent l'un contre l'autre, ils cherchent où ils pourront se mettre pour être un peu à part. Mais il n'y a pas moyen, il leur faut se placer sur une banquette du milieu, entre deux gros fermiers qui regardent la jeune femme en riant, et, adossés à des gamins qui mangent continuellement des pommes, de la galette, des cerises, et bientôt se disent à l'oreille :

« — Pierre! je te parie que j'envoie mon noyau de « cerise dans le nez de cette paysanne là-bas...

« — Et moi, le mien sur les lunettes de ce vilain jeune « homme tout pâle qui vient d'entrer et qui a des che« veux comme la toison d'un mouton.

« — Ça y est-il... deux sous de fromage pour celui « qui manquera...

« — Ça y est. »

Les noyaux de cerises sont lancés. La paysanne a heureusement baissé la tête au moment où le projectile lui arrivait, et c'est son bonnet qui a été atteint. Mais le jeune Torse, car on a dû reconnaître que c'est lui qu'un de ces messieurs visait, a senti tout à coup quelque chose qui frappait le verre de ses bésicles. C'était M. Pierre qui venait de gagner son pari. Des rires étouffés partent aussitôt de la banquette où étaient placés nos deux polissons, qui attendent un moment favorable pour recommencer leur divertissement.

L'ancien militaire que nous avons vu causer avec le capitaliste, l'ex-lieutenant Franville fait aussi partie de ce vagon de troisième classe. Il s'est assis au hasard à la première place qu'il a aperçue. Et le hasard l'a mis entre un avocat de Rouen, bavard, chicanier, processif; habillé toute l'année de noir et cravaté de blanc, toujours comme s'il allait se rendre à l'audience, et un gros compère, à la mine joviale, à l'air narquois, à la parole haute, qui a de fréquentes discussions avec l'avocat.

Le petit dessinateur, qui se trouve placé justement en face de ces messieurs, ne tarde pas à sortir de sa poche un petit agenda pourvu de feuilles blanches sur lequel, sans en avoir l'air, il crayonne bientôt le profil sec, anguleux, l'œil de chouette de l'avocat, et la face rubiconde, réjouie et moqueuse de son voisin.

A côté de l'artiste est un couple de rentiers, entre deux âges; le mari a l'air d'une brute, la femme l'abord grognon; elle ne cesse de pousser son époux qui veut toujours dormir, en lui disant:

« — Ce n'était pas la peine de me mener au Havre « pour dormir continuellement en route... Vous n'avez « fait que cela en allant, c'est la même chose en reve- « nant... merci!... Joli train de plaisir!

« — Madame Dupont, nous ne sommes pas en train « de plaisir. Tu voulais voir la mer... Tu l'as vue... Et « tu n'es pas contente à présent?

« — Je l'ai vue!... Je ne sais pas trop ce que j'ai vu!... « Vous m'avez montré des rochers, en me disant: Tiens, « voilà la mer!... Je n'ai vu que du brouillard!

« — La mer était au bas des rochers, des falaises...

« — Quand j'ai voulu m'approcher, vous vous êtes « mis à vous sauver en me criant : Prends garde, voilà « la marée qui monte, tu peux être submergée. Alors « moi je me suis sauvée aussi... Il me semblait déjà que « je sentais les flots sous mes jupons... si bien que je « n'ai vu que le derrière de votre paletot!... Voilà toute « la mer que vous m'avez montrée... C'était pas la peine « de nous déranger de notre boulevard des Filles-du-« Calvaire... J'ai vu la mer à la Porte-Saint-Martin et à « l'Opéra!... C'est plus beau qu'au Havre... Et vous ne « m'avez pas seulement fait manger d'huîtres.

« — Elles sont meilleures à Paris.

« — Et du homard...! moi qui comptais sur du homard... qui avais promis d'en rapporter à ma tante; que lui dirai-je quand elle va m'en demander?

« — Tu lui diras qu'ils n'étaient pas frais.

« — Jolie défaite!... puisque je devais lui en rapporter « un vivant.

« — Il y a des homards vivants qui ne sont pas frais... « C'est comme parmi les bipèdes.

« — Taisez-vous... vous devenez d'une avarice qui me « promet un bien triste avenir... Ah! Dupont, vous n'êtes « plus mon ami!... Allons, bon, le voilà qui est re-« parti... Voyagez donc avec quelqu'un qui dort sans « cesse!... Ah! bien! si jamais je deviens veuve, je n'en « retâterai pas du mariage...

« — Et vous avez été faire un tour au Havre, mon-« sieur Dugalon? » dit l'avocat en s'adressant à l'individu à la mine réjouie, et dont il n'était séparé que par l'ancien militaire.

« — Oui, monsieur Chipotier, je me suis donné ce « loisir.

« — Quoi de nouveau au Havre?

« Ma foi, rien... le port est toujours à la même « place...

« — Vous croyez plaisanter, monsieur, en me disant cela, mais il est prouvé cependant qu'un port change de place avec le temps; la mer en se retirant l'éloigne infiniment plus des bâtiments.

« — Alors ce n'est pas le port, c'est la mer qui change « de place. Mais quand je disais que je n'avais rien vu de « nouveau par-là, je me trompais, j'ai vu, pardieu, ce que « je n'avais jamais vu encore... ce que n'aurais pas cru si « on me l'avait raconté!... Quelque chose de bien sur-« prenant!...

« — Qu'avez-vous donc vu, monsieur Dugalon? Vous « piquez vivement ma curiosité et celle de nos compa-« gnons de voyage... Voyez, tous les yeux sont tournés, « sur vous... tout le monde a le cou tendu... chacun s'ap-« prête à saisir vos moindres paroles au passage...

« — Ce n'est pas comme quand vous plaidez alors, maître Chipotier!...

« — Ah! toujours des sarcasmes... des mots pi-« quants... Prenez garde de tomber sous ma main et « que j'aie à parler contre vous... Si vous m'aviez enten-« du plaider pour madame Rigaut, vous ne parleriez pas « comme tout à l'heure... Voilà un procès qui a fait du « bruit, et qui m'a fait honneur!...

« — Il me semble que vous l'avez perdu?

« — Oui, mais tous les considérants étaient en ma fa-« veur; perdre comme cela, c'est gagner. . Ma cliente « avait vu son mari monter au grenier avec sa bonne, « grosse fille de vingt ans, très-délurée...

« — Eh! eh! dites donc, mossieu l'avocat, laissez « donc ce mossieu nous conter ce qu'il a vu de si « curieux au Havre... J'aimons mieux ça que votre « histoire...

« — Oui, oui, dites-nous ce que vous avez vu d'é-« tonnant? »

Ces réclamations étaient faites par plusieurs personnes et notamment par les paysannes, qui se trouvaient dans le vagon. L'avocat pince ses lèvres en répondant :

« — Soit! à vous la parole, monsieur Dugalon, je « me réserve de la reprendre après vous,

« — Mais en parlant, monsieur, » dit l'ancien militaire qui jusque-là n'avait pas encore soufflé un mot, « vous me ferez le plaisir d'être un peu plus « sobre de gestes.

« — Comment, monsieur,... que me dites-vous?

« — Je dis, monsieur, que vous gesticulez d'une ma- « nière infiniment désagréable pour les personnes qui « se trouvent à côté de vous, comme j'y suis en ce « moment. A chaque instant vous approchez votre « coude de ma figure, tout à l'heure, en faisant aller vos « bras, vous m'avez presque donné un soufflet....

« — Monsieur, il est assez difficile de parler sans « bouger; la pantomime ajoute au charme de la pa- « role, souvent elle y donne plus de force, plus de « poids... Les avocats ne restent jamais immobiles « en plaidant; un avocat qui ne ferait pas de gestes « perdrait bientôt toute sa clientèle; voyez-les, mon- « sieur, lorsqu'ils veulent attendrir, toucher, émouvoir « les juges, frapper de toute leur force sur la barre et « quelquefois se faire beaucoup de mal à la main...

« — Monsieur, vous n'êtes pas ici devant un tri- « bunal, vous n'avez pas besoin de nous émouvoir...

« — Pardonnez-moi, monsieur, c'est ma profession « à moi, je tiens toujours à produire de l'effet.

« — Enfin, monsieur, je vous préviens que si vous « m'attrapez la figure, je vous attraperai aussi, moi, et d'une façon qui vous obligera bien à vous tenir « tranquille. Vous voilà averti, faites comme vous vou- « drez maintenant. »

« — L'avocat murmure entre ses dents : « *Satis verbo-* « *rum!...* » et M. Dugalon reprend la parole.

« — Je me promenais avec quelques amis sur les « bords de la mer, je m'amusais à chercher des coquil- « lages ; j'ai toujours eu beaucoup de goût pour les co- « quillages... Il en est cependant un que je n'ai jamais « pu me procurer... Entraîné par l'ardeur de mes re- « cherches, j'étais un peu en avant... à quatre ou cinq « cents pas de mes amis... Tout à coup quelque chose « frappe ma vue et me fait éprouver un sentiment d'effroi « que je ne saurais exprimer...

« — C'était un crocodile ! » s'écrie l'avocat.

« — Eh non ! ce n'était point un crocodile ! mais une « tête d'homme qui sortait de la vase, de cette espèce « de boue mouvante que la mer laisse sur la plage en « se retirant... Je me crois d'abord le jouet d'une illu- « sion, je me dis : ce que je prends pour une tête « d'homme est probablement quelque coquillage très- « gros qui a cette ressemblance... Il y a des coquillages « si bizarres de formes! Je m'approche pour m'assurer « de la vérité... Mais plus j'avance, plus j'acquiers la cer- « titude que je ne me suis pas trompé... C'est bien une « véritable tête d'homme qui sort de terre, elle est coif- « fée d'une casquette, je distingue ensuite tout le col et « même la naissance des épaules fortes et charnues, car « l'individu avait été mis tout nu dans le sable...

« — Ah! mon Dieu! pauvre cher homme!

« — On l'avait tué et enterré tout nu.

« — Et avec sa casquette!...

« — Ceci doit cacher un crime horrible dont je me « réserve de rechercher les auteurs! » dit maître Chi- potier.

« — Attendez donc!... laissez-moi continuer : j'avance « toujours, voulant examiner de tout près cette tête... « Mais jugez de mon étonnement... je dirai plus de ma

« terreur! lorsqu'au bruit de mes pas, clapotant dans « des flaques d'eau, je vois la tête se retourner et fixer « sur moi des regards qui n'avaient rien de doux!

« — Ah! Jésus-Maria! c'était le diable!...

« — C'était queuque sorcier!...

« — Je crois plutôt que maître Dugalon ajoute ici « quelques détails fabuleux pour ajouter à l'effet de « son récit!...

« — Je n'ajoute rien, je ne dis que ce qui est, mais, sac « à papier! laissez-moi achever... épouvanté en voyant « cette tête, je cesse d'avancer... je recule même et cours « rejoindre ma compagnie à laquelle je fais part de ma « découverte. Je m'attendais à voir tout le monde fré- « mir comme moi. Au lieu de cela, voilà deux jeunes « gens, habitant du Havre, qui se mettent à rire en s'é- « criant:

« — Ah! nous savons ce qui vous a fait peur...

« — C'est M. de Mortaille!...

« — Oui, oui, c'est lui que vous aurez vu...

« — Je ne sais pas, messieurs, si l'individu que je « viens de voir enterré dans le sable sur le rivage, est « ou non M. de Mortaille... cela m'importe peu, mais « pourquoi remue-t-il la tête après sa mort, pourquoi « cette singulière façon d'enterrer les gens avec leur « casquette?

« — M. de Mortaillé n'est point mort, vous l'avez vu « prenant tout bonnement son bain de sable, sur le « rivage... bains qui lui sont ordonnés par les médecins « qui prétendent que cela doit le guérir de la goutte « dont il est affligé depuis longtemps... Ses gens se pro- « mènent là-bas... Tenez, on les aperçoit d'ici, et lors- « que la marée sera sur le point de remonter, ils vien- « dront retirer leur maître de son bain. Telle est l'or- « donnance des médecins.

« — Il serait possible, » m'écriai-je, « comment, cette

« tête qui m'a fait si peur est celle d'un monsieur qui « se fait volontairement infuser dans le sable... Ah! « parbleu, je vais m'en rapprocher alors... quoiqu'elle « n'ait pas du tout l'air aimable, cette tête...

« — M. de Mortaille ne l'est pas. On comprend fort « bien que l'on soit grognon et bourru quand on « souffre de la goutte... c'est alors très-excusable, mais « ce monsieur est comme cela, même quand il se porte « bien.

« — En ce cas, je vais aller lui présenter mes devoirs.

« — Prenez garde... ne plaisantez pas avec lui, ce mo- « sieur est riche et puissant!

« — Laissez-moi donc, ce monsieur m'a fait peur, il « faut qu'il me dédommage en me faisant rire un peu.

« Aussitôt, je retourne près du monsieur prenant un « bain de sable ; ma société me suivait à peu de dis- « tance pour voir ce qui allait se passer. Je vais me pla- « cer en face de la tête à la casquette que je commence « par saluer fort respectueusement. On répond à mon « salut par une moue très-prononcée et un froncement « de sourcils. Je recommence mes salutations; je vois « un sentiment d'impatience se montrer dans les yeux « du baigneur. Je lui dis alors :

« — Veuillez me pardonner si je vous dérange, mon- « sieur, mais seriez-vous assez bon pour me dire l'heure « qu'il est en ce moment?

« La tête me répond brusquement et en détournant « les yeux :

« — Je n'en sais rien, monsieur.

« — Ah! diable! voilà qui me contrarie... j'ai oublié « ma montre, si monsieur avait seulement la complaisance « de regarder à la sienne...

« Cette fois on me répond d'une façon fort énergique :

« — Monsieur, laissez-moi tranquille, et fichez-moi la « paix!

« Je prends un air contrit en répondant :

« — Mon Dieu, monsieur, je n'ai pas eu l'intention de « vous fâcher ; excusez-moi, je n'avais pas remarqué « d'abord que votre situation ne vous permet pas de « fouiller à votre gousset de montre... j'ai cru que vous « nagiez... Est-ce par goût que vous vous faites ainsi « mettre au frais ?

« — Cela ne vous regarde pas !...

« — Pardon, monsieur, je vois que ma conversation « ne vous est pas agréable ; je vous laisse... mais aupa- « ravant, comme je suis généreux, je veux vous rendre « un léger service... Vous avez sur votre casquette une « crevette qui pourrait bien finir par vous piquer le « visage... Je vais vous en débarrasser.

« En disant cela, je prends la casquette de ce monsieur, « je fais semblant d'ôter quelque chose dessus ; puis, « saluant toujours mon homme, je replace la casquette « sur sa tête, seulement j'ai soin de me tromper et de « placer sa visière par derrière au lieu de la mettre par « devant. Je m'empresse alors de rejoindre ma société « qui riait à se tordre, et j'entends derrière moi mon « baigneur qui me crie :

« — Monsieur !... retournez-la donc... vous avez mis « le devant derrière... monsieur !... Ah ! je l'entends « dire... polisson !... drôle !... il l'a fait exprès... mais « je vous retrouverai... vous me payerez ce tour-là !...

« Voilà, mon cher avocat, ce qui m'est arrivé au « Havre ; je ne vous ai pas trompé en vous disant que « j'y ai vu ce que je n'avais jamais vu encore, car je « ne me doutais pas que l'on prenait des bains de sable « pour se guérir de la goutte. »

Les voyageurs ont beaucoup ri de l'histoire que vient de leur raconter le facétieux Dugalon ; maître Chipotier seul prend un air sérieux en disant :

« — Vous trouvez que vous avez fait là une bonne

« plaisanterie; eh bien! monsieur Dugalon, je crois, « moi, que vous avez eu tort, très-tort!... et que cette « gaminerie pourra vous coûter très-cher...

« — Et que voulez-vous qu'elle me coûte?

« — M. de Mortaille n'est pas homme à laisser cela « là... il vous fera un procès...

« — Un procès, parce que je lui ai mis sa casquette « sens devant derrière?

« — Un procès, parce que vous vous êtes moqué de « lui; parce que vous avez été l'insulter dans l'exercice « de ses ordonnances de médecin ..

« — Ce n'est pas insulter quelqu'un que de lui de- « mander l'heure...

« — Cela dépend de la position où se trouve alors « la personne... si vous... Ah! qu'est-ce qui m'arrive là « sur la joue...

« — Il vous est arrivé quelque chose sur la joue?

« — Oui... je ne sais pas quoi... mais j'ai reçu quelque « chose... après tout, c'est peut-être tombé d'en haut!... « Je disais donc que si vous allez adresser à une per- « sonne une question sur laquelle elle est dans l'im- « possibilité de vous répondre, évidemment il y a de « votre part intention malveillante et moquerie; si « vous dites à un aveugle : Donnez-moi votre avis sur « un tableau; si vous demandez à un sourd ce qu'il « pense du talent d'une chanteuse; si vous proposez « à un boiteux de danser un menuet, votre intention « est de vous moquer de ces gens-là... donc votre de- « mande est une insulte, donc ils ont le droit de porter « plainte contre vous, donc... Ah! encore attrapé au « visage... sur le nez, cette fois... C'est un noyau de « cerises... voilà le corps du délit, je le tiens. Il y a « donc dans ce vagon des individus qui s'amusent à « lancer des noyaux de cerises sur leurs compagnons « de route. Je déclare que je trouve ça aussi incon-

« venant que dangereux pour la personne qui est en « butte à leurs projectiles... Qui est-ce qui mange des « cerises ici ? »

Les deux gamins auteurs de cette espièglerie avaient déjà caché leurs cerises sous leur blouse et faisaient semblant de dormir. Maître Chipotier passe en revue toutes les personnes assises devant lui. Il s'arrêta devant une paysanne qui lui rit au nez, en lui disant :

« — Et bien! quoique vous avez donc à me regarder, « monsieur Bon bec?

« — J'en ai le droit, villageoise; on a pris mon visage « pour une cible, je cherche l'auteur de cette insulte...

« — Vous voulez lui faire un procès aussi ?

« — Pourquoi pas? j'en ai le droit. Mangez-vous des « cerises?

« — Certainement que j'en mange quand j'en ai.

« — Et que faites-vous habituellement des noyaux?

« — C'te bêtise ! je les avale.

« — Vous les avalez?

« — Je crois ben, faut rien perdre.

« — Je vois que je ne trouverai pas le ou la coupable, » dit l'avocat en retournant s'asseoir à sa place; « mais « qu'il prenne garde, j'ai l'œil ouvert, et, s'il recom- « mence, le châtiment le plus sévère sera le prix de son « audace. Oui, je le jure par *Thémis*, je le jure par Janus « au double visage, je...

« — Sacredié ! est-ce que vous allez recommencer vos « gestes, monsieur? Je vous ai prévenu que cela m'en- « nuyait cependant...

« — Non, mon brave, non, je me modérerai. C'est « le sentiment de la justice qui m'animait... Si on vous « bombardait le visage avec des noyaux de cerises, est- « ce que cela vous amuserait ?

« — J'ai été bombardé bien autrement, et cela ne me « donnait pas d'humeur, au contraire.

« — Chacun son état!... mais brisons sur ce chapitre ; « j'ai promis à M. Dugalon de lui conter le procès que « j'ai soutenu pour madame Rigaut contre son mari, « avec lequel elle demandait séparation de corps et de « biens... de biens... et de corps.... et de...

« — Vous pataugez, maître Chipotier; est-ce qu'on « vous a encore lancé un noyau au visage?

« — Non, pas encore... mais je tiens le coupable, car « je le vois qui me vise depuis longtemps, en cachant « avec ses mains quelque chose qu'il tient devant lui... »

Et l'avocat quitte de nouveau sa place et va droit au jeune dessinateur lui dire :

« — C'est vous, monsieur, qui me lancez des noyaux « de cerises à la figure... je n'en saurais douter, c'est « vous... je vous ai bien vu tout à l'heure qui n'ôtiez « pas vos yeux de dessus moi, puis qui regardiez dans « vos mains, probablement pour y chercher un noyau... « si je me trompe, faites-moi voir ce que vous cachez en « ce moment. »

Le jeune Torse commence par éternuer au nez du monsieur habillé de noir en murmurant :

« — Merci... Dieu vous bénisse! je me dis toujours « cela quand j'éternue, parce que personne ne me le dit: « j'ai voulu combler cette lacune...

« — Il n'est pas question d'éternument, veuillez ré- « pondre à mon interpellation, jeune homme.

« — Vous m'interpellez... très-bien, sur quoi?

« — Vous êtes distrait, à ce qu'il paraît, ou vous fei- « de l'être. Je vous accuse de m'avoir lancé les noyaux « de cerises que j'ai reçus au visage, répondez *ad rem*.

« — Monsieur l'avocat... car je crois avoir entendu « dire que vous étiez avocat...

« — J'ai cet honneur... je le suis, avocat plaidant et « consultant.

« — Plaisant et consultant, je m'en souviendrai.

« — Je ne vous ai pas dis plaisant, mais plaidant, ce « qui est bien différent.

« — Est-ce que vous pensez que vous ne pourriez pas « être l'un et l'autre ?

« — Monsieur, nous sortons de la question, je veux y « rentrer : je vous soupçonne de m'avoir lancé des « noyaux de cerises...

« — Alors permettez-moi de vous rappeler un dicton « assez connu : Pour manger une gibelotte, que faut-il « avoir d'abord ?

« — Un lapin, monsieur ; tout le monde sait cela...

« — Eh bien, pour vous jeter des noyaux de cerises, que « faut-il que je possède d'abord ?

« — Des cerises, pardieu ! et c'est justement ce que « vous cachez avec vos mains...

« — Vous croyez... je vais vous confondre. »

L'artiste ouvre ses mains et laisse voir son calepin. Maître Chipotier regarde le petit album en disant :

« — Comment... vous ne teniez que cela ?

« — Et mon crayon avec.

« — Mais pourquoi donc alors avoir presque sans cesse vos yeux braqués sur moi ?

« — Pour tâcher de saisir vos traits que je trouve « infiniment spirituels, et dont je traçais le croquis « sur une de ces pages blanches. »

En disant cela, Torse ouvre son calepin et montre à l'avocat sa tête qui ressemblait parfaitement, quoique faite en quelques coups de crayon. En se reconnaissant, maître Chipotier s'épanouit ; il ne peut se lasser de regarder son image en s'écriant :

« — Mais oui, c'est moi, c'est bien moi !... je suis « parfait de ressemblance... voyez donc, monsieur Du- « galon...

« — Oui, ça ressemble à faire peur.

« — Jeune homme, vous avez du talent, beaucoup

« de talent... continuez de faire les hommes illustres, « c'est le moyen d'avoir une galerie intéressante... « si vous désirez que je pose plus tard, ne me ména- « gez pas, je suis tout à vous... »

Les paysannes se passent l'agenda et font sur le portrait de l'avocat des réflexions qui flatteraient peu ce monsieur s'il les entendait, mais il ne les entend pas. Après avoir serré la main de l'artiste, il retourne à sa place et reprend aussitôt la parole :

« — Nous disons donc que madame Rigaut voulait se « séparer d'avec son mari. Avait-elle pour cela des rai- « sons suffisantes ?... C'est ce dont vous pourrez juger « vous-mêmes, mes chers auditeurs, en écoutant le récit « de l'événement qui avait amené le procès : ma cliente « avait vu son mari monter au grenier avec sa bonne, « grosse fille de vingt ans environ, à la mine espiègle, « nous pouvons même dire délurée, et la suite de la cause « prouvera en effet qu'elle devait, l'être... Le but de « cette visite au grenier était soi-disant un jambon que « l'on voulait y prendre... un jambon !... Tel était le « prétexte... car les criminels trouvent des prétextes « aux actions les plus coupables ; un jambon, grand « Dieu !...

« — Ah ! crédié ! je vous le rendrai celui-là ! »

Et l'ancien militaire, qui venait de recevoir en plein visage le coude de l'avocat, lui applique sur les côtes un coup de poing qui le fait tomber de sa banquette sur le parquet du vagon, où il reste étendu sur le dos, répétant encore :

« — Un jambon!... sapristi ; j'étais en train, pour- « quoi m'avoir interrompu? »

V

INTÉRIEUR DE VAGONS PREMIÈRE CLASSE.

Les deux cousines en arrivant sur la voie pour prendre leur place, n'ont pas manqué de dire aux employés de service :

« — Première classe, messieurs, ne vous trompez pas,
« nous avons des billets de première classe...

« — Très-bien, mesdames... on va vous mettre
« dedans. »

Mais lorsqu'on ouvre le vagon de première classe pour ces dames, il se trouve, comme cela arrive assez fréquemment sur la voie ferrée, que la portière qui est déjà assez élevée, se trouve un peu éloignée du chemin où se tiennent les voyageurs avant d'être emballés, il faut donc alors faire une petite ascension pour arriver au vagon ou bien s'y élancer avec légèreté.

Mademoiselle Argentine qui est fort maigre s'est élevée assez facilement jusqu'à la portière et prend sa place dans l'intérieur, mais lorsqu'il s'agit de l'énorme demoiselle Armande, il se présente de grandes difficultés pour l'insérer dans le vagon. D'abord il lui est impossible d'atteindre la portière et elle est obligée de demander des aides. Un employé s'avance et essaye d'enlever la grosse demoiselle; ses efforts sont vains, il va appeler un camarade, lorsque M. Langlumot, qui a aussi une place de première classe, arrive pour monter en vagon, en homme galant, il dit à mademoiselle Armande :

« — Après vous, madame, je vous en prie!... »

Et la grosse cousine le regarde d'un air piteux en répondant :

« — Je ne demanderais pas mieux, monsieur, mais « je fais de vains efforts... je ne puis pas atteindre... « la portière... même avec l'aide de cet employé... qui « s'y prend fort mal pour m'aider à monter...

« — Ce n'est pas ma faute si vous pesez deux cents !...

« — Ah! quelle horreur! moi, peser deux cents.

« — Guère moins, je le parie!

« — Je n'ai jamais trouvé de dames trop lourdes! » dit M. Langlumot. « Je vais vous aider à monter, je « m'y prendrai autrement... soutenez seulement ma- « dame de ce côté. »

En effet, soit que M. Langlumot eût une force d'Hercule, soit qu'il s'y prît mieux; la grosse Armande, poussée par lui, éprouve tout à coup une commotion comme si on venait de l'électriser, elle a atteint la portière et entre dans le vagon comme un boulet entre dans une maison sans crier gare, elle frôle le visage d'un jeune homme qui se trouvait assis contre l'entrée et dont elle fait pirouetter le chapeau de paille posé légèrement sur sa tête. Ce jeune homme tâte son nez pour s'assurer qu'il n'a pas fait un demi tour comme son chapeau, pendant ce temps, mademoiselle Armande atteint enfin une stalle à côté de sa cousine, elle se laisse aller dedans de manière à écraser tout ce qui se trouve sous elle, heureusement elle n'aplatit que le coussin.

« — Enfin m'y voilà ! ce n'est pas sans peine ! » s'écrie mademoiselle Armande en tâchant de s'étaler dans sa place. « J'ai cru que je n'atteindrais jamais ce vagon...

« — Qu'est-ce donc qui vous retenait ? » dit mademoiselle Argentine.

« — On ne me retenait pas, au contraire, car on me « poussait... mais ces portières sont trop élevées pour les « personnes pourvues d'un peu d'embonpoint, je ne « comprends pas que l'on n'ait point des marchepieds « pour aider les voyageuses à monter. Enfin, sans mon- « sieur, qui a eu la complaisance de me prêter son « appui, je serais encore en bas. »

Ces mots s'adressent à M. Langlumot, qui vient de prendre place dans le vagon et se trouve à côté de mademoiselle Armande, celle-ci qui a sans doute conservé un souvenir agréable de la manière dont ce monsieur s'y est pris pour l'enlever, accompagne son remerciment d'un regard presque américain, et le bourgeois, campagnard répond à tout cela, en faisant de gros yeux bêtes, et en murmurant.

« — Mesdames... assurément... cela n'en vaut pas « la peine... on est trop heureux, lorsqu'on peut dans « l'occasion... auprès des dames... et... assurément... cela « n'en vaut pas la peine!... »

Armande va peut-être ajouter quelque chose à ces remerciments lorsqu'elle se sent poussée par sa cousine qui lui dit à l'oreille :

« — Quel bonheur! le voilà... nous sommes dans son « vagon... il est dans le nôtre... »

On devine que c'était M. Duhautcours qui venait de paraître à la portière. Après avoir jeté un coup d'œil dans l'intérieur où il y avait encore plusieurs places vacantes, le capitaliste daigne entrer dans le vagon, et va se jeter dans une stalle, justement en face des deux cousines. Le convoi part presque immédiatement.

Les vagons de première classe sont rarement entièrement pleins, celui-ci ne contenait que sept personnes : les deux cousines de la Grenouillère, M. Duhautcours, M. Langlumot, le jeune homme dont mademoiselle Armande a fait tourner le chapeau, un monsieur fort élégant et qui exhale les parfums les plus suaves, puis enfin une vieille dame qui a sur elle des diamants et des dentelles d'un grand prix, mais qui s'écrie à chaque instant:

« — Ah! mon Dieu... nous allons être brisés! »

Se trouvant vis-à-vis des personnes qu'il connaît, M. Duhautcours doit naturellement les saluer de nouveau, les deux cousines ne manquent pas cette occasion d'entamer la conversation:

« — Bien charmées, monsieur, que le hasard nous « fasse voyager de compagnie...

« — Je vous en dirai autant, mesdames, moi je vais et « je viens assez souvent sur ce chemin, mais vous, je « crois que vous ne voyagez pas beaucoup.

« — En effet, monsieur, nous allons bien rarement à « Paris, nous nous plaisons dans notre domaine de la « Grenouillère...

« — C'est une fort jolie habitation.

« — Ah ! M. Duhautcours! c'est une modeste maison- « nette auprès de votre superbe propriété de Haute- « futaie, ah! la belle propriété... le beau parc... et « comme vous avez embelli tout cela !...

« — Oui, j'y ai fait des changements assez heu- « reux...

« — C'est-à-dire que vous avez transformé tout com- « me le ferait une baguette de fée...

« — Eh ! mon Dieu ! la baguette d'une fée, c'est l'ar- « gent !... là est toute la féerie !

« — Vous avez dû en dépenser beaucoup à votre terre « de Hautefutaie?

« — Mais non... pas trop... une soixantaine de mille « francs au plus...

« — Et vous trouvez que c'est peu... on voit bien, « monsieur, que vous êtes millionnaire !...

« — J'ai fait par exemple des folies dans une campa- « gne que je viens d'acheter, tout près de Paris, à Bou- « gival, mais ma fille préfère ce séjour à celui de la Haute. « futaie, elle n'aime pas à s'éloigner de Paris.

« — Ah! quelle charmante personne que mademoiselle « votre fille!...

Mademoiselle Armande s'empresse de renchérir sur sa cousine, en s'écriant:

« — Oh! c'est une personne bien remarquable...

« — Charmante tournure !

« — Tournure extrêmement distinguée!

« — Jolie taille ni trop grande, ni trop petite...

« — Une taille ravissante!...

« — Elle ressemble à monsieur son père..

« — C'est-à-dire qu'elle a tous les traits de mon- « sieur...

« — Les yeux surtout!

« — Oh! oui, les yeux et la bouche...

« — Et même le nez...

« — Absolument tout... »

M. Duhautcours qui a écouté en se carrant les éloges que l'on fait de sa fille, murmure :

« — Vous trouvez qu'elle me ressemble?... bien des « personnes ne sont pas de cet avis...

« — Ce sont des personnes qui ont la vue mauvaise « et probablement mademoiselle joint à sa beauté de « nombreux talents?

« — Elle dessine... elle touche du piano... elle parle « trois ou quatre langues... elle sait ce qu'une demoiselle « bien élevée doit savoir, voilà tout!

« — C'est-à-dire que c'est un modèle de science et de

« talents... et M. votre fils, nous ne pensons pas à vous « demander des nouvelles de sa santé...

« — Vous êtes trop bonne, il se porte parfaitement « bien...

« — Vous ne l'avez pas amené avec vous?

« — Non, mon fils, n'a que onze ans, c'est l'âge où il « faut étudier, il va au collége, il fait ses classes!

« — Vous en ferez un savant probablement?

« — J'en ferai ce qu'il voudra, avec une belle fortune « on a le loisir... d'étudier sa vocation, mais le petit « drôle a beaucoup de facilités pour apprendre, bien « qu'il soit un peu étourdi?

« — Nous l'avons tous été! » murmure M. Langlumot, qui depuis longtemps désirait se mêler à la conversation, et écoutait le capitaliste avec cette déférence que les imbéciles ont toujours pour les gens qui font de l'embarras.

Cette petite phrase est accueillie avec assez d'indifférence par mademoiselle Argentine, sa cousine, au contraire fait un sourire approbateur. Tandis que M. Duhautcours jette un regard assez impertinent sur le campagnard comme pour lui demander de quel droit il se mêlait à leur conversation.

« — Et vous, mesdames, » reprend Duhautcours, « comptez-vous faire un long séjour à Paris?

« — O non... nous y resterons fort peu.... nous y allons « pour affaires de modes...

« — Mon Dieu, Armande, que vous êtes babillarde, « vous contez à monsieur des choses qui ne peuvent « l'intéresser...

« — Pourquoi donc cela!... les modes sont pour les « dames des affaires très-importantes... ma fille ne « s'occupe que de cela!...

« — Notre corsetière a complétement manqué nos « derniers corsets... et pour une femme, être mal corsée,

« c'est la position la plus insoutenable qui se puisse « imaginer...

« — J'ai une tante qui porte le même corset depuis « quatre ans, » dit Langlumot, « il est à la mécanique. »

Cette phrase n'obtient aucun succès dans la compagnie.

« — Ah ! mon Dieu !.. un cahot... un train qui nous « croise... nous allons être brisés !... »

C'est la vieille dame aux diamants qui vient de prononcer ces mots avec un accent d'effroi.

« — Rassurez-vous, madame, le convoi est passé, et « vous voyez qu'il ne nous est rien arrivé? » dit le jeune homme qui sent si bon.

« — Oui, monsieur, oui, c'est vrai, nous l'avons encore échappé cette fois... ce sera pour l'autre !... ah ! « c'est une invention diabolique que celle des chemins « de fer.

« — Mais, madame, s'ils vous font si peur, pourquoi « y allez-vous ?

« — Eh monsieur, puisqu'on ne trouve plus à voyager « autrement ! à moins d'avoir sa voiture, ses chevaux « et d'aller au pas... mais ce serait trop long.

« — Il est certain, » murmure Langlumot, « que maintenant les postes sont si rares qu'on ne peut plus en « trouver... je ne parle pas des postes aux lettres !

« — Pardon, monsieur, » dit le jeune homme aux parfums en s'adressant au capitaliste. « Mais je viens « de vous entendre nommer, je présume que c'est à « M. Duhautcours, le riche spéculateur de la rue du « Helder, que j'ai l'avantage de parler?...

« —Oui, monsieur, c'est moi... pourquoi cette question ?

« — N'avez-vous pas pris dernièrement chez un « libraire une douzaine de billets de la loterie de *Hombourg* ?

« — C'est possible, monsieur, mais ma foi je vous « avoue que je fais peu attention à ces misères-là.

« — Je vais vous faire comprendre pourquoi je vous « en parle : je me trouvais justement alors chez ce « libraire, lorsque vous fûtes parti, il me dit : voulez vous « prendre les douze numéros qui me restent, ce sont « ceux qui suivent la douzaine que vient de prendre « M. Duhautcours, c'est la même série, si l'un de vous ga- « gne, l'autre aura été bien près de gagner. Quoique j'aie « peu de chance à ces loteries, ma foi, je me suis laissé « aller et j'ai pris les douze numéros qui suivent les vô- « tres... le tirage s'est fait hier, et aujourd'hui grâce au « télégraphe la liste des numéros gagnants est dans le « journal... vous avez dû la voir.

« — Non, monsieur, je ne l'ai pas remarquée... j'ai « tant d'autres choses en tête !... et si vous ne me l'aviez « pas rappelé, je n'aurais plus jamais songé à cette « loterie, eh bien, monsieur, je devine que vous avez « gagné ?

« — Pas du tout, monsieur, c'est vous.

« — Ah ! vous croyez ?

« — J'en suis certain ; le deuxième numéro qui vient « en remontant après les miens, même série, est celui « qui a gagné...

« — Une bagatelle sans doute !

« — Non vraiment, le gros lot, cent mille francs.

« — Cent mille francs ! » s'écrient les deux cousines.

« — Cent mille francs, » répète Langlumot d'un air ébloui.

M. Duhautcours n'est pas maître d'un premier mouvement de joie, mais il reprend bientôt son calme, et répond presque avec indifférence :

« Ah ! c'est le lot de cent mille francs... vous croyez « que je l'ai gagné ?

« — J'en suis sûr, monsieur; au reste, si vous savez

« vos numéros, voici la liste des gagnants, vous pouvez « vérifier.

« — Oh ! ce n'est pas la peine... Je verrai cela plus « tard ; d'ailleurs, je m'en rapporte parfaitement à vous, « monsieur.

« — Comme il prend cela avec calme ! » murmure mademoiselle Argentine à l'oreille de sa cousine.

« — On croirait qu'il s'agit de vingt-quatre sous ! Cent « mille francs lui arrivent par le hasard, et il reste « impassible !...

« — Faut-il avoir de l'esprit !...

« — Oh ! c'est un homme d'un bien grand mérite.

« — Moi, » dit M. Langlumot, « je ne prends jamais « de billets de loterie, mais je viens de faire un héritage « sur lequel je ne comptais pas du tout... C'est presque « comme si j'avais gagné un lot ; et c'est pour le tou« cher que je vais à Paris.

« — Ah ! vous avez fait un bel héritage ? » dit la « grosse Armande.

« — Oh ! beau n'est pas le mot... Je présume, tous « frais payés, qu'il pourra me revenir de quatorze à « quinze mille francs... mais c'est encore bon à prendre. »

M. Duhautcours détourne la tête d'un air dédaigneux. Les cousines croient devoir en faire autant, car devant un homme qui reçoit cent mille francs avec indifférence, comment voulez-vous que l'on comprenne la joie d'un héritier de quinze mille francs ?

Le monsieur musqué se permet de ricaner, mais tout cela n'empêche pas notre bourgeois campagnard de répéter encore :

« — Eh ! eh ! quinze mille francs... c'est gentil ! ça ne « se trouve point sous le pas d'un cheval. »

On était alors dans un tunnel où de rares lumières fumeuses et rougeâtres donnent à ces routes souterraines quelque chose de fantastique et même de diabolique.

« — On appelle cela voyager... voir du pays » dit la vieille dame; « il est joli, le pays que l'on voit... c'est « absolument comme si on se faisait voiturer dans les « Catacombes !...

« — Mais, madame, on n'est pas toujours dans des « voies souterraines.

« — On y est beaucoup trop, monsieur. Quant à moi « au risque de tomber, de rouler dans un précipice, je « préfère passer sur des ponts, sur des viaducs... Ah! « mon Dieu ! mais il me semble que nous ne marchons « plus... certainement nous sommes arrêtés.. Voyez « donc, messieurs... nous restons en place... »

La vieille dame ne se trompait pas : le convoi venait de s'arrêter. Aussitôt l'inquiétude se communique sur toute la ligne et pénètre dans les vagons de toutes les classes.

On met d'abord les têtes aux portières avec précaution, puis on regarde plus longtemps, puis on se risque à ouvrir les portières, puis les questions se croisent, puis les conversations s'engagent.

« — Nous ne marchons plus ?

« — Pourquoi ne marchons-nous plus ?

« — Il est donc arrivé quelque chose ?...

« — Il n'y a pas de doute que nous ne sommes pas « arrêtés sans motif...

« — Est-ce un convoi qu'on a signalé ?...

« — Et pas un cantonnier à interroger !...

« — Il faudrait en appeler un...

« — Ah ! oui, faites-vous donc entendre dans ces « maudits souterrains !...

« — C'est fort dangereux d'être arrêté dans un tunnel « si un convoi venait sur nous en ce moment... com- « ment l'éviterions nous ?

« — Nous n'avançons pas... est-ce que nous allons « rester longtemps comme cela ?...

« — Il y a peut-être un éboulement...

« — C'est bien inquiétant. »

M. Berlinet a profité de cet incident pour sortir de son vagon. La frayeur avait produit sur les nourrices un effet si désagréable, que le beau courtier en vins avait préféré courir quelques dangers sur la voie, au supplice continuel qu'il subissait dans la compagnie de ces dames.

Le jeune Torse, qui a aussi quitté sa place, rencontre M. Berlinet.

« — Tiens, vous voilà, jeune artiste... On dit que « nous sommes dans une position inquiétante...

« — Si l'on y voyait un peu plus, il y aurait un bien « bon croquis à faire de ce temps d'arrêt!...

« — Toutes les dames ont une peur épouvantable...

« — A propos, vous avez donc quitté les vôtres?... « Vous amusez-vous beaucoup dans votre vagon?

« — Oh! d'une façon extraodinaire... mais je suis bon « prince, je vous offre ma place...

« — Non j'ai devant moi un original qui vaut son « pesant d'or... Il voulait me faire un procès, parce « qu'il prétendait que je lui jetais des noyaux de cerise « au visage... Tenez, le voilà qui sort du vagon en fai- « sant de grands gestes... Il vient pérorer sur la voie; « c'est un avocat, il faut toujours qu'il parle. »

M. Chipotier est venu sur la voie, et court d'un vagon à l'autre, en s'écriant :

« — Mesdames nous allons tous périr!...

« — Il est rassurant, ce monsieur! » dit le jeune homme musqué. « Comprend-on un animal comme celui-là, « qui, au lieu de rassurer les voyageuses, déjà assez « promptes à s'alarmer, vient leur dire que nous som- « mes perdus!!...

« — Eh! mon Dieu, monsieur, si c'est la vérité! » s'écrie mademoiselle Argentine, « à quoi bon nous la « cacher?

« — Mais non, madame, ce n'est pas la vérité... Est-« ce que ce monsieur en sait quelque chose, d'ailleurs? « Tous les jours un convoi est arrêté dans sa marche « par un accident léger, par une cause fort simple... « Tenez, voilà cette vieille dame qui s'est évanouie de « frayeur, depuis que cet imbécile est venu faire son « annonce...

« — Armande, vous avez votre flacon, mettez-le sous « le nez de cette dame... »

M. Duhautcours, qui est devenu un peu moins arrogant devant un danger contre lequel tout son or ne le sauverait pas, adresse la parole à M. Langlumot :

« — Mais enfin... est-ce qu'il n'y aurait pas moyen « de savoir la cause de ce temps d'arrêt, qui se pro-« longe beaucoup, il me semble?

« — Oui, au fait, si on connaissait la cause... on serait « peut-être plus tranquille... »

Et M. Langlumot se décide à descendre aussi du vagon. Pendant ce temps, la grosse Armande a fourré son flacon sons le nez de la vieille dame, qui tout à coup revient à elle et repousse brusquement ce qu'on lui fait sentir en s'écriant :

« — Ah! pouah!... qu'est-ce que c'est que ça?... du « vinaigre de Bully... Ah! je déteste le vinaigre... ôtez-« mois cela bien vite!... c'est bon pour les cornichons, « cela!

« — Tu pourras bien te trouver mal tant que tu vou-« dras, toi! » mrumure mademoiselle Armande en reti-« rant son flacon, « est-elle malhonnête, cette vieille qui « dit que mon vinaigre parfumé est bon pour des corni-« nichons!... »

Pendant ce temps, la vieille dame se penche vers la portière et dit à maître Chipotier qui se trouve justement là :

« — Eh bien, monsieur... notre situation va-t-elle « changer... nous reste-t-il de l'espoir ?

« — C'est-à-dire que nous allons être broyés incessamment.

« — Ah ! mon Dieu !

« — Comment voulez-vous qu'il en soit autrement ? « nous encombrons la voie qui devrait être libre ici... Le « convoi qui vient après nous va arriver, croyant le « chemin libre, et... patatras !... il nous écrase... c'est « logique...

« — Ah !... je me meurs !...

« — Je me trouve mal !...

« — Ma cousine, passez-moi le bocal... je veux dire « le flacon...

« — Que le diable vous emporte, monsieur, avec vos « sots pronostics... vous êtes cause que toutes les dames « de notre vagon s'évanouissent.

« — Comment, mes sots pronostics... c'est à moi que « vous dites cela ?

« — Et à qui donc ?...

« — Vous ne savez pas à qui vous parlez...

« — Je parle à un âne et pas autre chose... »

Maître Chipotier n'est pas encore revenu de l'étonnement qu'il a éprouvé en s'entendant appeler âne, lorsque Franville, l'ancien militaire, passe près du vagon, en disant :

« — Allons, messieurs, remontez vite en voiture, nous allons repartir, le charbon est arrivé...

« — Comment, le charbon... qu'est-ce que cela veut « dire ?

« — Cela veut dire que le charbon manquait ; voilà « pourquoi nous ne roulions plus, c'est tout simple... « On en a fait demander, il est arrivé, nous allons re- « prendre notre route.

« — C'était le charbon qui manquait, mesdames, reve-
« nez à vous, il n'y a pas de danger !...

« — Il se pourrait !...

« — Est-ce vrai, monsieur, nous n'allons pas périr ?

« — Non, mesdames, revenez à vous et rassurez vous. »

Les frayeurs se dissipent. Mais après le désordre qui vient d'avoir lieu, lorsqu'il s'agit de remonter à la hâte en vagon, chacun se place au hasard, les classes sont confondues, et le gamin de la troisième catégorie ne manque pas d'aller s'étaler sur un fauteuil moelleux de première classe.

Quant à l'avocat, très-surpris que l'événement ait trompé son attente, il se trouve un des derniers attardés sur la voie, et n'a que le temps de se précipiter dans une portière encore ouverte au moment où le convoi s'ébranle. Cette portière était celle du vagon occupé par les nourrices et leurs poupons... Ce monsieur méritait bien cela.

VI

MADEMOISELLE DUHAUTCOURS.

Dans un magnifique salon faisant partie d'un superbe appartement de la rue du Helder, une demoiselle mise avec une extrême élégance, bien qu'elle ne soit qu'en toilette du matin, vient de s'approcher d'un piano et de jeter dessus un paquet de musique en s'écriant :

« — Mon Dieu ! que tout cela est mauvais... il n'y a « rien qui me plaise... rien de joli là dedans ! »

Cette demoiselle, qui a près de seize ans, mais qui en paraît au moins dix-huit, parce qu'elle est grande, forte, et que ses traits ont déjà une expression qui n'a plus rien de la timidité de la jeunesse, est la fille de M. Duhautcours.

Mademoiselle Célesta Duhautcours est une blonde qui porte ses cheveux qui sont d'une jolie nuance, presque toujours frisés en neige. Elle a la peau extrêmement blanche ; son col et ses épaules sont irréprochables, mais son visage a peut-être un peu trop de teint ; cet excès de fraîcheur, en donnant aux joues de cette jeune personne la couleur d'une pêche bien mûre, lui donne aussi quelque choses de si bien portant, que cela est presque rustique. Les paysannes seules ont le droit d'avoir d'aussi fortes couleurs.

Mademoiselle Célesta avait des yeux bleus assez beaux, mais dont l'expression était souvent impertinente ; sa bouche et ses dents étaient sans reproche, mais son nez, quoique bien fait, était un peu trop gros et déparait sa figure. Sa taille était forte, mais bien prise ; elle était grande et promettait d'être, ce qu'on appelle une belle femme.

Telle qu'elle était, mademoiselle Célesta n'avait, aux yeux de son père, personne qui pût l'emporter sur elle pour la beauté, la taille et la tournure. La jeune fille partagait entièrement cette opinion, et cela ne pouvait guère être autrement : habituée dès l'âge le plus tendre à être caressée, adulée, flattée, la petite Célesta, en écoutant les éloges que l'on donnait à sa beauté et à son esprit, s'était bien vite persuadée qu'elle était en effet un petit phénomène. Les enfants sont ce qu'on les fait, a-t-on dit souvent : ceci n'est pas absolument vrai, car il est probable alors qu'on les ferait toujours bien gentils. Mais nous naissons tous avec nos penchants, nos goûts, nos défauts particuliers ; malheureusement le mauvais l'emporte souvent sur le bon, et il est bien certain que si les défauts que nous avons en venant au monde ne sont pas corrigés, combattus par ceux qui nous élèvent, ils ne feront, quand nous grandissons, que croître et embellir.

La jeune Célesta s'était trouvée de bonne heure sans mentor : elle avait perdu sa mère à trois ans puis elle avait ensuite perdu sa belle-mère ; si bien qu'avant l'âge de quinze ans, elle s'était trouvée presque maîtresse de maison. Son père la laissant entièrement libre de commander, d'ordonner, de faire ce qu'elle voulait, et ne lui refusant jamais rien ni pour sa toilette, ni pour ses moindres fantaisies, mademoiselle Célesta devait donc se trouver extrêmement heureuse ; peu de jeunes filles, même parmi les plus riches ont à quinze ans un pouvoir aussi absolu. Il faut dire que cette grande autorité, donnée de si bonne heure à une demoiselle, avait rendu celle-ci beaucoup plus raisonnable qu'on ne l'est généralement aussi jeune. Célesta avait pris l'habitude d'ordonner, de commander, elle s'en acquittait comme une femme de vingt ans. Elle savait déjà conduire une maison, et se faire parfaitement servir ; sur un seul article elle ne mettait point de bornes à ses dépenses, et c'était naturellement celui de la toilette. Chaque jour, Célesta aurait voulu que l'on inventât pour elle une mode nouvelle, des étoffes plus belles, des garnitures plus élégantes ou plus originales. Mais en cela elle était constamment approuvée par son père qui lui répétait fort souvent :

« — Achète ce qu'il y a de plus beau pour robe, ma « fille, ce qu'il y a de plus riche, de plus éblouissant... « Dis à tes couturières de ne point épargner l'étoffe... « quand elles te demandent douze mètres, donne-leur « en quinze... mais qu'on te fasse des robes qui traî- « nent... des volants depuis le haut jusqu'en bas... des « manches... qui retombent... avec de la dentelle, des « rubans, des fleurs !... Enfin, je veux que tu sois la « demoiselle la plus élégante de Paris... que tout le « monde s'arrête pour te regarder... Et puis, quand on « demandera : quelle est cette jeune et belle personne « si délicieusement parée ? on répondra : C'est made- « moiselle Duhautcours... la fille de M. Duhautcours le « millionnaire... Et personne ne s'étonnera alors que tu « sois mise comme une princesss. »

Avec de tels conseils, il eût été difficile que Célesta ne devînt pas coquette, alors même qu'elle n'y aurait pas été portée naturellement. Elle suivait avec ardeur les intentions de M. son père, presque chaque jour il y avait chez elle conseil de couturières et de modistes ; on y débattait avec beaucoup de logique, le choix d'un ruban, la couleur d'une étoffe, la forme d'un corsage et la hauteur d'un volant ; ces graves occupations prenaient une grande partie du temps de mademoiselle Duhautcours, ajoutez-y celui que l'on employait à s'habiller et à se déshabiller, car cette demoiselle faisait d'abord une simple toilette du matin ; puis une seconde plus élégante, puis une toilette pour aller à la promenade ; puis des changements pour paraître au dîner ; puis une toilette de réunion ou de spectacle, ou de bal ; quelquefois il fallait en changer dans la soirée. Le moins était donc quatre toilettes par jour, vous voyez que mademoiselle Célesta devait être excessivement occupée et qu'il lui restait fort peu de temps à donner à l'étude des langues, du dessin ou de la musique.

Chacun dira : Voilà une jeune fille qui doit être bien heureuse, faisant toutes ses volontés, avec un père très-riche, qui ne lui refuse rien ! Eh bien ! non, mademoiselle Célesta n'était pas entièrement heureuse. Il est si rare de rencontrer quelqu'un qui soit complétement satisfait de son sort... et croyez-moi, si vous voulez trouver cette personne-là, ce n'est pas parmi les gens à même de contenter tous leurs désirs qu'il vous faut la chercher.

Ce qui troublait la félicité de mademoiselle Célesta Duhautcours, ce qui, malgré ses belles parures, arrêtait quelquefois l'élan de sa joie et le sourire sur ses lèvres, c'était ces grosses couleurs dont nous vous avons dit que ses joues étaient ornées, car plus d'une fois, dans ces grandes réunions, où les femmes se plaisent toujours à se déchirer entre elles, où leur plus douce, leur plus chère occupation est de trouver à médire sur les traits, la tournure et la mise des autres femmes, Célesta avait entendu ces mots :

« — Mon Dieu ! voyez donc la figure de mademoiselle « Duhautcours... est-elle rouge !...

« C'est-à-dire qu'elle n'est pas rouge, elle est ponceau, « violette !...

« — Est-ce que vous trouvez cela joli ?

« — Joli ! ah ! par exemple... mais c'est affreux... « c'est tout ce qu'il y a de plus commun.

« — Il y a des hommes qui appellent cela de la « fraicheur...

« — La fraicheur ne consiste pas à avoir toujours l'air « de crever dans sa peau.

« — C'est un teint de fille de ferme ou de moisson- « neuse, si vous aimez mieux...

« — Ça ! de la fraicheur... mais j'aimerais mieux être « pâle comme une morte, que fraiche comme cela.

« — Un teint pâle est bien plus comme il faut, bien « plus distingué... Quand on dit d'une femme : elle a l'air « intéressant, c'est qu'elle est pâle ou bien que son teint « est à peine rosé...

« — Trouvez-vous donc mal avec des joues comme « celles-là, il n'y a pas moyen !... personne ne vous por- « terait secours !... ou bien on dirait : « Cette demoi- « selle ne peut avoir qu'une indigestion.

« — Une grosse bouffie comme cela doit manger beau- « coup de pain !

On doit juger du dépit, de la colère concentrée qu'éprouvait mademoiselle Célesta, lorsqu'elle entendait de tels discours, d'autant plus qu'il lui fallait cacher son humeur et sourire aux personnes qui venaient de la traiter ainsi ; mais dans le monde, on sait que c'est l'usage de se faire toujours un visage riant, même avec les gens que l'on déteste le plus. De leur côté, les personnes qui venaient de se prononcer ainsi sur les couleurs de mademoiselle Duhautcours, ne manquaient pas, en l'abordant,de s'écrier :

« — Oh qu'elle est belle... quelle superbe fraicheur...

« — Mon Dieu, ma chère, comment donc faites-vous « pour avoir d'aussi belles couleurs!...

« — Il n'y a pas moyen de l'approcher, toutes les « femmes pâlissent auprès d'elle!.

« — Donnez-nous votre secret, ma belle amie, il n'y a « pas de cosmétique qui puisse soutenir le comparaison.»

Et lorsqu'après une grande soirée mademoiselle Célesta avait saisi quelques-unes de ces réflexions faites à demi-voix par ses bonnes amies, elle rentrait chez elle de fort mauvaise humeur, elle se campait devant une glace, trépignait des pieds, arrachait sa coiffure et se jetait sur une causeuse en s'écriant.

«— C'est désolant, cela... mon Dieu que je suis malheureuse! »

Alors M. Duhautcours s'approchait de sa fille avec inquiétude, en lui disant :

« — Tu es malheureuse... toi, Célesta ? Eh! mon Dieu, « qu'est-il donc arrivé à cette soirée qui ait pu te cha- « griner... est-ce que ta robe te gênait ?

« — Non! non.

« — Est-ce que tu as vu des demoiselles mieux mises « que toi?

« — Non, non !

« — Est-ce que tu n'as pas dansé toutes les danses?

« — Si, si !

« — Est-ce qu'on a marché sur tes volants, accroché « ta garniture ?

« — Non, non, ça me serait bien égal, cela !... on en « achète d'autres et c'est fini.

« — C'est justement ce que j'allais te dire... et voilà « pourquoi je me demande ce qui peut te donner ces « accès de colère... »

Mademoiselle Célesta venait se planter devant son père et lui tendait ses joues en disant :

« — C'est ça.

« — Comment ça... Tu me montres ta figure qui est « charmante... il me semble que tu ne peux pas avoir à « te plaindre de ta figure... tu serais par trop difficile !

« — Ce n'est pas de ma figure que je me plains... je « sais bien que je suis jolie... que mes traits sont irré- « prochables...

« — Fichtre, je le crois bien !... Tiens, ce n'est pas « pour te faire un compliment, mais à cette soirée dont « nous venons, j'ai passé en revue toutes les jeunes fem- « mes et les demoiselles, eh bien, pas une ne pouvait « soutenir la comparaison avec toi.

« — Je vous crois, mon cher père. Mais voyez-vous « ce qui me désole... ce sont mes couleurs...

« — Tes couleurs ? ha çà, mais tu plaisantes, je « pense... Tes couleurs; mais c'est ta fraîcheur, ta belle « santé... c'est le fard de la nature, je t'assure que l'on « voit bien que c'est naturel.

« — Oh ! je le sais bien qu'on le voit!... mais on le voit « trop, j'ai trop de fard... j'ai trop de couleurs enfin.

« — Comment ? tu te plains d'être fraîche comme une « rose... je ne te comprends pas !

« — Mais puisque cela me donne l'air d'une fille de « ferme, d'une moissonneuse... d'une grosse paysanne ! « puique c'est commun... puisque cela empêche d'avoir « l'air intéressant... puisque si je me trouvais mal on « croirait que j'ai une indigestion...

« — Qui a osé dire de telles sottises?

« — Oh! beaucoup de dames et de demoiselles de la « société... qui me font des compliments, et en arrière « me dénigrent!... j'ai l'oreille très-fine, je devine quand « on parle de moi, alors je n'ai l'air de rien, mais je « me tiens à portée d'entendre, et j'ai entendu qu'on

« disait de moi tout ce que je viens de vous rapporter.

« — Ma chère amie, les femmes qui ont dit cela sont « des envieuses!... si tu n'étais pas toujours si bien « mise, si tu ne les éclipsais pas toutes par ton élégance, « ta tournure, ta beauté, elles ne se seraient point occu- « pées de tes couleurs. Elles ont cherché ce qu'elles « pourraient trouver à critiquer dans ta personne, et ne « trouvant rien, faute de mieux, elles s'en sont prises à ce « bel incarnat qui colore tes joues... Ah! je gage que « dans le fond elle voudraient bien posséder ce qu'elles « blâment en toi... je gage qu'elles sont pour la plupart « jaunes, pâles, ternes, flétries!... alors ces dames se « moquent de ce qu'elles n'ont plus... c'est le renard « qui insulte les raisins... dire que ma fille a l'air com- « mun! l'air d'une moissonneuse... cela fait pitié!... « Garde-toi donc, Célesta, de t'affliger de posséder une « si belle fraîcheur... mais, au reste, avec le temps, avec « les années, cette beauté-là passe bien vite, tes couleurs « tomberont d'elles-mêmes, et alors tu regretteras sans « doute ce dont tu te plains aujourd'hui.

« — Vous croyez, mon père, qu'avec le temps mes « couleurs tomberont?

« — Il n'y a pas le moindre doute, ma fille. Tout « passe... et la beauté aussi bien que le reste.

« — Comment, mon père ma beauté tombera aussi!

« — Tu as bien des années devant toi, ma chère amie, « avant d'avoir à craindre cela. Et d'ailleurs, quand on « est riche, quand on peut toujours éclipser les autres « par ses toilettes, ses voitures, ses gens, par le grand « train que l'on mène, on est toujours bien, toujours « recherché, toujours complimenté... si on vieillit, on ne « s'en aperçoit pas, ou du moins personne n'est assez « mal appris pour nous en faire apercevoir... Tu vois « bien, ma fille, que tu ne vieilliras presque pas. »

Cependant, malgré le pronostic de son père, mademoiselle Célesta conservait ses éclatantes couleurs ; bien loin de tomber, elles semblaient au contraire augmenter encore et s'étaler davantage sur sa figure, La jeune fille était au supplice, car elle saisissait souvent des mots railleurs provoqués par sa présence; et, dans la persuasion où elle était qu'on se moquait toujours d'elle, dès qu'elle voyait une personne rire, elle ne doutait point que ce ne fût de ses couleurs.

Un grand bal allait se donner chez un des princes de la finance : naturellement M. Duhautcours et sa fille y étaient invités. La toilette était préparée et devait être éblouissante ; le coiffeur avait promis d'inventer une nouvelle manière de placer les fleurs dans les cheveux ; M. Duhautcours avait fait cadeau à sa fille d'un collier et de bracelets d'un travail précieux. Pourtant Célesta n'était pas satisfaite, à chaque instant elle allait se regarder dans des glaces et poussait ensuite de profonds gémissements.

La femme de chambre de Célesta, jeune camériste aussi flatteuse qu'empressée, ne cessait de dire à sa maîtresse :

« — Mon Dieu ! comme mademoiselle sera belle à ce « bal !... comme sa toilette sera ravissante... comme ses « bijoux sont de bon goût... mademoiselle éclipsera « toutes les autres femmes... mademoiselle remportera « un triomphe complet !... Ah ! que mademoiselle doit « être heureuse !

« — Mais non, mais non, je ne suis pas heureuse ! » s'écrie Célesta qui vient encore de se mirer : « Je ne « puis pas l'être, je ne le serai jamais, tant que j'aurai « ces affreuses couleurs qui prêtent à rire à mes dé- « pens... et me donnent l'air d'une paysanne.

« — Ah ! mademoiselle, par exemple, vous qui avez « au contraire l'air si distingué !

« — Je vous dis, Zélie, que mes couleurs me font

« beaucoup de tort... qu'elles font rire... qu'on me « tourne en ridicule... Ah ! je donnerais je ne sais quoi « pour être pâle... Zélie, est-ce qu'il n'y aurait pas quel- « que moyen pour faire passer mes couleurs ?

« — Oh ! mademoiselle, certainement il doit y en « avoir... Moi, j'ai été au service d'une dame qui avait la « peau très-brune et elle employait une foule de choses « pour se rendre le teint plus blanc... Elle mettait de la « poudre de riz sur son visage... Il paraît que c'est très- « bon cela.

« — J'en mettrai alors, j'en mettrai beaucoup, va en « acheter...

« — Mais je dois vous prévenir que la poudre de riz a « un inconvénient : cela se voit, on a l'air de s'être roulé « dans de la farine.

« — C'est affreux alors... Il doit y avoir autre chose ?

« — Certainement, mademoiselle, il y a autre chose, « des eaux, des essences avec lesquelles on se lave ; cela « ne laisse aucune trace, et cela blanchit la peau.

« — Voilà ce qu'il me faut. Zélie, va chez le meilleur « parfumeur de Paris, demande un cosmétique pour don- « ner à la figure un teint pâle, un teint intéressant. Prends « ce qu'il y a de plus cher, avec la manière de s'en ser- « vir. Oh, comme toutes ces demoiselles seront attrapées « si ce soir au bal je n'ai plus mes grosses couleurs. »

Mademoiselle Zélie s'empresse d'exécuter les ordres de sa maîtresse. Elle entre dans un de ces magasins où l'on vend tout ce qu'il faut pour conserver la beauté, la jeunesse, la fraîcheur ; pour se faire blond, brun ou châtain, suivant qu'on en éprouve l'envie ; où tous les secrets de la chimie ont été appliqués enfin à combattre la nature qui veut que l'on vieillisse, bien que cela ne fasse jamais plaisir.

La femme de chambre rapporte à sa jeune maîtresse un superbe flacon, tout doré, enveloppé dans un imprimé qui indique la manière de s'en servir. C'est une eau qui rend le teint pâle et donne l'air mélancolique. Il suffit de se laver légèrement avec, l'effet n'est visible que deux heures après que l'on a employé le cosmétique.

Célesta est enchantée. Aussitôt après son dîner elle emploie l'eau qui pâlit. Puis elle livre sa tête au coiffeur. Mais un quart d'heure ne s'est pas écoulé qu'elle demande un miroir ; elle veut voir si l'eau fait déjà son effet. Rien n'est encore changé dans l'aspect de sa figure. La coiffure terminée, la jeune fille fait sa toilette, et à chaque instant elle va consulter la glace, la psyché ; une heure s'est écoulée et pas le plus petit changement sur sa figure.

« — Nous n'en avons pas assez mis, » dit Célesta à sa femme de chambre.

« — Vous croyez, mademoiselle... Mais le papier dit « que l'effet n'est visible qu'au bout de deux heures...

« — C'est égal, nous n'en avons pas assez employé... « redonne-moi le flacon... »

Le flacon est de nouveau employé ; mademoiselle Célesta se débarbouille, ou plutôt se barbouille avec soin, puis une demi-heure, une heure s'écoule et le visage reste le même. Ces demoiselles ignoraient qu'en mouillant de nouveau la figure on retardait l'effet du cosmétique au lieu de l'accélérer.

« — Pour le coup ! cela ne veut donc pas prendre « sur moi, » s'écrie Célesta désolée. « Voilà deux heures... « plus de deux heures même que j'ai commencé à mettre « de cette eau sur ma figure, et je suis toujours aussi « rouge... Zélie, redonne, moi le flacon...

« — Mais, mademoiselle, cela vous fera peut-être « mal d'en mettre trop...

« — Quel mal veux-tu que cela me fasse... Tu vois « bien que jusqu'à présent cela ne me fait rien du tout... « Le flacon, vite, je vais mettre le reste. »

Mademoiselle Duhautcours vide le reste du flacon dans une tasse et avec une fine serviette se frotte de nouveau toute la figure en disant :

« — A présent, si cela ne me fait pas d'effet, c'est que « cette eau est un infâme mensonge... J'en serai pour « mes quinze francs !... mais tu iras dire à ton parfumeur « que son eau n'a pas la moindre vertu et que ce sont « des voleurs. »

Une grosse demi-heure s'écoule, la figure de Célesta étant redevenue complètement sèche, une légère pâleur commence à se manifester à l'extrémité des joues. La femme de chambre se met à battre des mains en s'écriant :

« — Mademoiselle, vous pâlissez !...

« — Tu crois... voyons ! »

Et la jeune fille court à une glace et pousse un cri de joie, puis se met à danser dans la chambre en disant :

« — Je pâlis... je pâlis... ah ! quel bonheur... comme « ces belles demoiselles vont être consternées en ne me « voyant plus rouge... Ah, quel succès, quel triomphe je « vais avoir... je pâlis !... »

Bientôt M. Duhautcours vient chercher sa fille pour la conduire au bal. Il s'extasie devant sa toilette :

« — Magnifique !... superbe... Tu es mise... comme « on ne l'est pas... coiffée à ravir... c'est parfait... mais « serais-tu indisposée, ma chère amie ?

« — Pourquoi donc cela, mon père ?

« — C'est que je te trouve la mine pâle... Tu n'as pas « ta fraicheur ordinaire.

« — Oh, tant mieux, mon père, tant mieux, ce sont mes « couleurs qui tombent... cela me fait bien plaisir, je « vous jure.

« — Tes couleurs tombent... Quoi, déjà... mais tu les « avais encore pour dîner.

« — Eh bien, elles s'en vont à présent... et je ne les « regrette pas.

« — Mais ordinairement des couleurs ne disparaissent « pas si vite...

« — Ne vous inquiétez pas de cela, mon père, je vous « assure que je me porte très [illegible]n... partons pour le « bal... »

M. Duhautcours n'en demande pas plus. Il monte en voiture avec sa fille. Il était nuit depuis longtemps. La course était longue pour se rendre chez la personne qui donnait le bal. Plus de vingt minutes s'écoulent. Pendant ce temps le cosmétique agissait avec d'autant plus de force sur le visage de la jeune fille, que deux fois on en avait arrêté l'effet, et qu'on en avait employé une quantité considérable.

On est arrivé au bal, M. Duhautcours donne la main à sa fille pour traverser plusieurs pièces où se tiennent des domestiques. Il ne remarque pas l'air de surprise que laissent paraître toutes les personnes qui regardent sa fille, il n'est occupé qu'à s'assurer si rien n'est dérangé dans sa toilette. Quant à mademoiselle Célesta, jamais elle n'a porté le tête si haut, jamais elle n'a eu un air plus fier en se présentant quelque part.

Le père et la fille sont arrivés dans les salons où une nombreuse et brillante compagnie est déjà réunie. Mais il faut les traverser pour arriver jusqu'au maître de la maison qui est alors à l'autre extrémité des appartements. M. Duhautcours prodigue des saluts à droite et à gauche, sans faire attention aux exclamations qui partent de tous côtés sur son passage.

« — Mon Dieu! qu'est-ce que cela!...

« — Voyez donc la figure de cette demoiselle...

« — C'est donc une gageure... elle a un masque, il n'est « pas possible...

« — C'est Pierrot !... elle s'est déguisée en Pierrot!..

« — Mais elle n'en a pas le costume ni la coiffure... qu'est-ce que cela veut dire...

« — Oh! c'est bien drôle... venez donc voir, madame...
« mademoiselle Duhautcours qui s'est fait une tête de
« Pierrot!...

Toutes les dames riaient aux éclats, les hommes se retournaient pour ne point en faire autant au nez de mademoiselle Célesta qui, voyant tous les yeux braqués sur elle, se disait :

« — Ils n'en reviennent pas... ils cherchent mes grosses couleurs... ah! comme ils sont attrapés! »

Cependant on est arrivé au maître de la maison, qui s'avance pour dire quelques mots gracieux au père et à la fille; mais en regardant mademoiselle Célesta, il demeure interdit, stupéfait et dit enfin à Duhautcours :

« — Mademoiselle votre fille a donc cru que le bal
« était masqué ?...

« — Masqué... comment... pourquoi cela... mais non... vous voyez bien que nous ne sommes pas déguisés...

« — Je vois... je vois... vous, c'est fort bien, mais enfin
« mademoiselle a caché sa figure... il n'est pas possible
« qu'elle veuille danser comme cela... »

En ce moment M. Duhautcours porte ses regards sur sa fille : en voyant ce visage entièrement blanc comme celui d'un Pierrot, il demeure pétrifié, puis pousse un cri :

« — Ah ! mon Dieu !... ma fille qui a l'air d'être en plâ-
« tre !... Ah ! quelle horreur !... c'est affreux... sauvons
« nous !... »

Et le père désolé entraîne vivement sa fille et veut l'emmener hors du bal ; mais Célesta, qui ne comprend rien à la colère de son père, résiste, ne veut pas s'en aller et ne cesse de lui dire :

« — Pourquoi voulez-vous partir... Je ne suis pas venue
« pour m'en aller tout de suite... Est-ce parce que je suis

« pâle... mais j'en suis enchantée... c'est exprès... j'ai « l'air bien plus intéressant...

« — Ah ! vous appelez cela pâle, ma fille, ah, vous « croyez que vous avez l'air intéressant et vous ne voyez « pas que tout le monde vous rit au nez... mais tenez, re- « gardez-vous donc ! »

M. Duhautcours a placé sa fille devant une glace. Célesta se voit telle que l'abus du cosmétique l'a transformée, elle ne veut pas se reconnaître, dans ce masque blanc qu'elle aperçoit, elle se fait des grimaces, se tire la langue ; enfin, convaincue de la vérité, elle tombe sans connaissance dans les bras de son père : c'était ce qu'elle pouvait faire de mieux dans sa position, et M. Duhautcours se hâte d'emporter sa fille et de la ramener chez lui.

Depuis cette aventure, mademoiselle Célesta renonce à l'emploi des cosmétiques et prend le parti de garder ses couleurs, quoiqu'elle les maudisse toujours. Mais comme dans le monde on aime généralement à se moquer, et que l'histoire du bal a fait grand bruit : on a donné un sobriquet à la fille du capitaliste ; les demoiselles entre elles ne la nomment plus autrement que « mademoiselle Pierrot. »

VII

GEORGINA LA FLEURISTE.

Et mademoiselle Célesta, quelques jours après que son père était revenu de sa terre de Hautefutaie, située dans les environs de Lisieux, venait donc de jeter sur son piano une grande quantité de romances et d'airs nouveaux en disant :

« — Tout cela est très-mauvais... rien qui soit dans ma « voix... les compositeurs de romances font des choses « qu'on ne peut pas chanter ! »

Il faut dire que mademoiselle Célesta n'avait pas d'oreille, qu'elle chantait fort, parce qu'elle avait de la voix, mais qu'elle chantait presque continuellement faux, elle obtenait donc peu de succès en société, et s'en vengeait en trouvant toutes les romances mauvaises.

M. Duhautcours, qui est alors étendu sur un divan où il consulte un carnet et des chiffres, répond à sa fille :

« — Il faut acheter d'autres morceaux... tu as une « voix superbe, je ne sais pas pourquoi tu ne chantes pas « plus souvent quand on fait de la musique... Tiens ! il « y a cet air que mademoiselle de Bermont a chanté chez « elle avant-hier... il est fort beau... il doit être dans tes

« moyens... l'as-tu... si tu ne l'as pas, fais-le demander « chez ton marchand de musique...

« — Ah! je sais ce que vous voulez dire... c'est un « air de *Verdi*... oh, certainement si je le chantais, je le « chanterais autrement que mademoiselle de Bermont... « elle ne donne pas assez de voix... c'est mou... on l'en« tend à peine... je la crois poitrinaire...

« — Elle a fait plaisir cependant...

« — Ah, cette malice... elle chantait en famille à peu « près... ce n'est pas elle qui a fait plaisir, c'est l'air.

« — Alors pourquoi ne choisis-tu pas de ces airs-là ? « tu aurais un double succès, toi.

« — Je n'aime pas à chanter ce que tout le monde « chante.

Et ce moment un domestique paraît et dit :

« — On vient de chez la fleuriste de mademoiselle lui « apporter les modèles de garnitures qu'elle a deman« dés...

« — Ah! la fleuriste... bien... je vais voir... mon père, « permettez-vous que je la fasse venir dans ce salon ?

« — Pourquoi pas, si cela t'arrange, où est l'inconvé« nient puisque nous sommes seuls.

« — En puis vous me direz votre goût sur ces garni« tures... c'est pour une robe de bal, pour la noce de la « fille de votre notaire...

« — Très-bien, tu ne te mettras pas de blanc sur la « figure pour ce bal-là, j'espère?

« — Ah! mon père !... pouvez-vous me parler encore « de cela !... j'ai assez pleuré de colère !...

« — Au reste, j'ai eu soin de dire partout que c'était « la faute de la femme de chambre, qui avait par mé« garde laissé tomber de la farine dans ton eau de « Cologne...

« — On n'en aura pas cru un mot... c'est égal... La« pierre, faites entrer la fleuriste. »

Une jeune personne portant un grand carton plat entre dans le salon. C'est une jolie brune qui a dix-huit ans, de beaux yeux bleu foncé, sympathiques et doux, qui ne s'ouvrent jamais trop et qu'ombragent de longs cils; un front haut, des cheveux d'un noir de jais, une bouche gracieuse et bien garnie forment un ensemble charmant, que complètent encore une taille svelte, bien prise, un pied cambré et mignon, et un bras bien arrondi.

La mise de cette jeune fille est modeste, mais de bon goût. Sa coiffure n'a rien d'évaporé, et cependant son petit bonnet est placé de façon à donner encore plus de piquant à sa physionomie. Elle entre dans le salon sans voir l'air embarrassé, et quoique sa démarche n'ait rien de hardi, elle ne manque pas d'une certaine assurance.

Mademoiselle Georgina, c'est le nom de la fleuriste, fait un salut gracieux au père et à la fille, qui se gardent bien d'y répondre autrement que par un regard protecteur et dédaigneux.

« — Mademoiselle, voici les modèles de garnitures que vous avez avez désiré voir pour choisir; madame vous en envoie plusieurs, et l'on fera ensuite exactement comme celui que vous choisirez.

« — Ah! c'est bien... Pourquoi votre maîtresse n'est-elle pas venue elle-même?

« — Madame a toujours affaire au magasin, et pour « faire choisir des modèles il est rare qu'elle se dé-« range.

« — Il me semble qu'elle aurait bien pu se déranger « pour moi... je suis une assez bonne pratique...

« — Oui, » murmure M. Duhautcours, qui consulte toujours son carnet, mais qui, de temps en temps, jette un regard furtif sur la fleuriste, « oui... pour ma « fille... on peut bien se déranger... cette marchande au-« rait pu venir avec vous.

« — Si mademoiselle tient absolument à voir ma-
« dame, je vais aller le lui dire.

« — Non... montrez-moi tout de suite ce que vous « m'apportez. »

La fleuriste ouvre son carton et montre de charmants bouquets, de délicieux feuillages, où l'art rivalise avec la nature. Mademoiselle Célesta examine tout, prend tout, retourne tout et dit à son père :

« — Tiens, regarde donc... Qu'est-ce qui fera le mieux « de tout cela sur une robe de bal ?...

« — O ma chère amie, si tu me consultes, je te dirai « que je n'en sais rien... Tout ceci est fort joli... Tu n'as « qu'à suivre ton goût, il te guidera mieux... Tu es tou- « jours parfaitement habillée... Prends le plus cher, ce « doit être le plus beau. »

Et M. Duhautcours sort du salon en feuilletant toujours son carnet.

« — Mon père est étonnant... le plus cher n'est pas « toujours ce qui va le mieux... Voilà qui me plaît « assez... mais ceci doit être très-élégant jeté le long « d'une jupe...

« — Oh! oui, mademoiselle, cela fera très-bien au « bal...

« — Qu'en savez-vous? Est-ce que vous allez au bal, « vous?

« — Non, mademoiselle, jamais... mais j'ai assisté « plusieurs fois à des toilettes de bal... Souvent nous ne « posons les bouquets sur les robes qu'au moment où « l'on va partir, afin que ce soit plus frais.

« — Tiens, c'est une idée, cela... Je ne sais vraiment « pour laquelle me décider... Ah! j'y pense ; en mettant « le bouquet sur l'étoffe, je verrai bien ce qui fera le « mieux... Oui, je vais essayer comme cela avec ces deux « modèles... les autres ne me plaisent pas. »

Et mademoiselle Célesta prenant deux bouquets artificiels se dirige vers une porte d'appartement.

« — Faut-il que j'aille avec mademoiselle, » demande la jeune fleuriste.

« — Non, c'est inutile, je n'ai pas besoin de vous pour « me guider... Restez là, attendez. »

Georgina reste seule dans le salon; on ne lui a pas dit de s'asseoir, mais elle ne voit pas pourquoi elle resterait debout, et va se mettre sur une chaise; elle passe alors en revue les tableaux, les tentures, les draperies, l'ameublement du salon. Les fauteuils, les causeuses sont couverts en soie et en velours, et des crépines, des glands d'or, rehaussent encore la richesse des étoffes. Cependant la jeune fille semble considérer tout cela plutôt avec admiration qu'avec envie, et elle se dit, après avoir tout examiné :

« —C'est bien beau ici... c'est magnifique!... mais je ne « voudrais pas y rester... Il me semble que je m'ennuie-« rais... que c'est plus gai dans ma petite chambre, sur-« tout quand j'y suis avec mes sœurs et mes frères!...

Puis les regards de la jeune fille s'arrêtent sur le piano, et elle murmure :

« — Ah! voilà ce qui me plairait le plus dans tout ce « salon... un piano!... Ah! qu'on est heureux quand « on possède un piano... Cela me rappelle le temps où « je l'apprenais... mon père eût été si content de me « donner ce talent-là... Pauvre père!... ce n'est pas sa « faute si je n'ai pas continué... Je n'allais pas trop mal « déjà, on trouvait que j'avais de grandes dispositions; « mais depuis trois ans que je n'en ai touché... je suis « bien sûre que je ne saurais plus rien... je ne pourrais « plus faire aller mes doigts... »

Et, tout en se disant cela, la jolie fleuriste s'est levée, elle s'approche insensiblement du piano qui est ouvert, elle le regarde avec amour et se dit :

« — Si j'osais essayer un peu... je suis seule... on a « l'air de m'avoir oubliée... Mais cela fâcherait peut-être « cette demoiselle... qui n'a déjà pas l'air aimable... « Mon Dieu! cela ne fait cependant aucun mal à un « piano de jouer un peu dessus... Personne ne revient... « oh! tant pis, je n'y résiste plus. »

Et Georgina, s'asseyant devant le piano, essaye d'abord légèrement quelque notes d'une main, puis elle s'enhardit et joue des deux, en murmurant :

« — Ah! le bon piano, quels beaux sons! Ah! quel « plaisir de jouer là-dessus... Ah! ma valse... ma valse « favorite... si je me la rappelais... Oh! oui, je crois que « je m'en souviens... oui, c'est cela! »

Et la jeune fleuriste laisse courir ses doigts sur le piano, heureuse de voir qu'elle sait jouer encore. Elle exécute assez bien une valse facile mais très-mélodieuse qu'elle se rappelle parfaitement.

Tout à coup une porte s'ouvre; mademoiselle Célesta paraît, regarde et s'écrie d'un ton courroucé :

« — Par exemple, voilà qui passe toutes les bornes! « Conçoit-on une pareille audace... jouer sur mon « piano... »

Georgina se lève vivement en balbutiant :

« — Mon Dieu! mademoiselle, je vous demande bien « pardon... j'étais seule... je ne savais pas que cela vous « déplairait...j'avais essayé un peu... pour m'amuser...

« — Pour vous amuser!... Est-ce qu'on vous fait faire « les commissions pour que vous vous amusiez?... voilà « qui est par trop plaisant... De quel droit mettez-vous « vos mains sales sur mon piano?... Est-ce que je puis « jouer dessus après cela! »

La jolie fleuriste relève la tête avec dignité, en répondant :

« — Mademoiselle, mes mains sont aussi propres que « les vôtres, je vous prie de le croire... Sans doute elles

« ne sont pas aussi blanches, aussi douces, parce qu'au « lieu de passer mon temps, comme vous, à me frotter « avec des pâtes d'amandes, je suis obligée, moi, de « faire un état, de travailler à des fleurs... de toucher à « de la colle, à des choses qui les durcissent; mais, ma « besogne finie, je me lave les mains, mademoiselle, je « les lave avec soin, car, Dieu merci, il n'y a pas besoin « d'être riche pour être propre.

« — Taisez-vous ; vous êtes une impertinente ! »

Georgina allait peut-être répondre; mais, en ce moment, M. Duhautcours entre dans le salon en s'écriant :

« — Qu'est-ce qu'il y a donc ?... J'ai entendu ta voix, « ma fille, et il m'a semblé que tu étais irritée... Que « s'est-il passé ?

« — Ah ! mon père, si vous saviez... Est-ce que vous « n'avez pas entendu le piano tout à l'heure ?

« — Si fait ... j'ai même écouté avec plaisir ; tu jouais « une valse charmante, et tu la jouais fort bien.

« — Ah quelle horreur ! peut-on dire que cette valse « était jolie... quelque chose d'affreux... de commun... « de ces airs qu'on joue, dans la rue, sur les orgues... « Mais ce n'est pas moi qui jouais cela, Dieu merci !... « c'était mademoiselle.

« — Mademoiselle ? comment, mademoiselle touche « du piano ?

« — Oui, mon père, mademoiselle... l'ouvrière fleu- « riste touche...ou plutôt gratte du piano, car cela ne « s'appelle pas en toucher. Mais ne trouvez-vous pas « bien hardi que cette ouvrière se permette de se placer « devant ce magnifique instrument, de poser ses mains « dessus... Est-ce que c'est pour que des gens comme « cela s'en servent que vous m'avez acheté un piano de « cinq mille francs... Ne trouvez-vous pas que c'est « odieux, abominable et surtout d'une extrême effron- « terie ? »

M. Duhautcours n'avait pas paru d'abord prendre la chose aussi mal que sa fille ; mais la jeune fleuriste était si jolie, les divers sentiments qui l'animaient alors donnaient tant d'expression à sa physionomie, qu'il fallait être femme pour lui dire des choses désagréables. Cependant, comme ce monsieur ne veut jamais donner tort à sa fille, il répond en cherchant ce qu'il veut dire :

« — Sans doute... mademoiselle n'est pas venue ici « pour y toucher du piano... puisqu'elle est venue « pour t'apporter des fleurs... pour que tu choisisses ta « garniture de robe... As-tu choisi ce que tu voulais?...

« — Il ne s'agit pas de cela, mon père ; il est question « de l'impertinence de cette fille, que vous n'approuvez « pas, j'espère !...

Georgina qui, jusqu'alors avait gardé le silence, relève la tête avec fierté en s'écriant :

« — Cette fille !... Qui vous a donné le droit de me « traiter ainsi, mademoiselle ?... c'est vous qui m'in- « sultez, en ce moment. Cette fille est honnête... cette « fille peut lever la tête sans rougir... cette fille travaille « pour aider son père à élever sa nombreuse famille... « Elle s'en fait gloire, mademoiselle... elle préfère un « état qui lui donne du pain à la paresse qui n'est utile « à personne... Ah ! si mon père savait que l'on a eu « l'air de mépriser sa fille... mais je ne le lui dirai pas, « car je ne veux pas lui faire de peine... ni vous expo- « ser à sa colère...

« — Oh ! cela devient inouï ; mademoiselle nous « menace maintenant... Elle nous menace de M. son « père !... As-tu entendu ?... Son père... quelque save- « tier, sans doute ?

« — Non, mademoiselle, mon père n'est point save- « tier... Il le serait que, s'il était bon et honnête, je ne « l'en chérirais pas moins. Mon père était graveur et « il avait beaucoup de talent ; c'était un artiste plutôt

« qu'un artisan, et voilà pourquoi mon père, qui ga-
« gnait alors de quoi nous faire vivre dans l'aisance,
« voulut faire de moi une musicienne, une pianiste.
« Mais nous perdîmes notre mère, et bientôt la vue de
« mon père s'affaiblit au point qu'il dût renoncer à sa
« profession, sous peine de devenir aveugle. Il trouva
« de l'ouvrage dans une imprimerie, et comme il tra-
« vaille avec zèle, avec ardeur, il est très-aimé de son
patron et certain de ne jamais être renvoyé. Mais
« malheureusement ce travail-là est bien loin de rap-
« porter autant que la gravure ; alors je me suis dit
« que je devais, comme l'aînée des enfants, aider mon
« père à élever sa famille. Avec le piano il eût fallu
« attendre trop longtemps avant de gagner de l'argent ;
« mais une dame s'est intéressée à moi, elle m'a mon-
« tré à faire des fleurs, et en peu de temps j'ai été à
« même d'apporter dans notre maison un peu plus
« d'aisance, Voilà ce que je suis, mademoiselle, voilà
« comment le hasard fait qu'une ouvrière fleuriste sa-
« che un petit peu toucher du piano... Je ne pensais
« pas que ce fût un crime ; mais je n'oublierai jamais
« tous les mépris que cela m'a attiré ici.

« — Eh ! qu'est-ce que cela nous fait toute votre
« histoire ?... votre père qui ne voit plus clair, qui est
« imprimeur, qui est dans la misère...

« — Non, mademoiselle, je n'ai jamais dit que nous
« étions dans la misère; les gens laborieux ne la con-
« naissent pas... Non, mademoiselle, nous ne sommes
« pas malheureux... bien loin de là !... Et quand mon
« père revient, le soir, de son imprimerie et se trouve
« au millieu de ses enfants... ah ! il nous le répète
« souvent, il n'y a pas dans Paris d'homme plus heu-
« reux que lui...

« — Ce doit être touchant... Vous habitez un grenier,
« sans doute ?

« — Non, mademoiselle, nous logeons au cinquième, c'est vrai, mais notre logement est convenable et bien tenu; nous sommes dans une fort belle maison de la rue « des Petites-Ecuries, près du faubourg Saint-Denis.

« — Rue des Petites-Ecuries? » dit M. Duhautcours en regardant Georgina. » Et comment se nomme votre père, « mademoiselle?

« — Il se nomme Gerbier, monsieur.

« — Gerbier, c'est bien cela... vous êtes ma locataire, « mademoiselle, la maison où vous demeurez rue des « Petites-Ecuries, m'appartient.

« — C'est possible, monsieur, je savais seulement que « le propriétaire n'habitait pas dans la maison... mais « voilà tout, j'ignorais son nom...

« — Eh bien, c'est moi, mademoiselle. Vous habitez « le logement du cinquième au fond de la cour, l'es« calier à gauche en entrant?

« — Oui, monsieur, c'est bien cela...

« — Et je sais aussi par mon concierge que votre « père n'a pas encore payé le dernier terme échu... qu'il « prenne garde, le second va être exigible dans quel« ques jours, et quand on n'a pas pu payer un terme, « on peut encore moins en payer deux... il n'y a plus « de raisons pour se remettre au courant. »

Georgina rougit en répondant:

« — Monsieur, soyez tranquille, mon père vous payera: « il a été forcé le mois dernier de faire des dépenses « pour mes frères... qui entraient tous deux en pension... « il a fallu leur acheter des livres d'études... mais mon « père n'oublie pas ce qu'il doit... je sais qu'il pense à « son terme échu.

« — S'il y pense et qu'il ne paye pas, c'est absolument « pour moi comme s'il n'y pensait pas.

« — Il y pense pour vous payer, monsieur.

« — Vous êtes beaucoup d'enfants, mademoiselle?

« — Nous sommes cinq, monsieur, j'ai deux sœurs et « deux frères.

« — Cinq enfants !... c'est beaucoup... c'est incroyable, « mais j'ai remarqué que les pauvres gens sont toujours « ceux qui ont le plus d'enfants... cela dénote une « grande insouciance de l'avenir.

« — Mon père ne trouve pas qu'il en ait trop, mon- « sieur, je lui ai entendu dire souvent que nous étions « sa richesse... et qu'il ne donnerait pas un seul de nous « pour tous les trésors du monde.

« — Sa richesse !... c'est très-joli !... et c'est sa ri- « chesse qui est cause qu'il n'a pas encore payé son « terme. »

Georgina réprime un mouvement d'impatience, et reprenant son carton dans lequel elle remet les fleurs, dit d'une voix brève :

« — Quelle fleur mademoiselle a-t-elle choisie pour « sa garniture ? »

Célesta répond d'un ton arrogant :

« — Cela ne vous regarde pas... je ne veux pas avoir « affaire à vous.., j'irai moi-même au magasin et je ferai « compliment à votre maîtresse sur la politesse des « ouvrières qu'elle envoie à des pratiques qu'elle doit « considérer.

« — Vous ferez comme il vous plaira, mademoiselle, « grâce au ciel, ma patronne me connaît, et je m'em- « presserai aussi de lui raconter ce qui s'est passé ici « et le grand crime que j'ai commis en mettant mes « mains sur votre piano.

« — Vois- tu, mon père, cette ouvrière a encore l'air « de se moquer de moi... de me narguer... je ne com- « prends pas que tu souffres cela... j'espère bien au « moins que tu donneras congé à toute cette vilaine « famille, et que tu n'attendras pas pour cela qu'on te

« doive plusieurs termes dont tu n'aurais jamais un « sou !...

« — Monsieur votre père nous donnera congé, si cela « lui plaît, mademoiselle, mais je suis certain qu'il « n'aura jamais pour locataires des personnes plus « tranquilles, plus honnêtes que nous... il y a déjà un « an que nous demeurons dans la maison, et voilà la « première fois que nous sommes en arrière d'un terme... « je ne croyais pas que ce fût un motif pour renvoyer les « gens... mais je le répète, monsieur agira comme il le « jugera convenable... j'aime à croire que nous trouve- « rons encore à nous loger. »

En dépit de la fermeté qu'elle veut affecter, on entend à la voix de la jeune fleuriste combien son émotion est vive, et deux grosses larmes qui, malgré elle, s'échappent de ses yeux, prouvent assez les souffrances que son cœur vient d'endurer, mais elle se hâte de passer son mouchoir sur ses yeux, et, faisant une courte révérence, sort vivement du salon.

M. Duhautcours, qui n'avait pas cessé de regarder Georgina, a vu son émotion et ses larmes; il ne dit rien, mais il semble réfléchir. Quant à mademoiselle Célesta, à peine la fleuriste est-elle partie qu'elle s'écrie:

« — Enfin nous en voilà débarrassés !... je n'ai jamais « vu d'ouvrière aussi impertinente. Tu leur donneras « congé, n'est-ce pas, mon père? tu ne garderas pas ces « gens-là dans ta maison. »

Pour la première fois, au lieu d'être de l'avis de sa fille, M. Duhautcours lui répond assez sèchement:

« — Célesta, occupe-toi de tes robes, de tes toilettes, mais fais-moi le plaisir de ne point te mêler de mes locataires.

Mademoiselle Célesta demeure pétrifiée et ses joues deviennent de la couleur d'une aubergine.

VIII

LA FAMILLE GERBIER.

Dans un modeste appartement situé au cinquième étage, où les meubles sont en noyer, les rideaux en calicot blanc; où une extrême propreté tient lieu de l'élégance que l'on ne peut avoir, nous trouverons une après-midi tous les enfants de Jean Gerbier.

Deux petits garçons, l'un de cinq ans, l'autre de sept; une petite fille de neuf ans, une autre de douze; puis enfin Georgina, l'aînée de la famille, qui vient de revenir de son magasin de fleurs, et qui se voit aussitôt entourée par ses frères et sœurs, auxquels elle tient lieu de mère, et qui ont pris déjà l'habitude de lui obéir et de l'écouter comme si elle avait l'âge d'une mère de famille.

« — A-t-on bien travaillé... a-t-on été sage? » dit Georgina en embrassant tout le monde

« — Oui, ma sœur... bien sage!

« — A quelle heure ces messieurs sont-ils revenus de « l'école?

« — A cinq heures et demie...

« — Vous n'avez pas joué en route... vous ne vous « êtes pas arrêtés devant les boutiques?

« — Non, pas du tout!

« — J'espère que vous ne mentez pas... Toi, Paul, « qui as deux ans de plus que ton frère, je t'ai recom- « mandé de veiller sur lui dans les rues... Vous allez tout « près d'ici, je le sais, mais il y a tant de voitures dans « Paris... Si l'on ne fait pas attention à soi, un malheur « est si vite arrivé!... Mais quand on est raisonnable, « qu'on regarde devant soi, au lieu d'avoir toujours les « yeux ailleurs, on évite les dangers et on ne cause pas « de chagrin à son père...

« — Oui... oui... Émile veut toujours s'arrêter de- « vant les pâtissiers, mais moi je l'en empêche...

« — Tu fais bien. Et pourquoi voulez-vous vous ar- « rêter devant les pâtissiers, monsieur Émile? »

Le petit garçon de cinq ans auquel s'adresse cette question, et qui est porteur d'une physionomie gaie et décidée, relève sa tête blonde en disant :

« — Oh! c'est si gentil les gâteaux... je veux être pâ- « tissier, moi!

« — Taisez-vous, monsieur Émile; apprenez d'abord « à lire, à bien écrire, on verra ensuite ce que vous serez « en état de faire. Mais ne vous arrêtez pas devant les « gâteaux, parce que cela vous donne l'air d'un gour- « mand, et qu'on se moque des garçons qui ont cet air- « là. Et vous, mesdemoiselles, avez-vous apprêté ce qu'il « faut pour notre repas du soir? Quand mon père revient, « il a toujours bon appétit, il ne faut pas le faire at- « tendre.

« — Oui, ma sœur, tout est prêt, la soupe mitonne « sur le feu : c'est de la soupe aux choux!... et nous « avons avec cela des pommes de terre à l'huile.

« — Ah! quel bonheur! de la soupe aux choux, des « pommes de terre!... » s'écrient les deux petits garçons en sautant dans la chambre. « Ah! comme nous allons « nous régaler!...

« — Oh! que ces deux petits garçons-là sont gour-

« mands!... et monsieur Paul qui n'est pas plus raisonnable que son frère!... Ah! j'entends mon père! »

Jean Gerbier, qui a maintenant cinquante ans, est un homme de moyenne taille, maigre et nerveux. Sa figure est franche, ouverte, gaie; il aime à rire, à chanter, il n'a jamais engendré la mélancolie; mais, quoique fort obligeant, fort serviable, Gerbier a le sang chaud, la tête vive, et il ne faut pas le regarder de travers; car alors il a la main leste et commence par taper avant de s'expliquer.

Cependant, depuis qu'il a perdu sa femme, depuis qu'il se sait le seul protecteur de ses cinq enfants, Gerbier a tâché de calmer un peu la fougue de son caractère; il est devenu plus raisonnable. Tel est le personnage qui vient de rentrer dans son domicile, avec sa casquette sur l'oreille, son paletot un peu sale et ses mains un peu noires, parce que l'on est raremnet tiré à quatre épingles quand on sort de travailler dans une imprimerie.

« — Ah! voilà papa!

« — Voilà papa!

« — Bonsoir, mes enfants, bonsoir, tout le monde... « Arrive ici, Émile, mon cadet!... sur mes genoux, vite. « Et toi, Paul... Ah! tu as une bosse au front, toi!

« — C'est rien, papa, c'est en jouant...

« — Si c'est en te battant, dis-le tout de même... « Quand on reçoit bravement les coups par devant, il « ne faut pas craindre de l'avouer, mon garçon... Viens « m'embrasser, Marie... Tu as oublié de te débarbouiller aujourd'hui... tu y penseras demain, n'est-ce pas?

« — Si, papa, je me suis débarbouillée; mais c'est « que j'ai aidé ma sœur Lisa à allumer du feu... et « comme le soufflet ne va plus, j'ai soufflé le charbon « avec ma bouche...

« — Pauvre enfant!... et moi qui la grondais!... Com-

« ment, ce gredin de soufflet ne veut plus aller... est-ce « vrai, cela, Lisa?

« — Oui, papa, il n'a plus d'âme. Mais si on pouvait « le raccommoder...

« — Ah! ma chère amie... là où il n'y a plus d'âme, « il n'y a guère de ressources!... Nous en achèterons « un autre avec la première économie que nous réalise- « rons... Malheureusement nous n'en pouvons pas faire « souvent... et pourtant nous ne nous permettons pas de « superflu, nous n'avons que juste le nécessaire... Mais, « bah! nous sommes heureux comme cela... n'est-ce « pas, mes enfants?... Nous nous aimons bien, voilà « notre richesse, à nous... Et vous, mademoiselle Geor- « gina... vous ne me dites rien? Mais, je ne sais, je te « trouve ce soir un petit air satisfait, conquérant, qui « m'annonce que tu es contente de toi... Eh bien, « moi, mademoiselle, je ne suis pas content de vous... « non, pas du tout, et j'ai de graves reproches à vous « faire!

« — A moi, mon père, » répond la jolie brune en souriant, car le ton de Gerbier n'annonçait pas une véritable colère. « Et qu'ai-je donc fait de mal, moi?

« — Ce que vous avez fait, mademoiselle! ah! vous « pensiez peut-être que je l'ignorais... mais je vois tout « sans en avoir l'air, car un père de famille doit tout « savoir. Je sais donc, mademoiselle, que depuis huit « jours, vous apportez ici de l'ouvrage de votre maga- « sin, et que lorsque tout le monde est couché, lorsque « vous pensez qu'on est endormi, vous vous relevez, vous « allumez votre lampe et vous vous mettez à travailler, « à veiller, quelquefois jusqu'à trois heures du matin, « pour vous abîmer la vue et la santé... et vous croyez « que je tolèrerai cela, mademoiselle...

« — Allons, mon petit papa, ne gronde pas, c'était « une commande pressée... un ouvrage qui ne pouvait

« pas attendre. Mais aussi, tiens, voilà ce que j'ai gagné « de plus en le faisant. »

Georgina présente à son père un papier qui enveloppe cinq pièces de cinq francs.

« — Vingt-cinq francs! » s'écrie Gerbier, « vingt-cinq « francs... chère enfant!... Ah! c'est donc cela que tu « avais l'air si fier!

« — On achètera un soufflet, » dit la petite Marie.

« — Non, » dit Georgina, « mais vous pourrez payer « votre terme, n'est-ce pas, mon père?

« — Oui, ma fille, oui... et je le payerai dès demain!... »

Georgina fait un mouvement de joie. Elle n'avait point raconté à son père ce qui lui était arrivé chez M. Duhautcours, elle aurait craint de lui causer trop de peine ou de l'irriter contre leur propriétaire; mais depuis ce temps elle s'était promis de travailler assez pour compléter la somme dont ils avaient besoin, et c'était pour cela que depuis huit jours elle veillait pour faire des fleurs; mais elle tremblait qu'on ne leur signifiât le congé avant qu'elle n'eût fini.

Mademoiselle Célesta n'avait pas manqué, ainsi qu'elle l'avait dit, de se rendre chez sa fleuriste pour s'y plaindre de l'ouvrière qu'on lui avait envoyée. Mais, comme Georgina travaillait très-bien, qu'elle se conduisait de même, et qu'elle était très-aimée de sa maîtresse, celle-ci s'était bornée à répondre à mademoiselle Duhautcours qu'on n'enverrait plus chez elle la même personne.

« — Allons! à table! et vive la soupe aux choux et les « pommes de terre! » s'écrie Gerbier en enlevant dans ses bras le plus jeune de ses enfants qu'il fait asseoir à table à côté de lui. « Ah! sac à papier, je suis content... « cette Georgina nous a fait là une surprise qui est gen- « tille...

« — Cela devait vous tourmenter, ce terme mon père.

« — Ah!... me tourmenter... pas trop... il ne me man-

« quait que vingt-cinq francs... avec les quarante-cinq « que j'ai là, ça fait les soixante-dix...

« — Soixante-dix francs tous les trois mois... Combien « donc que ça fait en tout, papa ?...

« — Ah! mademoiselle Marie, vous n'êtes pas encore « forte sur les calculs à ce que je vois, demandez à votre « sœur Lisa.

« — Quatre fois sept c'est vingt-huit... deux cent qua-« tre-vingts francs, n'est-ce pas, papa ?

« — C'est cela même...

« — C'est bien cher un loyer de deux cent quatre-« vingts francs!...

« — Mais non, ma petite, ce logement est grand, com-« mode, et véritablement j'aurais de la peine à trouver « ailleurs aussi bien que cela pour le même prix, aussi « je n'ai pas envie de déménager.

« — Papa... encore de la soupe.

« — Ah! monsieur Emile, vous allez bien... vous aurez « un beau coup de fourchette!

« — Connaissez-vous le propriétaire de cette maison, « mon père, » dit Georgina.

« — Non, ma fille, je sais qu'il se nomme Duhautcours « et qu'il est riche, voilà tout; mais n'ayant eu affaire « qu'au concierge qui m'a loué et qui me donne mes « quittances, je n'ai pas eu besoin de voir le proprié-« taire; du reste je n'y tiens pas, moi.

« — Eh bien! moi... je le connais...

« — Bah! et comment cela ?

« — On m'a envoyé une fois porter des fleurs chez sa « fille, et ce monsieur était là.

« — Ah! tu as été chez lui... où demeure-t-il ce mon-« sieur ?

« — Rue du Helder.

« — Ce doit être bien beau, bien doré chez lui ?

« — Oui, mon père, c'est très-élégant.

« — Et il a une fille... est-elle jolie ?

« — Comme cela... elle n'a pas l'air aimable.

« — Voyez pourtant comme c'est heureux que la plu-« part de ces demoiselles très-riches n'aient pas l'air « aimable, elles laissent cet air-là aux jeunes filles pau-« vres pour qu'au moins celles-ci aient quelque chose « qui les dédommage.

« —Vous croyez qu'elles le font exprès, mon père ?

« — Du moment qu'elles le font, exprès ou non, cela « suffit.

« — Papa, encore des pommes de terre.

« — Mon fils... vous annoncez de grandes capaci-« tés !... Allons, tant mieux, mange, mon garçon.., « pourvu que tu ne sois pas malade, c'est tout ce que je « demande.

« — Papa, pourquoi donc ne buvons-nous que de l'eau « dans la semaine ?

« Mon ami, parce que l'eau est la boisson la meilleure « et la plus saine. La meilleure, parce qu'elle coûte moins « cher ; la plus saine, parce qu'elle ne grise jamais, et « nous expose pas à perdre notre raison.

« — Alors, papa, pourquoi buvons-nous du vin le « dimanche... Tu veux donc bien perdre la raison ce « jour-là ?

« — Ah ! mais voilà un petit garçon qui a des disposi-« tions pour être avocat... il met les gens au pied du « mur... Emile, je vous mettrai dans le barreau, mon ami.

« — Fait-on des pâtés dans le barreau, papa?

« — On fait des boulettes partout... des pâtés, c'est « différent... mais je ne veux pas que tu en fasses, tu en « mangerais trop. »

En ce moment, deux petits coups sont frappés à la porte qui donne sur le carré.

« — Entrez ! » crie Gerbier. « La clé est sur la porte... « Nous ne craignons pas les voleurs, nous autres. »

IX

LE PROPRIÉTAIRE.

La porte du carré s'ouvre doucement, et bientôt M. Duhautcours se trouve devant toute la famille Gerbier.

Georgina a sur-le-champ reconnu le père de cette demoiselle qui l'a traitée avec tant de mépris. Elle se sent troublée, son cœur se serre, car elle croit que ce monsieur vient pour réaliser le menace de sa fille et leur signifier le congé.

M. Duhautcours paraît surpris en se trouvant devant tant de monde, cependant il porte la main à son chapeau, mais ne l'ôte pas et se borne à une légère inclination de tête en disant :

« — Je suis chez M. Gerbier ?

« — Oui, monsieur, oui, vous êtes chez moi, » reprend l'imprimeur qui ajoute à demi-voix : « Eh bien ! qu'est-
« ce qu'il nous veut ce cadet-là... il n'est pas déjà si
« poli de garder son chapeau sur sa tête devant mes
« filles. »

Mais Georgina se hâte de dire tout bas à son père :

« — C'est M. Duhautcours, notre propriétaire. »

Aussitôt Gerbier se lève et salue plusieurs fois le personnage qui lui arrive.

« — Ah ! monsieur est notre propriétaire... Pardon, « monsieur; excusez... mais ne vous connaissant pas... « Donnez-vous donc la peine de vous asseoir, monsieur.

« — Merci, merci... mais ne vous dérangez pas... vous « étiez en train de diner... continuez...

« — Oh ! le plus fort est fait, monsieur... mais peut-« on savoir ce qui me procure l'honneur de cette visite... « Ah ! monsieur vient pour toucher son terme peut-être... « c'est vrai que j'étais pas mal en retard cette fois, con-« tre mon ordinaire, mais je comptais justement aller « payer demain matin chez le concierge ; j'ai là l'argent « tout prêt, et puisque voilà monsieur, je vais le lui « remettre de suite... »

Gerbier fait quelques pas pour aller prendre son argent, mais le capitaliste l'arrête en lui disant :

« — Non... vous vous trompez, je ne suis pas venu « pour toucher le terme... vous savez bien que je ne les « touche pas moi-même... vous payerez au concierge « comme de coutume.

« — Ah ! c'est différent ; mais monsieur est venu pour « autre chose alors ?

Duhautcours hésite un moment avant de répondre ; il est contrarié de ce que Gerbier soit prêt à lui payer son terme. Il pensait que celui-ci allait au contraire lui demander du temps, le supplier d'attendre, et cela l'aurait mis en position de faire le protecteur et de se donner un ton de maître ; mais ses locataires le payant, il n'a pas le droit de prendre avec eux des airs arrogants, de faire le petit Jupiter prêt à lancer sa foudre, et cela dérange tous ses projets.

« — Je suis venu, » répond enfin Duhautcours, « parce

« que je visite ma maison... l'architecte m'a dit qu'il y « avait des réparations à faire dans beaucoup d'endroits, « et avant de laisser commencer l'architecte, vous con- « cevez que je veux examiner moi-même... ces mes- « sieurs-là voient souvent beaucoup à faire où il n'y a « que quelques poignées de plâtre à mettre.

« — Ah ! c'est différent... alors, monsieur, voyez, exa- « minez, regardez partout ; au fait, vous êtes aussi chez « vous ici.

— « Oui, mais je vous le répète, j'ai le temps... rien « ne presse, finissez de dîner.

« — Ma foi, si monsieur le permet, nous allons rejouer « de la fourchette, car j'ai là des petits gaillards qui sont « très-forts à ce jeu-là. »

Georgina respirait plus librement depuis que Duhautcours avait expliqué le motif de sa visite ; elle lui présente une chaise en murmurant :

« — Si monsieur veut s'asseoir...

« Volontiers, mademoiselle, je vous remercie, » répond celui-ci en se donnant presque un air aimable et en lançant à la jolie fleuriste un regard infiniment trop prolongé pour un homme qui ne veut être que poli...

Gerbier s'est remis à manger ainsi que ses enfants. Cette occupation étant toute naturelle, ils ne voient pas pourquoi la présence du propriétaire pourrait en rien gêner leur appétit.

Duhautcours qui s'est assis à quelques pas d'eux, regarde de temps à autre ce qui se passe à table et dit au bout d'un moment :

« — En effet, vous avez bon appétit...

« — Ah ! dame, monsieur, quand on a bien travaillé « toute la journée, on ne se fait pas tirer l'oreille devant « le repas du soir.

« — Vous travaillez dans une imprimerie ?

« — Oui, monsieur.

« — Gagnez-vous beaucoup. »

Gerbier qui trouve la question indiscrète, même pour un propriétaire, répond d'un air goguenard :

« — Dame, je gagne tantôt plus, tantôt moins... sui« vant la besogne... mais ça me suffit... Ah! mon Dieu, « pourvu que j'aie de quoi nourrir ma famille... je suis « content... je n'en demande pas davantage!...

« — Elle est nombreuse votre famille!

« — Vous trouvez, monsieur? moi je trouve que je « n'ai que bien juste ce qu'il me faut... et il y en aurait « davantage... je dirais que ça n'en est que mieux...

« — Vous ne raisonnez pas en homme prévoyant; car « enfin, les enfants il faut leur donner un état, les éta« blir, et quand on n'a pas de fortune...

« — Eh! mon Dieu, monsieur, on a toujours assez « pour nourrir ses enfants. Quand c'est petit, que leur « faut-il? du lait... leur mère en a pour eux... de la « bouillie... c'est pas cher ça... Pour les vêtir ne trouve« t-on pas toujours dans ses vieux vêtements de quoi « les entortiller... Quand ils grandissent, ils aident « déjà... et après tout, quand il y a pour deux il y a « pour trois, et ainsi de suite... Ah! mes enfants!... je « rends grâce au ciel qui me les a conservés tous les « cinq... et si j'en perdais un seul... je ne pourrais m'en « consoler... Ah! je ne veux pas seulement m'arrêter à « cette idée-là... Vous voyez bien, monsieur, que ma « famille n'est pas trop nombreuse... On dit qu'il y a « des gens assez malheureux... assez privés de cœur... « pour abandonner leur enfant... pour le mettre dès « qu'il vient au monde dans ces établissements fondés « par *Vincent de Paul*... voilà ce que je ne puis pas con« cevoir... voilà de ces actions que les sauvages ne « feraient pas... et que n'ont pas honte de faire les « hommes civilisés! »

M. Duhautcours n'est pas maître d'un mouvement

nerveux qui ressemble à une crispation ; il fait un brusque mouvement sur sa chaise et s'écrie :

« — Est-ce que cela ne fume pas ici ? »

Gerbier le regarde d'un air étonné, en répondant :

« — Non, monsieur, non ; à la vérité nous ne faisons « pas de feu maintenant, mais l'hiver dernier cela ne « fumait pas.

« Me permettez-vous d'examiner un peu le plafond « des autres pièces.

« — Tout ce que vous voudrez, monsieur... Lisa, al- « lume ce flambeau et éclaire monsieur. »

La petite Lisa exécute les ordres de son père. M. Duhautcours espérait que ce serait la jolie Georgina que l'on chargerait de l'accompagner ; il est médiocrement satisfait d'avoir pour compagne une enfant de douze ans ; aussi la visite des chambres se fait-elle vivement, mais le capitaliste a encore assez de temps pour examiner le mobilier et s'assurer que Gerbier et ses enfants ne possèdent que le strict nécessaire.

Pendant que son propriétaire est éloigné, Gerbier dit à Georgina :

« — Je n'aime pas cet homme-là.

« — Mais, mon père, il est bien poli cependant.

« — C'est une politesse qui ressemble à de l'imperti- « nence... et puis un air de protection... il me demande « ce que je gagne... qu'est-ce que ça lui fait, pourvu « que je lui paye mon terme... je voyais qu'il regardait « en dessous ce que nous mangions... il avait un air de « pitié en nous voyant boire de l'eau... c'est pas que je « m'en fiche... on n'est pas déshonoré pour boire de « l'eau... mais je ne voudrais pas qu'on vînt chez moi « pour me vexer... ah bigre ! ça ne m'irait pas... et si je « savais cela, tout propriétaire qu'il est, je lui ferais « descendre l'escalier sur son derrière.

« — Ah ! mon père, pourquoi donc avoir tout de suite

« de ces idées-là... M. Duhautcours ne vous a rien dit « de désagréable.

« — Pourquoi trouve-t-il que j'ai trop d'enfants... « que je ne suis pas prévoyant... est-ce que ça le regarde, « est-ce que je l'ai chargé de les élever mes enfants... « Voyons... est-ce que vous vous trouvez malheureux « avec moi, vous autres ?

« — Ah ! mon père !...

« Alors vous voyez bien que ce monsieur est un im- « bécile ou un sans cœur, mais je crois plutôt que c'est « le dernier... Ah ! que je suis content d'avoir eu son « terme à lui offrir... Comme c'eût été dur d'être obligé « de demander du temps à cet homme-là...

« — Taisez-vous, mon père, le voilà qui revient. »

M. Duhautcours reparaît en disant :

« — J'ai aperçu quelques légères crevasses... mais « c'est si peu de chose... En vérité, je ne crois pas que « ce soit la peine de vous envoyer les maçons pour « cela... Est-ce que vous sentez le vent ici ?... Est-ce « qu'il y a des fenêtres qui ne ferment pas bien ?

« — Non, monsieur, nous ne nous plaignons de « rien.

« — Alors je crois décidément que mon architecte est « un âne.

« — C'est possible, monsieur... il se glisse des ânes « partout. »

Gerbier se flatte que son propriétaire va s'en aller ; mais à son grand étonnement, celui-ci se rasseoit et se balance négligemment sur sa chaise. Ses locataires ne lui disant rien, c'est lui qui renoue la conversation.

« Vous avez une grande fille... mademoiselle n'est « plus une enfant... elle est en état de tenir sa place dans « le monde...

« — Elle la tient déjà bien, car c'est elle qui soigne la « maison, ses frères, ses sœurs...

« — Mademoiselle est fleuriste ?

« — Vous le savez bien, monsieur, puisqu'elle a porté « des fleurs à mademoiselle votre fille...

« — Ah ! elle vous a dit cela... C'est un triste état que « que celui de fleuriste... on y gagne bien peu !

« — Est-ce qu'il va recommencer ? » murmure Gerbier en caressant la tête du petit Emile.

« — Mais, pardonnez-moi, » répond Georgina, « faire « des fleurs, cela n'a rien de désagréable... et quand « on a du goût, du talent, on y gagne très-bien sa vie...

« — Oh ! mademoiselle, vous avez beau dire, les femmes « ne peuvent pas exister avec leur travail, c'est maté- « riellement impossible... on ne les rétribue pas assez ; « celles qui travaillent à l'aiguille gagnent à peine de quoi « se nourrir...

« Cependant, il faut ensuite se vêtir... payer son « loyer... Il n'y a pas moyen... et c'est pour cela que la « plupart des jeunes filles... finissent par...

« — Par quoi ? » reprend Gerbier en regardant son propriétaire de manière à lui faire baisser les yeux.

« — Mais... par être obligées... de changer de car- « rière...

« — Savez-vous, monsieur, que ça n'est pas encoura- « geant ce que vous dites là... Persuader à des jeunes « filles qu'il leur sera impossible de vivre avec l'état « qu'elles ont embrassé... c'est donc vouloir les en dé- « goûter, leur ôter l'amour du travail, l'espoir d'un « heureux avenir. Dans quel but dites-vous cela ?... Où « voulez-vous en venir ?... Vous me ferez plaisir de me « l'expliquer, parce que moi j'aime à savoir à quoi m'en « tenir.

« — Mais, mon cher monsieur Gerbier, je crois que « vous me comprenez mal... Je n'ai jamais eu l'intention « de dégoûter mademoiselle de la profession qu'elle a

« choisie... Seulement, je dis, en thèse générale, que les « femmes ne gagnent pas assez... Ceci posé, quel mal « y a-t-il à tâcher de sortir de l'ornière battue, en cher- « chant de ces emplois qui offrent de l'avenir... Ainsi, « par exemple, si mademoiselle trouvait une place de « caissière dans quelque grande maison de commerce... « c'est déjà une position plus avantageuse ; on est bien « regardé, on est considéré, et plus tard il n'est pas rare « que l'on ait pour récompense de son zèle un intérêt « dans la maison... Vous voyez que l'on a au moins « des chances de fortune ; je crois que cela est bien « préférable à la triste position d'une ouvrière.

« — Ah ! monsieur, c'est possible, une place de cais- « sière... dans un beau magasin... ce n'est pas à dédai- « gner, à coup sûr, et Georgina serait bien en état de la « remplir, car elle a une belle écriture et calcule à « merveille... Mais ces places-là... ne les a pas qui « veut !... Elles sont bien courues, bien demandées... « et ce n'est pas à ceux qui n'ont aucune recommanda- « tion qu'on les donnera !

« — Mais voilà justement en quoi je pourrais vous « être fort utile, et ce qui vous expliquera les questions « que je vous ai faites et qui, je m'en suis aperçu, vous « ont paru un peu indiscrètes ; ce n'est pas la curiosité « seule qui me guidait. Mademoiselle votre fille a tout « ce qu'il faut pour intéresser ; et puis vous avez une « nombreuse famille... vous êtes mon locataire, je vou- « drais faire quelque chose pour vous. Je suis très-lié « avec une grande quantité de négociants... tout ce « qu'il y a de mieux dans la haute nouveauté ; ils se- « ront enchantés de m'être agréables. Je leur ai prêté « de l'argent, j'escompte souvent leur papier ; enfin, « ils sont à mes ordres, et, si mademoiselle veut accep- « ter une place... comme celle dont je vous parlais, « qu'elle dise un mot, et avant huit jours je me fais fort

« de l'installer caissière dans un des plus riches maga-
« sins de Paris. »

Le père de famille, qui a écouté attentivement M. Duhautcours, semble réfléchir un moment ; puis il dit à l'aînée de ses filles :

« — Ma chère amie, ceci te regarde, je te laisse entiè-
« rement maîtresse ; c'est donc à toi de répondre à
« monsieur.

« — Oh ! je n'hésiterai pas une minute ! » s'écrie Georgina ; « je refuse. »

Duhautcours se pince les lèvres, tandis que la physionomie de Gerbier s'épanouit.

« — Oui, monsieur, » reprend la jolie brune, « je re-
« fuse, tout en vous remerciant beaucoup de l'intérêt
« que vous me témoignez et de ce que vous voulez faire
« pour moi. Mais je me trouve heureuse comme je suis
« et je ne veux pas changer de position. Si j'acceptais
« l'emploi que vous daignez m'offrir, il me faudrait
« quitter mon père, mes sœurs... mes petits frères qui
« sont encore si jeunes et qui ont encore souvent besoin
« de moi... car mon père s'en repose sur moi, et je suis
« la mère de famille ici. S'ils ne me voyaient plus, cela
« les attristerait, j'en suis sûre ?... Et moi ne plus
« être avec eux, avec mon père... Ah ! j'en mourrais de
« chagrin... »

Gerbier ne laisse pas sa fille achever, il court la presser dans ses bras, tandis que, de son côté, Georgina embrasse tendrement ses sœurs et ses frères.

Ce tableau touchant ne semble pas émouvoir M. Duhautcours, qui se lève et tâche de dissimuler son dépit, en disant :

« — Allons, mademoiselle, puisqu'il en est ainsi...
« n'en parlons plus... mais, plus tard, vous réfléchi-
« rez... vous penserez plus à loisir à ma proposition ;
« alors, peut-être en comprendrez-vous tous les avan-

« tages et reviendrez-vous sur votre détermination...

« — Oh! non, monsieur, jamais!... »

Duhautcours salue assez froidement la famille et se dirige vers la porte; mais, en ce moment, elle s'ouvre toute grande, et Franville, l'ancien militaire que nous avons déjà rencontré en chemin de fer, paraît sur le seuil et salue militairement en disant :

« — Bonsoir, tout le monde!

« — Eh! c'est l'ami Franville, » s'écrie Gerbier.

« — C'est notre bon ami Franville! » répètent les enfants, et les deux petits garçons s'élancent en tendant leurs bras au nouveau venu.

Mais celui-ci, au moment de se baisser pour embrasser les enfants, vient d'apercevoir, à quelques pas de lui, M. Duhautcours qui, à l'aspect de l'ancien militaire, a changé de couleur et semble fort contrarié.

« — Tiens... quelle rencontre... monsieur Charles « Duhautcours ici!... Si je m'attendais à y trouver quel- « qu'un, à coup sûr ce n'était pas vous...

« — Je suis ici dans ma maison, » répond Duhautcours en reprenant un air rogue, « il n'y a donc rien « d'étonnant à m'y rencontrer...

« — Ah! pardon, mon ancienne connaissance... « j'ignorais la chose... C'est que monsieur, » reprend Franville en se tournant vers Gerbier, « est une de mes « anciennes connaissances. Oui, il y a comme cela... « vingt-deux... à vingt-quatre ans que nous étions « amis... mais amis à nous tutoyer... Ah! dame! depuis « ce temps-là!... les positions ont changé... et les hom- « mes ont fait comme les positions. A cette heure, je me « garderais bien de tutoyer monsieur, qui ne me connaît « presque plus... et qui, je crois, ne serait pas fâché de « ne plus me connaître du tout.

« — Vous êtes toujours le même, Franville! » répond le capitaliste, « toujours prêt à lancer des sarcasmes...

« des épigrammes... bonnes ou mauvaises... Oh! vous « ne changez pas!

« — Voilà la différence qu'il y a entre nous deux. »

M. Duhautcours ne répond plus; il fait une légère inclination de tête et sort, après avoir encore lancé un regard sur Georgina.

« — Ah! je suis bien aise qu'il soit parti, » s'écrie Gerbier, « il ne me va pas du tout, mon proprié« taire!...

« — Ah! il est ton propriétaire... au fait c'est juste, « si cette maison lui appartient... est-ce qu'il vient sou« vent vous voir?

« — C'est la première fois... je ne le connaissais pas. « Il est venu soi-disant pour visiter, regarder s'il n'y « avait point de réparations à faire dans notre loge« ment... mais j'ai idée, moi, que c'était un prétexte... « il voulait absolument s'occuper de l'avenir de ma « Georgina... lui faire quitter ses fleurs... lui donner « une belle pl[illegible]....

« — Oui, mais il voulait me faire quitter mon père, « ce monsieur, et vous pensez bien que j'ai refusé ce « bel emploi qu'il m'offrait...

« — Vous avez bien fait, mon enfant, » dit Franville en prenant les mains de la jeune fille dans les siennes, « vous avez sagement agi... croyez-moi, n'acceptez ja« mais les offres de service de ce monsieur... vous ne « tarderiez pas à vous en repentir.

« — Oh! je n'en ai pas la moindre envie!...

« — Ah çà! mais tu le connais donc beaucoup, toi, « Franville, ce M. Duhautcours?...

« — C'est-à-dire que je le connaissais beaucoup il y a « vingt-quatre ans... c'était alors un petit commis en « librairie, qui n'avait pas souvent en poche de quoi se « régaler d'une bouteille de bière!... il a fait fortune... « oh! ce n'est pas cela que je lui reproche!... Il avait de

« l'intelligence ... de l'audace... du bonheur avec ça, et « on arrive vite!... Il est devenu fier, il fait de l'embar« ras, ça c'est une bêtise!... Mais s'il n'y avait encore « que cela à lui reprocher...

« — Ah! il y a autre chose?

« — Oui, autre chose de très sérieux...

« — Conte-nous cela, Franville, je ne serai pas fâché « de connaître les antécédents de ce monsieur.

« — Non... non... je ne vous conterai pas cela « maintenant... D'abord c'est une histoire qui n'amuse« rait pas ces moutards-là!... ni même ta fille... »

En disant cela, l'ancien militaire clignait des yeux, pour faire comprendre à son ami qu'il ne pouvait pas dire devant Georgina ce qu'il savait sur Duhautcours.

« — En ce cas, » dit Gerbier, « ne nous occupons « plus de ce monsieur qui est venu troubler notre « dîner...

« — Eh bien! pour vous dédommager, » dit Franville, « j'ai là dans ma poche quelque chose à vous « offrir et qui, je crois, ne sera pas désagréable à mes « petits amis. »

En disant cela, il sort de sa poche une longue portion de galette enveloppée dans du papier qu'il développe et pose sur la table. Les enfants font des cris de joie, les deux petits garçons dansent autour de la table en chantant : De la galette! de la gaga... de la lelette!...

« — Tu les gâtes! » dit Gerbier heureux du bonheur de ses enfants.

« — Oui, c'est un plaisir que je me procure... allons, « allons, fais les parts et donne la plus grosse à mon« sieur Emile, puisqu'il veut être pâtissier. »

X

UN ONCLE QUI CHERCHE SON NEVEU

« — M. Auguste Langlumot, médecin, s'il vous « plaît?

« — Connais pas.

« — Vous ne le connaissez pas... cependant, permet-« tez, je suis bien ici dans la rue des Enfants-Rouges.

« — Oui.

« — Au numéro que je vous ai demandé.

« — Oui.

« — Eh bien! alors, mon neveu doit demeurer ici... « ou du moins il y a demeuré, puisque c'est l'adresse « qu'il m'avait donnée il y a cinq mois.

« — Catherine! connais-tu un M. Laglu... Laglu...

« — Langlumot.

« — Langlumot, médecin?

La portière sort sa tête d'une soupente, montre ses cheveux blond roux, qui retombent épars de tous côtés, et lui donnent l'aspect d'un saule pleureur et crie d'une voix stridente :

« — Le peigne !... le peigne... qu'est-ce qu'a pris le « peigne... C'est encore ton gueux de fils qui s'en sera « servi pour décrotter son pantalon, cet enfant-là n'a « pas deux liards d'ordre... il ne remet rien à sa place, « je ne lui refuse pas le peigne quand il en *a de besoin*, « mais qu'il le rende, au moins. »

Un petit garçon de sept à huit ans sort de derrière un poêle, en disant :

« — Je l'ai prêté à la fille de la fruitière, qui voulait « démêler sa petite sœur qui ne l'a pas été depuis l'hiver « dernier.

« — En voilà une idée !... est-ce que la fruitière ne « peut pas acheter un peigne pour ses filles... est-ce que « je suis obligée de lui prêter mes meubles... Elle m'a « refusé l'autre jour un quarteron de beurre à crédit, « sous prétexte qu'elle n'en veut plus faire... Narcisse, « va tout de suite chez la fruitière redemander mon « peigne... je le veux sur-le-champ, j'en ai *de* « *besoin*.

« — Mais si elle s'en sert...

« — *Quante j'te dis* d'y aller tout de suite ! il me sem- « ble que je parle français ! »

Pendant cette scène d'intérieur qui se passe dans la loge du portier, M. Langlumot est resté penché contre le carreau ouvert. Il attend qu'on veuille bien lui répondre, mais on n'a plus l'air de penser à lui. Alors il se hasarde à dire :

« — Madame, pendant que M. votre fils est allé rede- « mander votre peigne chez la fruitière, seriez-vous assez « bonne pour me dire si mon neveu, Auguste Langlu- « mot, a demeuré ici ? »

La portière écarte quelques mèches pour apercevoir ce monsieur, elle le trouve bel homme, elle s'avance davantage, se met presque à califourchon sur l'échelle de sa soupente, au risque de montrer ses mollets qui sont énormes, et répond en souriant :

« — Attendez donc, monsieur... Oui, je crois que nous « avons eu cela... Que fait-il votre neveu...

« — Mais en ce moment, je crois qu'il fait des dettes, « des sottises... c'est un garçon qui s'est bien dérangé « depuis quelque temps. Cependant, il avait étudié la « médecine... il a passé ses examens, je crois qu'il a le « droit de médicamenter ses semblables.. mais il ne le « pratique pas... je vous le répète, il est très-dérangé « depuis quelque temps.

« — Alors ce doit être ça... un grand blond bou- « clé... pas mal bâti... dans votre genre, monsieur...

« — Oui, il a quelque chose de moi... mais il est « plus jeune.

« — Un tapageur, un farceur... ah ! il n'est pas resté « longtemps ici... huit jours, monsieur, huit jours... « Ça lui a sufli pour bouleverser la maison. Il rentrait « à des heures *imbues*, il jouait du chalumeau toute la « nuit, il se promenait en chemise en disant qu'il était « somnambule... il avait une seringue avec laquelle il « envoyait de l'eau chez tous les locataires... vous com- « prenez, monsieur, qu'on s'est plaint, moi je ne disais « rien parce qu'il était aimable avec moi...

« — Eh bien ! où donc que j'étais, moi, alors ? » dit le portier en relevant la tête et fronçant les sourcils.

« — Toi, mon loulou, c'est justement à l'époque que « t'avais ton *infection* de poitrine et que t'étais allé chez « ton cousin à Pantin, prendre les eaux.

« — Comment ? est-ce qu'on prend des eaux à Pan- « tin ? » demande M. Langlumot.

« — Mon épouse veut dire prendre le bon air, celui « de Pantin est délicieux pour les infections de poi- « trine... c'est comme les étables pour les *poumoniques*...

« la bouse de vache !... gnia rien au-dessus de ça, vous « dormez là dedans, et vous vous réveillez frais comme « une rose.

« Bref ! » reprend la portière, « on s'est plaint au pro-« priétaire, qui a prié M. Auguste... on ne l'appelait « pas autrement ici, de vouloir bien vider les lieux. Il a « refusé, le farceur ! si bien qu'on a été obligé de le « payer pour le faire partir... Ah ! voilà Narcisse... eh « bien, mon peigne !

« — Le v'là, maman...

« — Dans un bel état, on lui a cassé deux « dents !....

« — Elles sont restées dans les cheveux de la petite « fille de la fruitière, impossible de les en retirer...

« — C'est ta faute, polisson !

« — Enfin, madame, mon neveu...

« — Votre neveu est parti, monsieur... avec deux « dents de moins !... quelle horreur !...

« — De grâce, madame... son adresse...

« — Elle me payera cela, la fruitière...

« — L'adresse d'Auguste ?

« — Il n'a pas voulu la laisser, monsieur..

« — Ah ! voilà qui est très-contrariant...

« — Mais il m'a dit tout bas à l'oreille, à moi : « Ma « chère madame Dubatoir, s'il venait quelques petites « femmes me demander, vous les enverriez chez « mon ami intime, Isidore, surnommé Carambolage...

« — Ah ! mon Dieu, qu'est-ce que c'est que celui-là ?

« — Un tout jeune homme... vingt ans approchant... « mais encore un mauvais sujet !... ça fait frémir... il « appelait les femmes... Ah ! je n'oserai jamais vous « dire... comme cet animal du désert... qui a deux « bosses...

« — Ah ! j'y suis, le buffle.

« — Eh ! non, monsieur, vous n'y êtes pas !... ça ne

« fait rien. Je dis que ce M. Isidore est un vaurien auquel « je ne confierais pas Loulou... c'est mon mari... et pour« tant vous voyez un homme qui n'a jamais embrassé « une autre femme que la sienne, depuis que nous som« mes unis... Quant à cela, j'en mettrais mon peigne au « feu... deux dents de moins... gueuse de fruitière...

« — Madame, mon neveu recevait donc quelquefois « des femmes chez lui...

« — S'il en recevait !... tiens !... il se gênait !... c'est-à« dire qu'elles étaient quelquefois à la queue ici autour « du poêle, se disputant à qui monterait la première...

« — Quel scandale !... et elles étaient jolies ?...

« — Il y en avait... d'autres pas... c'était mêlé comme « toutes les marchandises d'occasion !... après cela, votre « neveu était garçon, il aimait le beau sexe... ce n'est « pas de cela que je le blâme... la femme a été créée pour « faire les délices de l'homme... j'ai lu ça dans les *verses* « de M. *Béranger*... un poëte que je porte dans mon « cœur !... Comment donc que je vais me coiffer à pré« sent !...

« — Enfin, madame, savez-vous l'adresse de ce jeune « homme... que vous nommez Isidore... Carambo« lage...

« — Oui, marquis du Carambolage... il paraît que c'est « un petit surnom que ses amis lui ont donné, parce qu'il « est de première force au billard... Oui, monsieur, je « sais son adresse, parce que votre neveu me l'a apprise, « il loge place Saint-André-des-Arts, dans un hôtel garni « qui fait le coin... de je ne sais plus quelle rue... mais la « place n'est pas bien grande, et vous trouverez faci« lement.

« — Infiniment obligé, madame.

« — Dubatoir va m'acheter un peigne, mon loulou, « fais encore ce sacrifice pour ton épouse qui s'en mon« trera reconnaissante à ton endroit. »

M. Langlumot est enfin sorti de chez le portier de la rue des Enfants-Rouges. Arrivé à Paris depuis dix jours, il s'était d'abord occupé de toucher, de réaliser sa succession; cette affaire terminée, il avait songé à son neveu. Mais tout en le cherchant, notre bourgeois campagnard, qui venait rarement à Paris, saisissait aussi toutes les occasions de s'amuser, et allait même au-devant de celles qu'il ne rencontrait pas. M. Langlumot avait cinquante ans, mais il était frais, bien portant, vigoureux, il avait toujours été un fervent adorateur des belles; la succession qu'il venait de toucher lui avait rendu l'humeur extrêmement joyeuse, enfin notre campagnard était dans une de ces dispositions où l'on ne veut pas précisement faire des folies; mais où l'on serait enchanté de se trouver entraîné par des gens qui en font.

« — Allons place Saint-André-des-Arts, » se dit ce monsieur en quittant la rue des Enfants-Rouges. « Si je prenais un cabriolet... non, j'aime mieux prendre « les boulevards... il passe tant de jolies femmes sur « les boulevards... avec de charmantes toilettes et des « tournures... Ah ! Dieu... comme la Normandie est « arriérée pour les tournures! les femmes y sont fraîches, « le sang y est beau, c'est vrai... mais cela ne suffit « pas... c'est la grâce, c'est la tenue, c'est la manière de « porter ses robes et ses chapeaux qui donne à la femme « ce... je ne sais quoi ! qui nous séduit... Ah! diable si ma« dame Langlumot savait que j'admire les Parisiennes ! « mais elle est à Lisieux, et moi, je suis à Paris... La « succession s'est montée à quatorze cents francs de « plus que je n'espérais... Hortense ignore ce chiffre, si « je m'amusais un peu ici... elle n'en saura rien... Quel « ennui d'être obligé de chercher mon polisson de neveu « qui est chez M. du Carambolage ; je n'ai pas de con« fiance dans ce nom-là... Ah ! bigre ! voilà une belle « femme... magnifiques épaules ! si je marchais derrière

« elle tant que ce sera mon chemin... elle embaume, cette « dame !... elle laisse après elle une vapeur de violette... « de jasmin... de tubéreuse... on la suivrait les yeux « fermés !... elle s'est retournée... je crois qu'elle m'a re« gardé... je suis ému... ai-je des gants ?... oui, j'ai des « gants; ils ne sont pas de la première fraîcheur, mais « dans la journée... on n'est pas en soirée... Elle s'est « encore retournée... fichtre ! qu'est ce que cela veut « dire ?... Quelle délicieuse conquête ce serait... Si j'o« sais... si je l'abordais, si je lui offrais mon bras... Elle « se retourne encore ! Pour le coup je vais me risquer... »

Mais au moment où M. Langlumot va pour adresser la parole à la belle dame qu'il suivait, celle-ci court après une jolie petite levrette qui vient de bondir près d'elle ; elle se baisse pour la caresser en lui disant :

« — Ah ! vous voilà donc, vilaine coureuse !... où « étiez-vous ?... j'étais déjà inquiète, moi. Ah ! made« moiselle Betzy, je vous attacherai pour que vous ne « me quittiez plus ! »

Et la belle dame s'éloigne avec la levrette à ses côtés, et M. Langlumot reste tout penaud à sa place, en se disant :

« — C'était sa chienne qu'elle cherchait... je m'étais « abusé... on peut se tromper... Voyons, cherchons la « place Saint-André-des-Arts... et regardons moins les « femmes... cela me donne trop de distractions... je suis « oncle, je cherche mon neveu, qui fait des sottises à « Paris, à ce qu'on m'a dit. Que diable ! si je me mets à « suivre les femmes, je n'aurai pas le droit de faire de « la morale à mon neveu... »

M. Langlumot suit la rue Vivienne, traverse le Palais-Royal. Dans le jardin, il est bien souvent distrait par de jolis yeux, de jolies jambes qui passent devant lui ; mais il contient son admiration et parvient à la place Saint-André-des-Arts sans avoir dévié de son chemin. Là, il cherche un hôtel garni qui fasse le coin d'une rue; il en trouve un d'assez médiocre apparence et qui semble destiné à loger des étudiants; il demande au concierge :

« — Avez-vous ici un monsieur Isidore... de la... du... « je ne peux jamais me rappeler.

« — Oui, oui, je sais ce que vous voulez dire... le pe- « tit marquis du Carambolage, comme ils l'appelaient « tous dans l'hôtel...

« — C'est cela, je ne savais pas qu'il était marquis... « mais c'est bien le nom qu'on m'a dit.

« Ah! oui, marquis comme mon caniche. Des marquis « comme celui-là, on en voit trop qui vont se faufiler « dans les hôtels garnis, dans les tables d'hôtes, où ils « font des poufs, et puis, bonsoir, on les revoit plus.

« — Qu'est-ce que vous entendez par des poufs, mon- « sieur?

« — Vous ne connaissez pas cela?... On voit bien que « vous ne tenez pas un hôtel garni... C'est prendre à cré- « dit, faire grosse dette, et puis filer sans payer.

« — Est-ce que ce jeune homme que je demande a « fait de ces choses-là ici ?

« — Non, parce que nous ne lui en avons pas laissé « le temps; mais, comme les créanciers faisaient le siége « de sa chambre, tandis que monsieur se cachait chez « les uns ou les autres, madame a dit : En voilà assez, « il faut prier M. Isidore d'aller se loger ailleurs... Et « c'est ce que j'ai fait.

« — Alors ce monsieur ne demeure donc plus chez « vous ?

« — Il y a une heure que je me tue à vous le dire.

« — Et mon neveu... où trouverai-je mon neveu ?

« — Vous avez perdu un neveu ?

« — Je ne l'ai pas perdu, puisque je ne l'ai pas trouvé... « On m'avait assuré que je le rencontrerais chez son « ami Carambolage.

« — Ah ! il en avait tant d'amis ! Quelle vie cela me-
« nait... Sans cesse au café... ou on faisait venir le café
« ici, toujours buvant de la bière, du punch, des li-
« queurs et fumant... Ah ! monsieur ! quelle consom-
« mation de pipes, de cigares... de cigarettes... de bla-
« gues... Oh !... les blagues ne manquaient pas.

« — Mais mon neveu Auguste... c'est un assez beau
« garçon... il a de mon air...

« — J'ai dû le voir ici... un petit qui boite.

« — Pas du tout, je vous dis un bel homme dans
« mon genre.

« — C'est possible... le petit marquis avait des amis
« de toutes les tailles... mais pas tant encore que de
« créanciers.

« — Enfin, monsieur, vous ne pouvez me donner au-
« cun renseignement qui me mette sur les traces de ce
« jeune homme ? »

Le concierge remue la tête en murmurant :

« — Dame ! peut-être... je ne sais pas trop... c'est
« difficile. »

M. Langlumot comprend que le moment est venu de faire des sacrifices; il fouille à sa poche et en tire une pièce de deux francs qu'il met dans la main du concierge en lui disant :

« — Vous obligerez un oncle qui veut empêcher son
« neveu de faire des sottises... ou du moins y mettre un
« terme... ceci est dans un but moral. »

Le concierge se montre beaucoup plus sensible à la pièce de deux francs qu'au but moral.

Il répond à demi-voix :

« — Connaissez-vous mams'elle Philiberte ?

« — Pas le moins du monde.

« — C'est une blanchisseuse de fin.

« — Je n'en ai pas encore eu besoin à Paris.

« — Monsieur, les blanchisseuses de fin voient bien des « choses...

« — Ce que vous dites là est très-profond, monsieur ! « Elles voient même quelquefois des choses que nous « ne voudrions pas qu'elles vissent ; mais enfin, c'est « leur état...

« — Monsieur, mams'elle Philiberte était la blanchis- « seuse de ce bambocheur d'Isidore. Je ne sais pas « comment il la payait, celle-là, mais je sais que jamais « elle ne lui demandait de l'argent... C'est une bonne « fille, très-obligeante, et qui s'intéresse aux jeunes « gens. Quelquefois elle se chargeait de commissions pour « le faux marquis. Un jour même que celui-ci n'avait « pas pu obtenir à dîner à crédit chez aucun traiteur [illegible] « quartier, elle a couru chez le charcutier, chez le bo[illegible]- « langer, et elle est revenue avec un joli jambon... et « un pain... fumé... et des côtelettes... et une bouteille « de vin... aux cornichons... Je suis certain que c'est elle « qui a payé tout ça...

« — Diable !... mais c'est donc une dame de charité « que cette blanchisseuse-là ?...

« — Je ne la crois pas capable de laisser ce noceur de « la Carambole dans l'embarras. . Dame... il est assez « joli garçon, ce farceur-là... et les femmes tiennent à « ces petitesses...

« — Est-ce qu'il aurait promis à sa blanchisseuse de « l'épouser ?

« — Ah ! ouiche ! l'épouser... le plus souvent !

« — Cela n'aurait rien d'extraordinaire. J'ai lu dans « *l'Histoire de France* qu'un poëte... je ne sais plus « lequel... avait épousé sa blanchisseuse, parce qu'il ne « pouvait pas lui solder... son mémoire.

« — Oh ! ce n'est pas M. Isidore qui aurait fait cela... « d'ailleurs il avait trop de mémoires à solder... Non, « mais il paraît qu'il connaît cette blanchisseuse depuis

« longtemps... très-longtemps... Souvent j'ai entendu « dire à mademoiselle Philiberte, en parlant de M. Isi- « dore : Ah ! je l'ai vu gamin, ce joli garçon-là.

« — Enfin, monsieur... je voudrais arriver à mon- « neveu.

« — Pour arriver à votre neveu, il faut trouver le petit « marquis. Eh bien ! il n'y a que mams'elle Philiberte « qui puisse vous dire où est celui-ci... car je mettrais « mon doigt dans mon œil qu'elle sait où il perche.

« — Fort bien, il faut donc alors que j'aille chez la « blanchisseuse !... que de démarches !... j'avoue que « j'aimerais mieux me promener aux Champs-Élysées ! « Enfin... si cette fois je ne trouve pas Auguste, j'y re- « nonce. L'adresse de cette demoiselle Philiberte, s'il « vous plaît ?

« — Elle reste sur le canal... vous savez où est le canal ?

« — Le canal de l'Ourcq ?

« — Le canal qui part du bassin de La Villette pour « rejoindre la Seine à la place de la Bastille ?

« — Ah ! mon Dieu ! où trouverai-je tout cela !

« — Ne vous effrayez pas. Gagnez le boulevard du « Temple, montez le faubourg, vous trouverez tout de « suite le canal.

« — Très-bien... je prendrais un bateau...

« — Mais non ! vous traverserez le pont, puis, à droite, « vous entrerez rue-Folie-Méricourt. C'est dans cette rue « que demeure mams'elle Philiberte.

« — Quel numéro ?

« — Ah ! je l'ignore, mais sa maison est de celles qui « ont deux entrées, une sur la rue, l'autre sur le canal, « vous chercherez de ce côté-là ; une blanchisseuse de « fin, c'est connu, on vous indiquera tout de suite.

« — Puissiez-vous dire vrai !... c'est fort loin d'ici ?

« — Dame ! oui, de l'autre côté de l'eau.

« — Cette fois je vais prendre un cabriolet, et une fois

« chez cette demoiselle Philiberte, je lui demanderai « l'adresse de M. Carambolage ?

« — Gardez-vous-en bien !... si vous y allez comme « ça, vous ne saurez rien, on vous dira qu'on ne connait « pas ce monsieur...

« — Comment donc faire alors...

« — Ah ! ça vous regarde... trouvez des détours... « agissez de finesse... enfin, tâchez d'inspirer de la con- « fiance .

« — Si mon neveu n'était pas le fils de mon frère, je « vous jure que je l'abandonnerais à ses désordres... « Merci, monsieur le concierge... infiniment obligé...

« — A votre service, monsieur. »

Et M. Langlumot s'éloigne en se disant encore :

« — Mon frère avait bien besoin de me donner un « neveu ! Comment diable vais-je m'y prendre avec cette « blanchisseuse !... »

XI

UNE BLANCHISSEUSE DE FIN.

M. Langlumot a pris un milord, en disant au coch
« — Conduisez-moi rue Folie-Méricourt, du côté canal. »

Et le cocher lui a répondu :

« — Il n'y en a qu'une.

« — Alors nous ne nous tromperons pas. »

Arrivé dans la rue qu'on lui a indiquée, notre camp gnard, présumant qu'il pourra entrer dans beauc de maisons avant de trouver la personne qu'il cher , commence par renvoyer sa voiture. Mais plus heur x qu'il ne l'espérait, il n'a encore demandé que d s quatre maisons, lorsqu'on lui répond :

« — C'est ici, monsieur, au quatrième, au fond « corridor, la porte à gauche... »

Langlumot, tout surpris d'avoir déjà trouvé, murmur

« — Comment, c'est ici... mademoiselle Philibert « blanchisseuse de fin ?

« — Eh bien, oui… est-ce que vous êtes fâché que ce « soit ici ?

« — Je ne dis pas… au contraire… mais je croyais… « au quatrième, m'avez vous dit… ?

« — Oui, l'escalier en face…

« — La porte au fond du corridor ?

« — Oui… vous entendrez chanter d'ailleurs ; ces de« moiselles chantent toujours. »

Langlumot gagne l'escalier et monte très-doucement parce qu'en montant il se dit :

« — Je vais trouver mademoiselle Philiberte, c'est fort « bien, mais que lui dirai-je, quel prétexte donnerai-je « à ma visite, puisque ce concierge m'a dit : il faut agir « de ruse ou vous ne saurez rien… fichtre… il faut de « l'esprit ici… j'en ai, mais quelquefois je ne le trouve « pas tout de suite… »

Au second étage, notre homme se frappe le front en se disant :

« — J'ai mon affaire… pardieu l'idée est excellente… « cela va même tout seul, et de cette façon je n'inspire « aucun soupçon !… »

Et cette fois, M. Langlumot monte plus lestement. A peine a-t-il mis le pied sur les marches du quatrième étage, qu'en effet il entend plusieurs voix qui se croisent et chantent chacune leur air. Arrivé au quatrième, un long corridor tapissé de plusieurs portes se présente devant lui. Mais les voix le guident ; il marche droit au fond, trouve une porte qui s'ouvre en tirant une ficelle terminée par une brosse à dents, qui remplace une patte de biche. Il pourrait ouvrir en tirant la ficelle, mais il juge plus honnête de commencer par frapper.

Plusieurs voix se font entendre :

« Eh ben ! quoi ?… est-ce que vous ne voyez pas la « ficelle…

« — Où donc qu'elle a ses yeux celle-là…

« — Tirez la chevillette, la bobinette cherra...

« — Est-ce que tu crois que c'est le *Petit Chaperon-Rouge* qui vient nous voir.

« — Je ne sais pas quel chaperon c'est, mais il est bien « longtemps à frotter ses pieds à la porte...

« — Ah çà, avez-vous fini là-bas?... Je gage que c'est « le garçon épicier qui est là... Je lui ai dit en passant « de m'envoyer ma provision de raisiné, et il s'amuse à « nous intriguer...

« — Diable, vous faites des provisions de raisiné, vous... « bigre ! quel genre !... »

Pendant ce temps, Langlumot a remonté le bout de son col, arrangé ses cheveux, rajusté son habit par devant et il se décide à tirer la brosse à dents. La porte s'ouvre, il entre dans une grande chambre qui n'est meublée que de baquets dans lesquels on savonne et de tables longues sur lesquelles on repasse. Il y a là quatre femmes : mademoiselle Philiberte, grande et forte fille de vingt-sept ans, brune de cheveux, brune par les yeux et surtout très-brune de peau. Elle n'est pas jolie, mais elle a l'air agréable, la bouche malicieuse et le sourire spirituel. Vient ensuite une grande blonde de dix-huit ans, qui a l'air très-nonchalant et semble se traîner au lieu de se mouvoir, celle-là repasse ; puis une femme d'une cinquantaine d'années, qui est occupée à savonner et s'en acquitte avec vigueur et dextérité, puis enfin, une petite fille de treize à quatorze ans, qui apprête du linge. Toutes ces femmes sont dans le costume habituel des blanchisseuses qui travaillent, c'est dire qu'elles ont en tout une chemise et un jupon. Mademoiselle Philiberte a cependant, outre cela, un fichu croisé sur sa poitrine.

M. Langlumot n'avait jamais vu un intérieur de blanchisseuse de fin ; il demeure un moment interdit, il ne sait s'il doit franchir le seuil de la porte et se sent envie de chanter les *Laveuses du couvent de Grizar*. De leur côté, les blanchisseuses ouvrent de grands yeux à l'aspect de ce monsieur bien couvert et d'un âge mûr, qui leur fait de profondes salutations.

« — C'est pas l'épicier! » dit la jeune apprentie.

« — Ni le Petit Chaperon-Rouge! » dit la grande blonde.

« — C'est un monsieur qui se trompe, » dit la femme qui savonne.

Mademoiselle Philiberte ne fait aucune réflexion, mais après avoir un moment examiné le personnage qui lui arrive, elle lui dit :

« — Que demande monsieur?

« — N'est-ce pas ici chez mademoiselle Philiberte, « blanchisseuse de fin?

« — Oui, monsieur, et c'est moi qui suis Philiberte.

« — Mademoiselle, ayant besoin d'une blanchisseuse, je « viens vous offrir ma pratique...

« — Ah! monsieur, vous êtes bien honnête... Est-ce « que monsieur habite le quartier depuis peu...

« — Mademoiselle... je suis en effet depuis peu de « jours à Paris... vous ne me blanchirez pas très-long- « temps, car je ne pense pas y faire un long séjour...

« — Ça ne fait rien, monsieur, et vous demeurez?...

« — Rue d'Amsterdam, tout près du chemin de « fer...

« — Rue d'Amsterdam! » murmure la grande blonde, « merci en v'là une course! c'est pas moi qui lui porterai « son linge!... »

Philiberte trouve fort singulier qu'un monsieur qui demeure dans la Chaussée-d'Antin, vienne chercher une blanchisseuse rue Folie-Méricourt. Elle examine Langlumot, qui cherche de tous côtés une chaise, parce qu'il désire prolonger son séjour chez la blanchisseuse, mais n'en trouve pas une qui ne soit chargée de linge.

« — Monsieur, c'est donc quelqu'un à qui vous deman-

« chez une personne pour vous blanchir, qui vous a « donné mon adresse?...

« — Oui, mademoiselle... oui... car si on ne m'avait « pas donné votre adresse... je ne serais jamais venu ici.

« — Il est de la force de *M. La Palise!* » murmure la blonde, « il n'a pas inventé les pétards!

« — Et peut-on savoir quelle est la personne qui a « donné mon adresse à monsieur?...

« — La personne... la personne... pardon, mademoi« selle, mais je cherche.

« — Vous aviez un chien avec vous...

« — Non, pas le moindre animal... mais je voudrais... « s'il y avait moyen de s'asseoir, je vous avoue que je « suis très-fatigué... n'ayant pas l'habitude de marcher « dans Paris...

« — Ah! vous voulez vous asseoir... est-ce qu'il n'y a « pas une chaise là... Fanfinette, cherche donc une chaise « pour monsieur...

« — Elles ont toutes des robes dessus... dérangez « donc ces robes-là... qui tiennent la place de trois « personnes... Quand nous portons cela dans la rue « à une pratique, nous sommes obligées de crier: gare! « comme si nous avions un cheval.

« — Tenez, monsieur, si vous vouliez vous asseoir sur « ce gros paquet de linge qui est dans ce coin... vous y « serez très-bien...

« — Volontiers, mademoiselle... je vous demande « pardon... que je ne vous gêne pas dans vos occu« pations...

« — Oh il n'y a pas de risques! »

Pendant que le campagnard s'arrange de son mieux sur un gros paquet de linge, la blonde dit tout bas à Philiberte :

« — C'est sur du linge mouillé que vous le faites « asseoir.

« — Tant mieux, ça le rafraîchira...

« — Je crois que c'est un homme qui est amoureux « de vous, ça, car il n'est pas possible !... il ne serait « pas venu de la rue d'Amsterdam ici pour se faire « savonner !

« — Je ne sais pas de quoi il est amoureux, mais je « te réponds que je le saurai bientôt... je vais lui tirer « les vers du nez... »

Et mademoiselle Philiberte s'adresse de nouveau à Langlumot :

« — Monsieur ne m'a pas dit qui est-ce qui avait eu « l'obligeance de lui enseigner ma demeure ?

« — Mademoiselle, c'est dans un hôtel garni de la « place Saint-André-des Arts, où j'allais m'informer de « quelqu'un... J'avais été éclaboussé par une voiture, « mon gilet était couvert de boue, et naturellement j'ai « dit : je voudrais bien connaître une blanchisseuse de « fin... alors il y a le concierge qui m'a sur-le-champ « donné votre adresse. »

Mademoiselle Philiberte ne semble pas très-satisfaite de cette explication ; elle a même pincé sa bouche lorsqu'on a parlé de l'hôtel garni de la place Saint-André-des-Arts ; mais au moment où elle va répondre à cela, la porte du carré s'ouvre et une vieille bonne, fort sale, entre en criant comme si elle parlait à des sourds :

« — Pourquoi que vous n'avez pas envoyé le caleçon « à M. Girollard, vous aviez promis qu'il l'aurait à « deux heures, en v'là cinq et *nisco*, c'est pas gentil ça !

« — Eh ! mon Dieu ! M. Girollard nous ennuie avec « son caleçon... on ne peut pas servir tout le monde en « même temps... il n'a pas que ce caleçon-là, sans doute, il peut bien en mettre un autre...

« — Monsieur en a un second, mais il l'a donné à « son tailleur pour qu'il lui remette des fonds...

« — Ah ! des fonds à un caleçon... est-ce qu'il n'au-
« rait pas plutôt fait d'en acheter des neufs...

« — Certainement que monsieur en a les moyens...
« mais il prétend qu'on ne doit jamais faire de pro-
« visions...

« — En voilà un cancre !

« — Enfin, mademoiselle, le caleçon est-il prêt... don-
« nez-le moi...

« — Non, vraiment, il n'est pas fait... M. Giroflard
« peut bien attendre à demain...

« — Non ! monsieur va ce soir au théâtre de l'Ambigu-
« Comique, et il ne peut pas y aller sans son caleçon...

« — En voilà une sévère !... A quoi donc cela lui sert-
« il pour être au spectacle? est-ce qu'il croit qu'on n'en-
« tre pas sans ça ?...

« — Monsieur dit que ce théâtre-là est plein de vents
« coulis, et qu'il y attraperait un gros rhume s'il y
« allait sans caleçon...

« — Ah ! quel vieux môme ! qui a peur de s'enrhumer
« par là... il toussera voilà tout !

« — Voyons, voulez-vous lui faire son caleçon tout de
« suite...

« — Ah ! nous avons bien autre chose à faire !... voyez
« donc ces jupes empesées, c'est pour des demoiselles
« qui vont au bal ce soir, c'est bien plus pressé que la
« fausse culotte de votre maître.

« — Mademoiselle, je vous préviens que j'ai l'ordre
« de M. Giroflard de ne point revenir sans son caleçon ;
« rendez-le-moi comme il est.

« — Je ne demande pas mieux... Tenez ! »

Mademoiselle Philiberte est allée vers un baquet dans lequel trempe du linge, elle y prend le vêtement demandé ! le tord légèrement ! puis le jette à la vieille bonne, qui le reçoit en plein visage et entre en fureur.

« — C'est affreux !... c'est indigne !... Ah ! voilà com-

« me vous renvoyez vos pratiques... vous n'êtes pas des « blanchisseuses... vous êtes... des débardeuses !

« — Ah ! ah ! ah ! elle est amusante, la vieille ; elle « devrait jouer des parades avec M. Girollard, orné de « son caleçon !

« — Je vais aller me plaindre au commissaire... à la « portière...

« — Et ! à la fruitière !... n'est-ce pas ?...

« — Je vous ferai perdre toutes vos pratiques...

« — Ah ! je crois qu'elle a aussi besoin d'être savon- « née, cette dame... Fanfinette, prends donc le seau qui « est là-bas. »

Mais en voyant la jeune fille se saisir d'un seau plein d'eau de savon, la bonne de M. Girollard se précipite vers la porte et descend les escaliers en criant :

« — A la garde ! »

Les blanchisseuses rient pendant quelques instants à se tenir les côtes, enfin on se calme, et M. Langlumot qui, pendant tout ce temps est resté sur le paquet de linge, quoiqu'il ne paraisse pas s'y trouver à son aise, se hasarde à dire :

« — Elle a eu peur !

« — Elle a bien fait de s'en aller, car elle aurait tout « reçu. Dame ! monsieur, on n'est pas un ange ! on n'a « pas de la patience à revendre... Il ne faut pas que vous « pensiez pour cela que nous sommes malhonnêtes avec « nos pratiques ; mais il y a des gens si ridicules ! il fau- « drait tout quitter pour eux... et franchement, ces jupes « de bal sont plus pressées que le caleçon de son maî- « tre...

« — Je suis parfaitement de votre avis ; il y a des per- « sonnes très-exigeantes. Je ne suis pas dans cette caté- « gorie, et avec moi vous n'aurez jamais le plus petit « mot...

« — On voit bien que monsieur est un homme comme

« il faut... et qui n'a pas qu'une chemise. Monsieur con-« naît donc du monde à l'hôtel de la place Saint-André-« des-Arts ?

« — Oui... j'y connais... c'est-à-dire j'y cherchais quel-« qu'un... une personne à laquelle je porte le plus ten-« dre intérêt...

« — Une dame?

« — Non, un jeune homme.

« — Je te vois venir, toi! » murmure la blanchisseuse en se tournant vers sa repasseuse; « tu cherches mon « petit marquis... C'est un créancier... mais il ne saura « rien. »

La porte du carré s'ouvre de nouveau. Une jeune femme, assez mesquinement vêtue, entre en disant :

« — C'est-il fait?

« — Pas encore, mams'elle Rose, mais on est après. « Tenez, voyez, Lisiska la repasse... Attendez un peu, ce « ne sera pas long, et vous l'emporterez.

« — Je veux bien, je vais attendre, car ce pauvre « Adolphe est sur les épines... Vous concevez qu'il faut « absolument qu'il ait du linge blanc ce soir; c'est la « première représentation, et dans la pièce, il figure à « une grande soirée, costume de ville, malheureuse-« ment!... et dame, avec vingt sous qu'il gagne par soi-« rée, il ne peut pas nager dans les chemises...

« — En v'là un état!... vingt sous par soirée... pour « figurer dans un théâtre... et se fournir ses costumes!

« — Oui, quand ce sont des costumes de ville; aussi, « tous les figurants détestent ces pièces-là... Tandis que « lorsqu'ils sont habillés en Polonais, en Turc ou en « Prussien, c'est le théâtre qui donne les costumes.

« — Pardi! il ne manquerait plus que de leur faire « fournir ceux-là... Mais quelle idée Adolphe a-t-il de « quitter son état de tourneur pour aller faire des bêti-« ses le soir sur les planches?

« — Ah! dame! que voulez-vous? la vocation! on ne « peut pas résister à ça... c'est plus fort que soi... il « voulait être acteur...

« — Est-ce qu'il se croit acteur, par hasard?... c'est « joli!... un acteur qui ne parle pas!...

« — Oh! mais il y a des pièces où un figurant a quel« que chose à dire... on choisit celui qui a le plus d'ai« sance en scène, et comme Adolphe se tient bien, c'est à « lui qu'on a donné un petit rôle dans la pièce de ce « soir.

« — Ah! il a un rôle dans la pièce!

« — Oui, il doit dire au jeune premier : *D'honneur!* « *mon cher comte, votre bal est superbe!*... Aussi, si vous « saviez, depuis ce matin, il n'est pas deux minu« tes sans répéter cette phrase-là... et puis il cherche « des intonations... des manières de dire qui s'enten« dent bien!... Je lui demande ce qu'il veut pour son « déjeuner, pour son dîner; je n'ai pas pu tirer autre « chose de lui que : Mon cher comte, votre bal est « superbe!... Je crois qu'il en deviendra imbécile... « voilà pourtant ce que c'est que l'amour de l'art... Ça « avance-t-il, mams'elle Lisiska ?»

La grande blonde, dont l'habitude n'est pas de se presser, répond :

« — Ah! écoutez donc... je ne peux pas aller plus « vite... avec ça qu'il faut tant de précautions... c'est « de l'amadou, votre chemise... on n'ose pas y toucher. « Je vous préviens que les bouts de manche ont dansé « le cancan!... pas moyen de les retenir, c'était trop « mûr!

« — Ah! tant pis! je lui ferai des bouts de manches « mousquetaires avec du papier blanc... ça se tient « même mieux.

« — Faudra lui faire aussi un col, car celui-ci est en « loques... et s'il avait besoin de jabot en dentelles,

« vous savez, on prend un de ces papiers découpés qui « couvrent les boîtes de dragées, ça joue la valenciennes « nes à s'y tromper.

« — Oh ! il ne mettra pas de jabot... c'est bien assez « d'avoir des gants... en voilà encore une dépense !...

« — On les fait nettoyer... garantis sans odeur !

« — Les siens l'ont été déjà trois fois, et ils empoi- « sonnent. Dépêchez-vous un peu, mams'elle Lisiska... « il est cinq heures et demie bientôt... je suis sûr que « Dodolphe est au désespoir...

« — Ah ! je ne peux pas me brûler pourtant... voilà « un fer qui est trop chaud... Mon Dieu ! le spectacle « ne commence pas par la pièce nouvelle...

« — Mais il figure dans la première... un paysan bre- « ton... Vous ne connaissez pas Adolphe : quand il n'a « pas ses affaires toutes prêtes avant d'entrer en scène, « cela l'inquiète et il manque tous ses rôles...

« — Il marche sur la tête, alors...

« — Ah ! vous riez toujours... mais ce soir il parle...

« — Eh bien, il dira : « Ah ! d'honneur, mon cher bal, « votre comte est superbe ! »

« — Ah ! le malheureux ! il en est capable ! vous me « faites frémir !... Il s'est déjà trompé une fois comme « cela dans un drame ; il devait dire : « Voilà la grande « dame et son page, » et il a dit : Voilà la grande page « et son dame ! » Heureusement le public n'a pas com- « pris.

« — Tenez, voilà votre chemise... emportez...mais re- « commandez les précautions en la mettant...

« — Oh ! nous en aurons... Merci, mesdemoiselles... « au revoir... On vous payera la prochaine fois.

« — Oui, oui, ça ne presse pas. »

La femme est partie avec sa chemise.

« — Voilà une scène que vous n'aviez pas encore vue « sans doute, monsieur, » dit Philiberte au provincal;

« mais chez nous elle se renouvelle très-fréquemment :
« on ne se figure pas combien il y a de gens qui veulent
« avoir l'air élégant, paraître dans le monde, et qui
« n'ont que deux chemises !... Ils vont au spectacle aux
« premières loges... ils ont un lorgnon à l'œil... Il me
« semble qu'ils feraient mieux de s'acheter du linge...
« Tiens, monsieur se lève ; est-ce que monsieur s'en
« va ?

« — Non, mademoiselle... mais je ne suis plus fa-
« tigué... je préfère être debout...

« — Monsieur va me donner son nom et son adresse,
« et dire quand il veut qu'on aille chez lui chercher
« son linge...

« — Oui, mademoiselle... oui, je vais écrire cela sur
« une carte... »

Langlumot fouille dans son portefeuille ; mais, tout en fouillant, il se dit :

« — Je ne suis pas plus avancé, je ne sais pas où se
« cache M. de la Carambole... Je n'ose le demander
« ouvertement... et pourtant je ne voudrais pas m'en
« aller sans avoir appris quelque chose.

« — Tiens, Fanfinette, » dit la repasseuse, « voilà la
« robe et le jupon de crinoline... emporte tout cela.

« — Ah ! mon Dieu !... comment donc ferai-je pour
« descendre l'escalier avec tout cela ?

« — Il n'y a pas moyen, » dit Philiberte ; « c'est déjà
« assez difficile de descendre avec un seul objet. Ayez la
« complaisance de vous garer un peu, monsieur... »

Langlumot ouvre de grands yeux à l'aspect d'une robe qui, avec ses volants et son empois, a au moins douze pieds de tour et le jupon présente autant de circonférence.

« — Est-ce qu'une dame sortira avec cela ? dit-il.

« — Oui, monsieur, et elle mettra les deux objets...
« Par exemple, il lui faudra une voiture pour elle seule ;

« il serait impossible à deux dames de tenir dans le même « coupé. Mais nous autres, quand nous reportons maintenant des robes à nos pratiques, nous tenons tout un « côté de la rue... Incessamment il nous faudra une escorte pour rendre l'ouvrage à nos dames... Est-ce-que « dans votre pays, monsieur, les dames ne portent pas « des robes aussi bouffantes ?

« — Cela commence, mais cela n'approche pas encore « de cela... On se moquait des paniers des grandes coquettes d'autrefois, il me semble que ceci les vaut « bien.

« — Lisiska, descendez donc avec Fanfinette ; vous « porterez la robe jusqu'au bas de l'escalier.

« — Ah ! que c'est embêtant ! »

Lorsque la grande blonde est descendue avec l'apprentie, mademoiselle Philiberte dit avec malice au provincial qui cherchait toujours dans son portefeuille :

« — Il paraît que monsieur ne trouve pas de quoi « écrire son adresse ; mais je puis lui donner du papier « et une plume...

« — J'ai bien des cartes avec mon nom, mais mon « adresse à Paris n'est pas dessus...

« — Monsieur me la dira... j'ai de la mémoire... C'est « rue d'Amsterdam, je crois... »

En ce moment, Langlumot passe sa carte à la blanchisseuse. A peine celle-ci a-t-elle vu le nom qu'elle part d'un éclat de rire.

« — Est-ce que mon nom vous semble comique, ma« demoiselle ? » demande notre campagnard.

« — Votre nom !... Ah ! ç'te farce... Mais je le connais, « votre nom... Vous êtes l'oncle de M. Auguste... et c'est « votre neveu que vous cherchez à Paris...

« — Ma foi, mademoiselle, c'est l'exacte vérité ; mais « comment savez-vous...

« — Tiens, c'te malice... votre neveu parle de vous

« assez souvent ! il ne cesse de s'écrier : Ah ! si j'osais « demander de l'argent à mon oncle Langlumot qui est « à Lisieux !

« — C'est bien moi… j'en arrive !…

« — Voyez comme on est bête… Si, au lieu de prendre « des détours, vous m'aviez tout franchement demandé « votre neveu, je vous aurais dit : « Monsieur, c'est ici « dessus… il n'y est pas pour le moment, mais il va ren- « trer… » Et tenez, je l'entends qui monte avec son ami « intime…

« — Ah ! enfin ! *Denique tandem!*…

« — Ah ! monsieur, si vous me parlez latin, je ne vous « blanchirai pas. »

XII

LE PETIT ISIDORE.

On causait, on riait, on chantait dans l'escalier. Bientôt la porte du carré est poussée vivement, et un petit jeunehomme entre chez mademoiselle Philiberte en riant aux larmes, et il se laisse tout de suite tomber sur le paquet de linge en disant :

« — C'est magnifique! c'est féerique! Fanfinette, tenant « de chaque main une jupe bouffante, vient de mettre « en fuite deux vieilles femmes qui ont cru que c'était « une maison qui s'avançait sur elles. Ah! bigre!... sur « quoi me suis-je assis?... c'est tout mouillé... On pré- « vient les gens, au moins. Tiens! un étranger!...

> « Quel est cet étranger... »
> « Mais quel est donc cet étranger ?

Avant que Langlumot ait le temps de répondre, un autre jeune homme entre chez la blanchisseuse. Celui-ci est un grand gaillard, fort et de bonne mine ; sa figure n'est pas belle, ses yeux sont roux et son nez retroussé n'a pas une forme élégante ; mais l'ensemble n'a rien de désagréable et semble annoncer un garçon de bonne humeur, qui doit très-bien manger et boxer.

Le jeune Isidore, au contraire, est très-petit de taille, mince, fluet, délicat ; mais sa figure, sans être distinguée, a de la finesse et annonce de l'esprit. Il est fort pâle de visage, ses yeux sont déjà cernés, et tous ses traits annoncent une fatigue précoce. Mais sa tournure est dégagée, alerte et ne manque pas d'une certaine élégance, ce dont son ami M. Auguste est entièrement privé.

A peine ce dernier est-il dans la chambre, qu'il aperçoit Langlumot et s'écrie :

« — Mon oncle !... mon oncle de Lisieux !...

Puis il reste indécis sur ce qu'il doit faire, ne sachant pas encore si son oncle arrive avec de bonnes ou de mauvaises intentions. Mais son ami Isidore ne le laisse pas longtemps hésiter, il le pousse vivement sur Langlumot en lui disant :

« — Eh bien ! voilà cet oncle chéri !... cet oncle tant « désiré... et tu ne te précipites pas dans ses bras?... « Voyez cependant comme la joie produit de singuliers « effets!... Allons, Auguste !... c'est notre oncle!... c'est « notre cher oncle !... étouffons-le de caresses!... »

Et le jeune Isidore se lançant avec Auguste sur Langlumot l'enlace d'un côté, tandis que son neveu l'enlace de l'autre. Le premier embrasse le campagnard comme du pain, il baise jusqu'à ses favoris et le collet de son habit; le neveu, qui ne veut pas rester en arrière, va embrasser son oncle sur le nez, lorsque celui-ci se soustrait enfin à ces étreintes en s'écriant :

« — De grâce ! messieurs... un peu moins d'effusion... « Je suis touché de ce accueil... il ne m'étonne pas de « mon neveu, mais je n'ai pas l'avantage de connaître « monsieur...

« — Moi, » dit Isidore en essayant encore de se jeter au cou de Langlumot, « mais je suis l'ami intime d'Au-« guste... un autre lui-même... Tout ce qui le touche me « touche également... par conséquent vous êtes aussi « mon oncle... vous pensiez n'avoir qu'un neveu, vous en « avez deux à présent!... J'en ai déjà pour vous tous les « sentiments laissez-moi vous embrasser...

« — Monsieur... je suis sensible à ces marques d'a-« mitié...

« — Vous en verrez bien d'autres, nous sommes prêts « à vous donner les plus grandes preuves de dévoue-« ment... n'est-ce pas, Auguste... Parle donc, sapristi!... « il est si content qu'il ne trouve pas un mot à dire... c'est « ce cher oncle... que nous attendions avec tant d'impa-« tience... le voilà arrivé...

« Comment, tu m'attendais, Auguste?...

« — Mais oui, mon oncle... c'est-à-dire... comme vous « n'avez pas répondu à ma dernière lettre... par laquelle « je vous demandais de l'argent... je présumais...

« — Que je viendrais t'en apporter... Ah! mon gail-« lard!... vous êtes dans l'erreur... je vous cherche pour « vous gronder, au contraire!

« — Vous avez raison, monsieur, grondez Auguste, « grondez-le beaucoup, car il travaille trop, et ce gar-« çon-là se rendra poitrinaire à force d'étudier.

« — Il travaille trop... mon neveu? ce n'est pas ce « que l'on m'a dit, monsieur!... on m'a assuré, au con-« traire, qu'il ne songeait qu'à s'amuser... qu'à faire des « folies!... des bamboches, tranchons le mot!...

« — Ah! notre oncle!... quels sont les calomniateurs « qui ont dit cela? Auguste ne prend pas assez de dis-« traction, c'est là son moindre défaut...

« — Et tout ce qu'il faisait rue des Enfants-Rouges... « du bruit... des scènes de nuit... une seringue pour arro-« ser ses voisins...

« — Ah! je gage que c'est le portier qui a dit cela!...
« parce qu'un jour on est rentré après minuit sans lui
« graisser la patte...

« — Enfin, mon neveu, je croyais vous trouver établi
« médecin... avec une petite clientèle... pour commen-
« cer...

« — Médecin, mon oncle, mais je le suis...

« — Mais il l'est, monsieur, il est médecin jusque dans
« la racine des cheveux!... Demandez à ces dames s'il
« ne les a pas guéries? l'une d'un mal de dents, l'autre
« d'un mal d'aventure... est-ce sa faute s'il n'a pas en-
« core de clientèle... dans ce moment-ci il n'y pas un
« malade à Paris...

« — En vérité?

« — Non, monsieur... nous courons depuis le matin
« jusqu'au soir pour chercher des malades... pas
« moyen... enfin tout à l'heure, dans la rue, nous voyons
« un homme étendu par terre... Auguste s'écrie : Ah!
« quel bonheur... voilà quelqu'un qui est malade proba-
« blement... il aura affaire à moi... et il s'empresse de se
« baisser pour secourir cet individu... celui-ci le
« repousse brutalement avec son poing, en disant : Lais-
« sez-moi dormir!... Cet homme n'était pas malade, il
« n'était que soûl, ce n'est pas notre faute... si Auguste
« avait pu le rendre malade, certainement il l'aurait
« fait... Permettez-moi de vous embrasser...

« — Quant à de l'argent... » balbutie Auguste; mais son ami s'empresse de l'interrompre en s'écriant :

« — Quant à de l'argent, nous n'en demandons pas...
« nous n'en avons pas besoin... Grâce au ciel... j'ai du
« crédit, de belles connaissances et un superbe avenir
« en perspective... Tout ce qui est à moi est à mon ami...
« et pour prouver à ton oncle que nous ne sommes
« pas des pleutres, nous allons le mener dîner chez un
« des meilleurs traiteurs de Paris... »

Auguste semble ébahi, mais son ami lui administre quelques petits coups de pied en dessous pour l'engager à se taire; quant à Langlumot, cette invitation à dîner dissipe entièrement ses préventions contre Isidore, sa figure s'épanouit et il s'écrie :

« — Ma foi, j'accepte!... Allons, je vois qu'on vous « avait calomniés, messieurs... et je suis enchanté de « n'avoir pas à gronder mon neveu... car franchement « cela ne me va guère de gronder... Je ne suis pas de « ces oncles moralistes qui frondent sans cesse... Je suis « très-gai, moi, j'aime aussi le plaisir, moi... je suis en« core très-jeune de caractère...

« — Ah! quel bonheur !... quel oncle aimable ! du « reste vous annoncez cela sur votre physionomie ; — « en vous apercevant je me suis dit : Voilà un monsieur « qui a une bonne tête !...

« — Puisque je suis à Paris, vous comprenez bien « que je ne serais pas fâché de m'y amuser un peu « aussi...

« — Oh ! que cela est bien raisonner ; mettre le temps « à profit, voilà le précepte du sage... et celui du mé« decin... n'est-ce pas, Auguste, que le plaisir... en « entretenant la gaieté... est très-bon pour la santé ?

« — Oui, très-bon... c'est tonique...

« — Vous entendez, notre oncle, le plaisir est to« nique... mais plus je vous regarde... savez-vous bien « que vous êtes aussi jeune que votre neveu...

« — Oh ! pas tout à fait... » répond Langlumot en se redressant parce qu'il est très-flatté du compliment.

« — Ma foi ! il y a peu de différence... Auguste, te « rappelles-tu cet étudiant en médecine qui n'est jamais « reçu... il a l'air plus âgé que ton oncle...

« — Je crois bien, il a cinquante-cinq ans...

« — Notre oncle en a tout au plus quarante !...

« — Oh !... j'ai quelque chose avec !...

« — Mademoiselle Philiberte, je vous en fais juge, « quel âge donneriez-vous à monsieur ? »

La blanchisseuse qui depuis quelque temps se mordait les lèvres pour ne point rire répond en prenant son sérieux :

« — Monsieur doit aller sur trente-huit ans.

« — Eh bien ! qu'est-ce que je disais ? »

M. Langlumot ne se sent pas de joie, il sautille dans la chambre en disant :

« — Mes enfants... entre nous... je ne voulais pas « vous le faire savoir tout de suite... mais je ne veux « plus vous le cacher... je suis venu ici toucher un « héritage inattendu... et qui s'est trouvé plus fort que « je ne croyais... or, ma femme... Hortense, ta tante, ne « saura que le chiffre que je lui dirai... eh, ma foi... « nous pourrons nous divertir largement...

« — Ah ! scélérat d'oncle !... vois-tu, Auguste... c'est « un roué, c'est un Lovelace... il va en faire de ces con- « quêtes à Paris... prends garde à tes maîtresses, il te « les soufflera...

« — Oh ! messieurs... je vous prie de croire que je « n'ai point d'intentions galantes...

« — C'est bien... assez ! nous ne vous en demandons « pas plus, avec un physique comme le vôtre, nous « savons l'effet que l'on doit produire à Paris... en at- « tendant, si vous n'avez pas touché votre héritage, « voulez-vous de l'argent, notre oncle, ma bourse est à « votre disposition. »

Cette fois, mademoiselle Philiberte se retourne pour « rire, et Auguste pour faire semblant de se moucher, « tandis que le campagnard répond :

« — Merci, mon jeune ami, merci mille fois ! mais « j'ai touché... oh ! je suis en fonds !

« — Voilà justement ce que je tenais à savoir, » dit Isidore à l'oreille de son ami.

« Puis il reprend :

« — Maintenant, cher oncle, allons dîner.

« — Messieurs, vous m'offrez à dîner, c'est très-aima-« ble et j'accepte ; mais je payerai le café... je payerai « le punch...

« — C'est bien... nous verrons si nous voulons vous « laisser payer quelque chose... en route...

« — Ah ! un moment... permettez, je voudrais pour-« tant bien savoir où demeure Auguste...

« — Ici dessus, mon oncle... avec Isidore...

« — Oui, provisoirement... jusqu'à ce que nous ayons « trouvé quelque chose de convenable... c'est un pied « à terre que nous avons en attendant...

« — Il y a donc encore du logement ici-dessus ?

« — Comment s'il y en a, mais de fort beaux ; à Paris « plus on monte, plus les logements son coquets... Par-« dieu, notre oncle, venez un peu avec nous... vous allez « voir notre petit local.

« — Volontiers. »

Auguste regarde son ami avec inquiétude, mais celui-ci, toujours plein d'assurance, ouvre la porte et sort en disant :

« — Suivez-moi, notre oncle.

« — S'il lui fait voir notre grenier, ce sera joli ! » dit le gros Auguste à Philiberte, mais celle-ci hausse les épaules en répondant :

« — Laissez donc !... vous ne voyez pas qu'il prépare « une farce !... il est fièrement finot ce petit-là ! »

Cependant M. Langlumot a suivi le petit jeune homme, ils montent un cinquième étage qui est beaucoup plus étroit que les autres et que pour cette raison sans doute on juge inutile de balayer. Arrivé au sommet on trouve un petit palier et deux portes ; l'une, qui ne ferme qu'au loquet, est enjolivée de dessins au charbon qui font sur-le-champ deviner ce qu'elle cache ; l'autre est ornée

9.

d'une carte clouée au-dessus de la serrure, et Isidore s'empresse de montrer cette carte à celui qui le suit, en lui disant :

« — Hein... direz-vous encore que votre neveu n'est « pas médecin... voyez cette carte... lisez : Auguste Lan« glumot... D. M. P.

« — Qu'est-ce que cela veut dire ?

« — Ah ! notre oncle... qui fait semblant de ne point « savoir que D. M. P. signifient docteur médecin prati« cien.

« — C'est vrai... c'est juste... je l'avais oublié... en « effet, cela y est bien, parole d'honneur, cela me fait « plaisir de voir cela ! »

Cependant Isidore a commencé à fouiller dans une poche, puis dans une autre, puis dans ses goussets... puis il retourne à ses poches, et tout cela avec des mouvements d'impatience et en murmurant :

« — Ah çà... qu'est-ce que cela veut dire... je l'avais... « c'est moi qui ai fermé la porte quand nous sommes « sortis ce matin, pour aller au cours de... clinique... et « je ne puis plus la trouver !... ah ! mon Dieu... je l'ai « donc perdue !...

« — Qu'est-ce que vous avez perdu ?

« — Parbleu, notre clef... la clef de notre apparte« ment... en voilà un guignon...

« — Auguste ne l'a point par hasard ?

« — Oh ! non... c'est toujours moi qui ferme... n'est« ce pas, Auguste !... tu n'as pas la clef de notre loge« ment...

« — Moi, jamais !...

« — Vous l'entendez... il ne l'a jamais !... ah que je « suis contrarié !

« — Que voulez-vous, c'est un petit malheur... vous « ferez ouvrir par un serrurier...

« — Oui, je chargerai mademoiselle Philiberte de ce

« soin, ce sera très-long et très-difficile parce que c'est « une serrure de sûreté.

« — Alors allons dîner, car j'ai très-faim.

« — Ah ! que je suis vexé... moi qui voulais mettre un « habit... changer de gilet...

« — Vous êtes très-bien.

« — Moi aussi, » dit Auguste qui comprend enfin son ami, « je voulais changer de paletot...

« — Il est certain que le tien est un peu râpé, mon « neveu ; mais, bah ! entre hommes... Allons dîner, « messieurs...

« — Allons dîner. »

Et en passant devant la blanchisseuse, dont la porte est restée ouverte, Isidore ne manque pas de lui dire :

« — Mademoiselle Philiberte, je vous charge de faire « ouvrir notre porte, s'il y a moyen, mais avec toutes « les précautions imaginables... C'est une serrure « Fichet... je ne veux pas qu'on l'abîme.

« — C'est bien, compris, compris.

« — Puisque nous sommes dans ce quartier, » dit Isidore, « allons dîner chez Bonvalet : c'est le Véfour « de cet arrondissement... Donnez-moi votre bras, notre « oncle... Toi, Auguste, prends-lui l'autre... Nous som- « mes si heureux de vous tenir là entre nous... *Où peut-* « *on être mieux qu'au sein de sa famille !* Nous chante- « rons cela au dessert.

« — Mes amis, je suis vraiment sensible...

« — Dites : Mes neveux, cela me fera plaisir...

« — Permettez, mon cher monsieur, vous allez me « trouver curieux, mais j'aime à savoir à qui j'ai affaire. « Pourquoi vous appelle-t-on le marquis du Carambo- « lage...

« — Eh ! mon Dieu, cher oncle, c'est un sobriquet que « des amis comme Auguste m'ont donné, parce que je

« suis très-fort au billard... c'est-à-dire à ce nouveau « jeu sans blouses qu'on appelle encore le billard, « mais qui n'est plus que le carambolage...

« — Il y a donc à Paris des billards sans blouses ?...

« — Il n'y a presque plus que ceux là... Comment, « notre oncle, vous êtes si arriéré à Lisieux ?

« — Mais je possède chez mois un billard, j'y suis « même d'une très-jolie force, je carambole quelquefois ; « mais je fais aussi le bloqué, le doublé... Oh ! je blo- « que surtout admirablement !

« — Ça ne se joue plus... on ne connait plus ça... « faire une bille au même !... Mais tout le monde « dirait : D'où vient donc ce monsieur ?...

« — Je répondrais : Je viens de Lisieux...

« — Ah ! ah ! il est charmant !... Après cela, il n'y a « pas encore de loi qui défende de jouer au billard « comme autrefois ; je ferai votre partie, cher oncle... « et je vous ferai des effets de queue magiques !

« — Et moi, des bloqués fumants.

« — Et moi je marquerai les points, » dit le gros Auguste, qui est très-content d'avoir trouvé cette phrase.

« — Maintenant, » reprend Langlumot, me voilà ren- « seigné sur votre nom de Carambolage ; me permettez « vous d'autres questions ?... Je suis curieux, mais « c'est l'habitude des provinciaux. Et puis, comme je « vous le disais tout à l'heure, je tiens à connaître les « personnes auxquelles je donne le bras.

« — Et vous avez bien raison... il y a dans Paris tant « de gens auxquels on ne voudrait pas le donner !...

« — Alors, vous excusez mes questions ?...

« — Je fais plus, je les approuve.

« — On vous nomme Isidore ; mais ceci n'est proba- « blement qu'un nom de baptême... Quel est celui de « votre famille ?... »

Isidore lâche vivement le bras de Langlumot, il tire son mouchoir de sa poche, pousse un gémissement, se mouche comme s'il voulait s'arracher le nez, et balbutie d'une voix entrecoupée :

« — Ah monsieur, quelle corde venez-vous de toucher !...

« — Pardon... je suis désolé... je vois que je vous rappelle des pertes douloureuses...

« — Non, monsieur, aucune perte !... mais lorsque je suis forcé de me souvenir de ma position... et pourtant je n'en fais point mystère... car on ne doit rougir que de ses propres fautes... êtes-vous de cet avis ?

« — Entièrement... vos parents auraient commis... des fautes...

« — Ils ont commis celle de m'abandonner, monsieur, je suis un malheureux enfant trouvé... élevé par la charité publique...

« — Ah ! mon Dieu... pauvre garçon... que me dites-vous là !...

« — Je dis ce qui est... on m'avait donné l'état de menuisier, mais j'avais des dispositions, un peu d'esprit, j'ai étudié, je me suis fait ce que je suis...

« — Mais ces espérances que vous aviez pour l'avenir...

« — Je les ai toujours, et ces espérances ne sont pas chimériques, le soin que l'on prit d'ajouter un chiffre et une date à mon nom... les recommandations trouvées sur moi, l'assurance qu'un jour on viendrait me reprendre ; tout devait me convaincre que je n'étais pas né de parents vulgaires... Depuis que je suis en état de raisonner, j'ai fait des recherches, des démarches... elles n'ont pas été sans résultat !...

« — En vérité... vous avez découvert vos parents ?

« — Je ne puis pas dire encore positivement leur

« nom... mais je sais que ce sont de grands personna-
« ges... très-haut placés et très-riches... immensément
« riches !...

« — Ah ! diable... ce sont peut-être des gens qui
« avaient émigré à l'époque de... enfin à une époque
« quelconque ?

« — Mon cher monsieur Langlumot, maintenant vous
« m'offririez des monceaux d'or pour parler, que je ne
« vous en dirais pas plus... l'honneur de ma maison y
« est attaché !...

« — Jeune homme, je respecte votre silence... pas un
« mot de plus sur ce sujet.

« — Voilà mon traiteur. »

Ces messieurs entrent chez Bonvalet et vont s'asseoir au premier, sous la tente qui a un faux air des jardins de *Sémiramis*.

« — Mes enfants, » dit Langlumot, « c'est à vous de
« commander, mais je vous préviens que j'aime tout.

« — Soyez tranquille, notre oncle, ayez confiance,
« nous savons commander un dîner... demandez à Au-
« guste, si je m'y entends, je vais faire notre carte. »

Le petit marquis du Carambolage fait un menu digne de *Brillat-Savarin*. Les meilleurs mets, les meilleurs vins sont servis à ces messieurs. Langlumot est enchanté, il trouve tout délicieux, puis à chaque plat qu'on apporte s'écrie :

« — Mes neveux, il me semble que c'est gentil comme
« cela... nous pourrions nous arrêter là...

« — Nous arrêter, notre oncle, mais nous ne sommes
« pas au milieu du repas... ah ! lorsque nous traitons il
« faut que rien n'y manque... nous faisons bien les choses.

« — Je m'en aperçois... comment encore d'autre vin
« ce pomard était cependant excellent...

« — Oui, mais ce chambertin sera supérieur... et
« d'ailleurs il faut varier...

« — C'est juste, *in varietate!...*

« — Garçon, qu'est-ce que vous nous donnerez pour « le coup du milieu...

« — Ces messieurs veulent-ils des sorbets ?...

« — Non, donnez-nous à chacun un verre de char- « treuse... de la verte... cela précipite bien mieux...

« — Ah çà, mes neveux, qu'est-ce que vous me faites « encore boire là... savez-vous bien que je commence « à être très-gai...

« — Ceci, notre oncle, dissipera comme par en- « chantement tout le spiritueux des vins que vous « avez bu, et vous pourrez recommencer sur nouveaux « frais...

« — En vérité... voilà qui est précieux alors... « buvons... c'est fort... cela ressemble à de l'absinthe... « mais c'est bon. »

Au second service on prend du porto, du vin du Rhin et du champagne. M. Langlumot voit des illuminations partout ; Auguste malgré son habitude de boire, est aussi très en train, le petit Isidore seul a conservé tout son sang-froid, en feignant souvent de vider son verre lorsqu'il ne faisait qu'y mouiller ses lèvres.

« — Nous prendrons le café ailleurs, n'est-ce pas, « notre oncle.

« — Oui, ailleurs... nous prendrons un peu l'air avant... « cela me fera du bien...

« — Nous irons faire une partie de billard... vous êtes « de première force à ce que m'a dit Auguste, je veux « lutter avec vous...

« — Oui, mais avec des blouses... je ne joue pas sans « blouse, moi !...

« — C'est convenu : le bloqué, le doublé, nous joue- « rons tout... garçon, la carte !... avez-vous bien dîné, « notre oncle ?

« — Oh ! parfaitement !

« — C'est que si vous désiriez encore quelque chose « il ne faudrait pas vous gêner...

« — Mes chers amis, vous m'avez traité comme un « prince... et je n'oublierai jamais cette réception.

« — Du moment que vous êtes content, nous sommes « satisfaits.

« — Monsieur, voici la carte...

« — Donnez... c'est moi que cela regarde! »

Isidore a pris la carte, il examine l'addition, en disant :

« — Cinquante-deux francs soixante-quinze... Au pre- « mier abord cela semble cher, mais quand on a été « bien c'est l'essentiel... Nous disons... cinquante-deux « francs... »

Et le petit jeune homme fouille dans sa poche, comme quelqu'un qui est sûr d'y trouver un porte-monnaie bien garni, puis tout à coup, il part d'un éclat de rire, et regarde Auguste, en s'écriant :

« — Ah! ah! ah!... dis donc, Auguste, elle est bonne « la plaisanterie...moi, qui cherche mon porte-monnaie « comme probablement tu chercherais le tien... et ils « sont dans nos autres habits que nous allions mettre « en rentrant chez nous... Je ne pensais plus à la perte « de la clef.

« — Ah! c'est pardieu vrai !... Je l'avais oublié aussi... « Ah ! ah ! c'est fort drôle...

« — Eh bien, si ce cher oncle n'était pas avec nous, « nous ferions une jolie figure à présent !... mais grâce « au ciel il est avec nous !

« — Qu'est-ce que c'est donc ?» demande M. Langlumot en ôtant un cure-dents de sa bouche.

« — Eh! pardieu, notre oncle, c'est que notre bourse, « notre porte-monnaie est dans le vêtement que nous « allions mettre en rentrant chez nous... mais vous savez « bien que j'ai perdu ma clef...

« — Oui... oui... vous n'avez pas pu rentrer, je me
« rappelle.

« — Eh bien ! il s'ensuit que nous nous trouvons sans
« le sou... au moment de payer la carte...

« — Ah ! ce pauvre garçon !...

« — Mais heureusement vous êtes là... Prêtez-nous bien
« vite de l'argent, que nous fassions honneur à nos
« affaires... Je n'ai pas besoin de vous dire que vous
« serez remboursé dès que notre porte sera ouverte...

« — Oh! c'est très-bien... Quelle somme voulez-vous ?

« — Donnez-moi cent francs, notre oncle... ou plutôt,
« donnez-moi tout de suite une quinzaine de napoléons,
« je vous en rendrai aussi facilement quinze que cinq,
« et au moins, si nous voulons encore vous offrir quelque
« chose ce soir... nous n'aurons plus besoin d'avoir re-
« cours à vous... ce sera plus convenable. »

Langlumot sort de sa poche une grande bourse en soie qui est bourrée de pièces d'or. Il en donne quinze au petit jeune homme en bredouillant :

« — C'est juste, mes neveux, c'est bien plus simple
« comme cela, et vous me rendrez cela... quand on
« ouvrira votre porte... Oh ! je ne suis pas pressé... Al-
« lons prendre l'air. »

Isidore paye la carte et met le restant de la somme dans sa poche, en repoussant la main que lui tend Auguste par derrière son oncle. On sort de chez le traiteur. Après quelques tours de boulevard, on entre au café et on monte au billard. Le café dégrise un peu le provincial, qui veut alors faire des prouesses au billard et provoque l'ami de son neveu en lui disant:

« — Je vais vous battre à plate couture.

« — Je gage que non... intéressons la partie...

« — Je le veux bien. Jouons le café et le punch...

« — Permettez. Nous ne pouvons pas jouer cela, puis-
« que vous nous avez offert de les payer... Nous avons

« payé le diner, vous avez dit : Je payerai le café et le « punch...

« — C'est vrai, je l'ai dit... je ne m'en dédis pas...

« — Alors, jouons cent sous la partie...

« — Fichtre ! c'est bien cher !...

« — Puisque vous êtes certain de me gagner... Ah! « vous avez peur...

« — Moi ! jamais... Cent sous la partie... en vingt-« quatre... et nous jouons tout.

« — Eclairons, cela vaut mieux.

« — Qu'est-ce que vous entendez par éclairer? il me « semble qu'il fait bien assez clair ici.

« — Nouveau style de joueur, notre oncle, cela veut « dire : Mettons au jeu.

« — Ah! éclairons veut dire: mettons au jeu... Sommes-nous rococo à Lisieux... Soit, j'éclaire.

« — Et moi de même.

« — Et moi je marquerai les points, » dit Auguste, « et « je demanderai au garçon s'il n'y a personne de malade « dans son café... parce qu'enfin il ne faut pas négliger « les affaires...

« — Voyez-vous quel neveu modèle vous avez : il « pense à chercher des malades même en buvant du « punch... Ah ! notre oncle, que vous êtes heu-« reux !

Langlumot choisit une queue de billard, il y met du blanc, et on commence à jouer. Le campagnard joue bien l'ancien jeu, mais le petit Isidore fait faire à sa bille des effets si étonnants, qu'à chaque coup il carambole. Son adversaire, ébloui, étonné, ne sait plus où il en est, et naturellement n'en joue que plus mal. Isidore a gagné six parties avant que Langlumot ait jamais dépassé six points. Il s'arrête en disant :

« — Sapristi, mon cher ami je ne m'étonne plus si on « vous a surnommé le marquis du Carambolage ! Je n'ai

« jamais vu jouer comme ça. Moi, qui suis très-fort, je n'y « suis plus du tout.

« — Ecoutez, notre oncle, comme je veux vous donner « votre revanche, si vous voulez, maintenant, les carambolages ne compteront pas.

« Ah! bravo! j'accepte; comme cela je serai de « force. »

Le provincial se trompait encore, car, avec les effets qu'il sait faire faire à sa bille, Isidore, lorsqu'il a fait une rouge au même, se trouve constamment replacé pour la faire de nouveau. Langlumot perd encore six parties. Il commence à prendre de l'humeur, lorsque son adversaire, qui ne veut pas le dégoûter du billard, lui en laisse gagner deux. Et comme tout cela a été arrosé dé beaucoup de punch, on fait aisément croire à Langlumot qu'il a regagné autant de parties qu'il en avait perdu.

« — C'est assez, » dit Isidore, « nous sommes d'égale « force. Nous n'avons rien fait.

« — Vous croyez? il me semblait avoir perdu quelques « pièces de dix francs?...

« — C'est une erreur, notre oncle, j'ai toujours le « même compte dans ma poche; je ne puis pas me « tromper.

« — Vous allez me reconduire, mes enfants, car je me « sens un peu étourdi, et la nuit... je ne connais pas « Paris comme vous... je pourrais m'égarer.

« — Oui, cher oncle, » dit Auguste, qui est bien aussi étourdi que M. Langlumot, parce que, ne jouant pas au billard, il a jugé convenable de boire le double des autres, « oui, nous allons vous reconduire, et, chemin faisant, je chercherai des malades... »

Isidore allonge un coup de coude à son ami, en murmurant :

« — Tais-toi. Tu deviens idiot. Est-ce que tu comptes

« chercher des malades au coin de bornes... comme les « chiffonniers cherchent des chiffons...

« — Je mets l'oncle dedans!...

« — Mais tais-toi donc!...

« — Que dit Auguste? » murmure Langlumot, en s'agrippant au bras que vient de lui tendre Isidore, qui s'est mis entre lui et son neveu.

« — Il dit qu'il a mal aux dents... mais il en est bien « aise, parce que cela lui fournira l'occasion de se gué- « rir... Ah! notre oncle, si vous pouviez tomber ma- « lade... c'est alors que vous pourriez juger des talents, « des connaissances de votre neveu.

« — Oui, mais je vous avoue que j'aime autant me bien « porter.

« — Je comprends cela, mais voyez comme vous êtes « dans une belle position : si vous tombez malade, vous « avez votre médecin sous la main.

« — A-t-il déjà fait quelque belle cure?

« — Je vous l'ai dit : mademoiselle Philiberte, qui « avait au petit doigt un mal d'aventure qui menaçait « de gagner l'épaule. C'est un garçon qui ne demande « qu'à percer. »

Tout en causant, en se soutenant le mieux possible, on arrive rue d'Amsterdam, devant l'hôtel habité par Langlumot. Celui-ci s'arrête en disant :

« — Me voici à mon domicile...

« — Diable!... c'est un joli hôtel... cela doit être très- « bien tenu...

« — On y est parfaitement; les chambres sont élégan- « tes, rien n'y manque; les domestiques sont pleins de « zèle... Oh! c'est un hôtel comme il faut... Bonsoir, mes « neveux...

« — Ah! mais attendez donc, notre oncle... j'y songe, « moi... Et toi, Auguste, tu ne songes donc à rien?...

« — A quoi veux-tu que je songe?...

« — Eh! parbleu! à savoir où nous irons coucher. « Puisque nous n'avons plus la clef de notre appartement, « nous ne pouvons pas rentrer chez nous... il est donc « fort inutile que nous y retournions...

« — Ah! c'est ma foi vrai!

« — Comment, » dit Langlumot, « vous croyez que le « serrurier n'aura pas ouvert votre porte?...

« — C'est plus que probable; d'abord il était déjà tard, « et, à Paris, on ne trouve jamais de serrurier le soir.

« — Mademoiselle Philiberte vous prêtera une cham- « bre...

« — Oh! notre oncle! que dites-vous là?... mademoi- « selle Philiberte, une personne si sévère sur les mœurs... « nous prêter une chambre pour coucher... jamais!... « N'est-ce pas, Auguste?...

« — Mademoiselle Philiberte!... elle nous ficherait de- « hors...

« Eh mais, nous voilà bien embarrassés quand nous « avons devant nous notre affaire : cet hôtel, pardieu! « notre oncle va y demander une chambre à deux lits « pour ses neveux... et cela ira tout seul... N'est-ce pas, « notre oncle? car vous ne voudriez pas nous exposer « à coucher dans la rue... à être ramassés par la pa- « trouille... et comme nous nous réclamerions de vous, « demain matin, on viendrait vous prier de passer au « corps-de-garde... Ce serait joli!...

« — Non sans doute, je ne veux pas de cela... je vais « demander une chambre pour vous deux, mes amis, et « vous passerez cette nuit dans mon hôtel.

« — Voilà un oncle charmant!... mais il ne pouvait « pas faire moins pour ses neveux. »

Langlumot entre dans l'hôtel avec les deux jeunes gens qu'il présente comme ses neveux, et Isidore ne manque pas de l'appeler : Mon oncle! à chaque mot qu'il lui dit. Sur la recommandation du provincial, qui est déjà depuis douze jours dans l'hôtel où il est connu, on s'empresse d'installer MM. Auguste et Isidore dans une jolie chambre à deux lits, doux et moelleux, dans lesquels ils se hâtent de se fourrer, après avoir dit à Langlumot : « A demain. »

« — Eh bien, » s'écrie alors le petit jeune homme, en se tournant vers son ami : « Comment trouves-tu que « j'ai conduit cela... il me semble que tu dois être satis- « fait..

« — Et toi aussi, tu as les poches bien garnies, toi !...

« — Grâce à moi, ton oncle nous a déjà payé un dé- « licieux dîner et tout ce qui s'en suit. Maintenant il nous « loge, il nous héberge...

« — Oui, pour une nuit !

« — Imbécile ! Tu crois donc que notre porte s'ouvri- « ra comme cela tout de suite... On est très-bien dans « cet hôtel... et je te promets que nous y sommes pour « quelque temps. »

XIII

TENTATIVES DE SÉDUCTION.

Monsieur Duhautcours, comme on a dû le deviner, n'avait pu voir Georgina Gerbier, sans éprouver pour cette jeune fille un de ces sentiments qui d'abord ne sont qu'un désir, mais qui, à cinquante ans, deviennent facilement une passion, parce qu'à cet âge-là on ne fait plus guère de conquêtes et que par conséquent on n'a plus rien pour se distraire de l'amour qui se glisse dans notre cœur. Tandis qu'à vingt-cinq ans, chaque jour nous offre une occasion nouvelle et l'amour d'aujourd'hui chasse celui d'hier, comme il sera chassé par celui de demain.

Si M. Duhautcours avait pu sur-le-champ contenter ses désirs, peut-être le penchant qu'il éprouvait pour la jolie fleuriste n'eût-il été que passager; mais tout le monde sait que les obstacles ne font qu'irriter et augmenter l'amour, ceci est vieux comme le siége de Troie; et ce qui m'étonne c'est que les dames ne s'en souviennent pas plus souvent.

Georgina était bien faite pour charmer : Taille bien prise, formes arrondies, tournure gracieuse ; et puis des cheveux d'un si beau noir, des yeux d'un bleu si pur et d'une expression si douce, une bouche si aimable ; rien de commun ni dans la voix, ni dans les manières, tout cela eût si bien porté un cachemire, des dentelles et des diamants, qu'il n'était nullement surprenant qu'elle donnât le désir de lui en offrir.

Cette jeune personne aurait pu faire déjà bien des conquêtes, mais la maîtresse du magasin où elle travaillait l'envoyait rarement en commission, ensuite lorsque Georgina sortait seule, elle marchait si vite, regardait si peu à droite et à gauche, que ceux qui, en passant voulaient lui adresser quelques mots, s'apercevaient bientôt qu'ils en seraient pour leur frais d'éloquence. En général, on ne suit guère que les femmes qui veulent bien l'être ; les hommes ont assez de tact pour voir vite si cela prendra ou si cela ne prendra pas.

Mais lorsque l'on est devenu millionnaire, lorsqu'on peut satisfaire tous ses goûts, contenter toutes ses fantaisies, lorsqu'avec cela, et c'est très-commun, on est devenu assez sot pour se figurer qu'étant très-riche on doit l'emporter sur tout le monde, être plus beau, plus spirituel, plus aimable, plus aimé que tout le monde, on doit devenir colère comme un dindon quand un obstacle se permet de se placer sur notre chemin.

M. Duhautcours s'est rendu chez son locataire pour bien s'assurer de la position de Gerbier, on lui devait un terme, il espérait qu'on lui demanderait du temps pour le payer ; il a été fort contrarié lorsqu'on lui a dit que son argent était prêt. Mais en visitant le logement de l'imprimeur, en examinant partout, ce monsieur s'est dit :

« — Ces gens-là sont très-pauvres... à peine s'ils ont le « nécessaire, ils vivent au jour le jour... ils mangent des

« pommes de terre et boivent de l'eau... il y a une ri-
« bambelle d'enfants à élever... il est impossible que je
« ne leur fasse pas faire tout ce que je voudrai en se-
« mant de l'or sur tout cela. »

Cependant, quand ce monsieur a vu que l'on refusait les propositions qu'il faisait pour Georgina, il a compris qu'il ne réussirait pas aussi facilement qu'il l'avait pensé d'abord. Mais il n'a pas pour cela perdu l'espoir de réussir. Duhautcours en était venu au point de croire que rien ne pouvait lui résister.

L'arrivée de Franville chez Gerbier a été encore une contrariété pour Duhautcours, qui, comme la plupart des parvenus, voudrait faire croire qu'il est venu au monde avec des perles fines aux oreilles; mais ce monsieur l'oublie bien vite, en se disant :

« — Après tout! qu'est-ce que cela me fait, et lors
« même que ce Franville raconterait une erreur de jeu-
« nesse... Quoi donc! quelque peccadille. Est-ce que tous
« les hommes n'en ont pas fait... plus ou moins! et tout
« cela empêche-t-il que maintenant je roule sur l'or? Ne
« nous occupons donc que de séduire cette ravis-
« sante Georgina, que de l'éblouir par l'offre des toilettes,
« des bijoux, des parures que je veux mettre à ses pieds;
« par le tableau de cette existence de luxe, de plaisirs,
« de fêtes, qui sera son partage si elle veut m'écouter. »

En descendant de chez Gerbier, Duhautcours est entré chez son concierge, petit homme qui se courbe jusqu'à terre en apercevant le propriétaire, et marcherait à quatre pattes devant lui si celui-ci le lui commandait.

« — Bluteau! » dit Duhautcours en faisant signe au concierge de quitter sa loge pour venir lui parler dans la cour. « Écoutez-moi.

« — Je suis aux ordres de monsieur, ponctuellement.

« — Vous connaissez la famille Gerbier qui loge là, au
« cinquième?

« — Je la connais, comme on connaît des gens du « cinquième, ils n'ont pas encore payé le dernier terme, « mais je puis avertir l'huissier.

« — Taisez-vous... ils vous payeront demain, d'ail- « leurs il ne s'agit pas de cela... Je vous enjoins d'être « poli avec eux... de ne jamais leur demander d'ar- « gent...

« — Du moment que c'est l'ordre de monsieur... j'o- « béirai ponctuellement, et...

« — Écoutez-moi bien, et ne mentez pas... si j'apprends « que vous m'avez menti je vous chasse...

« — Monsieur... je n'ai pas l'habitude... avec mon- « sieur.

« — Taisez-vous; quelles sont les personnes qui vien- « nent chez Gerbier ?

« — Les personnes... Voyons, que je me remémore... « il n'y en a pas beaucoup... Ah! il y a eu monsieur « ce soir....

« — Est-ce que vous croyez m'apprendre cela?

« — Il y a un particulier à moustaches que je soup- « çonne d'être un ancien militaire... qui est monté tout « à l'heure, celui-là vient assez souvent.

« — Ensuite?

« — Ensuite... ma foi, ils ne voyent pas beaucoup de « monde... ah! il y a un vieux qui travaille aussi à l'im- « primerie, qui vient quelquefois le soir... mais rare- « ment.

« — Et pas de jeunes gens, pas de galants pour la jeune « Georgina...

« — Oh du tout! rien qui y ressemble...

« — Et on ne vous apporte pas de lettres pour lui « remettre en secret... on ne l'attend pas dans la rue? Ne « mentez pas, Bluteau!

« — J'aimerais mieux me couper la langue que de « mentir à monsieur!... je n'ai pas aperçu l'ombre d'un

« amoureux, et je me flatte de m'y connaître... feu mon « épouse en avait quatre!... scélérate d'Anastasie!...

« — Alors cette jeune personne est sage; c'est votre « opinion?

« — J'en répondrais corps pour corps!

« — C'est bien; faites toujours attention et si cela « changeait, avertissez-moi.

« — Monsieur le sera ponctuellement. »

« — Cette jeune fille n'a point encore d'amoureux, se « dit Duhautcours, tant mieux... c'est le moment d'a- « gir... et une fois ma maîtresse, je saurai bien empêcher « qu'on ne me l'enlève.

Georgina revenait ordinairement de son magasin sur les sept heures et demie, et elle suivait presque toujours le même chemin. De la rue de Richelieu à celle des Petites-Ecuries la course était assez longue; M. Duhautcours qui s'est informé de tout, se trouve un soir sur la route que prend la fleuriste: il ne faisait plus jour, mais pas encore assez nuit pour qu'on ne pût reconnaître les personnes; aussi Georgina a-t-elle sur-le-champ reconnu ce monsieur qui l'accoste, en lui disant :

« — Je ne me trompe pas... c'est mademoiselle Georgina que j'ai le plaisir de rencontrer...

« — Oui, monsieur. Ah! je reconnais bien aussi mon- « sieur pour notre propriétaire...

« — Où donc allez-vous ainsi? ma belle demoi- « selle.

« — Mon Dieu, monsieur, je rentre à la maison comme « tous les soirs en sortant de mon magasin...

« — Ah! vous allez chez vous... ma foi j'ai juste- « ment affaire à ma maison de la rue des Petites-Ecuries; « si vous le permettez, j'aurai le plaisir de faire la route « avec vous. »

Georgina n'ose pas dire qu'elle ne le veut pas et cependant cette rencontre lui déplaît, la compagnie de son propriétaire ne lui est nullement agréable, elle se borne à répondre :

« — Comme monsieur voudra... seulement j'ai l'habi-
« tude d'aller très-vite...

« — Et pourquoi allez-vous si vite ? qui vous presse ?..

« — C'est que je sais qu'on m'attend avec impatience
« chez nous... mes frères et mes sœurs ont besoin de
« moi et puis je veux y être avant le retour de mon
« père... je veux que le souper soit prêt lorsqu'il arrive.
« Oh ! j'ai bien des choses à faire...

« — En vérité, mademoiselle, vous menez une exis-
« tence bien triste !... à peine quittez-vous l'ouvrage de
« votre magasin, que vous avez à vous occuper des
« soins d'un ménage... il ne vous reste donc pas un
« moment pour votre plaisir...

« — Mais je ne trouve pas cela triste du tout, mon-
« sieur !... mes plaisirs, ce sont mes frères, mes sœurs...
« mon père... Quand il est content de moi, je suis si
« heureuse...

« — Tout cela est bien... certes, il n'y a que des
« éloges à donner à votre conduite ; c'est pour cela
« que je trouve que vous seriez digne d'un sort vrai-
« ment heureux. Car enfin, raisonnons un peu : Vous
« soignez vos petits frères, vos sœurs... mais où tout
« cela vous mènera-t-il ?... Toujours du travail, de la
« peine en perspective, et votre jeunesse, vos beaux jours
« s'écouleront ainsi, sans que vous en ayez profité...

« — Je ne vous comprends pas, monsieur...

« — Eh bien, tenez, je vais m'expliquer franchement,
« car après tout ce n'est que votre bonheur que je
« veux... Vous avez refusé l'autre jour une place de
« caissière dans une maison de commerce ; vous avez
« eu raison ! Ce n'est pas là ce qu'il vous faut... Non,
« avec une figure comme la vôtre, on ne doit pas rester
« l'esclave des autres, on doit commander au contraire

« et voir tout soumis à ses lois, on doit être libre, maî-
« tresse, avoir des valets à ses ordres, un hôtel, une
« voiture, des toilettes à désoler toutes les autres femmes!
« on doit passer sa vie au sein des plaisirs, courir les
« bals, les spectacles, les concerts !... voilà l'existence
« qui est digne de vos charmes... Dites un mot, et tout
« cela vous l'aurez demain. »

Georgina a écouté ce discours avec une émotion dans laquelle se mêlait un peu de colère, cependant elle tâche de dissimuler et répond avec malice :

« — Et quel est donc ce mot qu'il faudrait dire pour
« avoir tout cela ?

« -- Vous ne le devinez pas ?

« — Non, monsieur, je ne devine jamais rien, moi...

« — Eh bien, il faudrait me dire que vous me per-
« mettez de vous aimer... de vous adorer... de vous
« voir tous les jours dans l'hôtel que vous habiterez...
« de vous accompagner au spectacle, aux fêtes, enfin
« de partager vos plaisirs et de mettre tous mes soins à
« satisfaire vos moindres caprices... »

La jeune fille part d'un éclat de rire qui surprend beaucoup Duhautcours, il est obligé d'attendre que cet accès de gaieté se passe et il attend fort longtemps, parce que Georgina semble ne pas pouvoir se calmer, Lorsqu'enfin il la voit cesser de rire, il lui dit :

« — Que dois-je penser de ceci... vous ne me répon-
« dez qu'en riant ?

« — Mais, monsieur, il me semble que c'est la seule
« réponse que l'on doive faire à une plaisanterie...

« — Une plaisanterie... je vous jure, mademoiselle...

« — Oh ! monsieur, en voilà bien assez, vous avez
« voulu savoir si j'étais une fille honnête, sage, parce
« que sans doute vous ne voulez avoir dans votre
« maison que des personnes qui se conduisent bien ;
« vous vous êtes amusé à me mettre à l'épreuve... je ne

10.

« vous en veux pas, monsieur, je comprends que vous ne « voudriez pas que votre maison fût mal habitée... mais « rassurez-vous, monsieur, si nous sommes pauvres « nous sommes honnêtes... et ce ne sont pas les filles « de mon père qui accepteront jamais les propositions « que vous venez de me faire... pour plaisanter... Cepen- « dant, comme mon père pourrait trouver mauvais « que vous nous missiez à l'épreuve, je ne lui dirai « rien de tout ceci...car, il est très-emporté... il pour- « rait ne pas prendre cela en riant, lui! mais nous « voilà bientôt arrivés... pardon, monsieur, il faut que « que j'entre chez le charcutier acheter quelque chose « pour le souper... »

En disant cela, Georgina salue Duhautcours et entre vivement dans une boutique un peu plus loin.

Le capitaliste est resté un moment immobile, il était loin de s'attendre à cette réponse, mais il a trop d'amour-propre pour y voir encore un refus formel à ses propositions.

« — Elle croit que je plaisante, » se dit-il, « elle croit « que je ne tiendrais pas ces offres brillantes que je lui « ai faites... Ah! pardieu! je lui prouverai que rien ne « me coûte pour obtenir ce que je veux... Oui... avec « les femmes il faut frapper les yeux... les paroles s'en- « volent... les bijoux, les parures se touchent, s'exa- « minent... s'essayent... et la coquetterie fait le reste.

XIV

UN PÈRE ET UN CONCIERGE.

Deux jours après, en revenant encore chez elle, Georgina s'entend appeler par le concierge, qui lui dit avec cet air mystérieux que croient toujours devoir prendre les imbéciles lorsqu'on les charge d'une commission :

« — Mademoiselle... faites excuse, mais j'ai quelque « chose à vous remettre.

« — A moi, monsieur Bluteau?...

« — A vous, ponctuellement.

« — Une lettre pour mon père peut-être... Il n'en at- « tend pas, cependant...

« — Mademoiselle, ce n'est point une lettre... et ce « n'est pas pour monsieur votre père que l'on a apporté « l'objet, c'est bien pour vous... on m'a même recom- « mandé de ne remettre ça qu'à vous toute seule... voi- « là ce que c'est. »

Le concierge prend sur un meuble un grand carton doré, bien fermé et même cacheté sur le ruban qui l'entoure, et le présente à la jolie fille, qui regarde ce carton avec étonnement, en s'écriant :

« — Qu'est-ce que c'est que cela?

« — J'ignore positivement, mademoiselle.

« — Et qui a apporté ce carton?

« — Une personne inconnue... que je ne connais pas.
« Je suppose que c'était un petit commis chargé des
« courses.

« — Et qu'a-t-on dit en vous remettant cela?

« — On m'a dit : voilà pour mademoiselle Georgina
« Gerbier... pour elle-même, elle saura bien d'où cela
« vient.

« — Et pas autre chose?

« — Non... Ah! c'est-à-dire si, on a ajouté : — En-
« gagez cette demoiselle à n'ouvrir ceci que lorsqu'elle
« sera entièrement seule.

« — Voilà qui est singulier... mais ce sont probable-
« ment des fleurs que l'on m'envoie à arranger... ou que
« je dois rendre au magasin, donnez monsieur Bluteau.

« — Voilà, mademoiselle, ma commission est faite
« ponctuellement. »

Georgina prend le carton et se rend chez elle, mais, tout en montant l'escalier, elle se dit :

« — Non! ce ne sont pas des fleurs qu'il y a là de-
« dans... c'est beaucoup trop lourd... Qu'est-ce que cela
« peut donc être? Est-ce que par hasard... ce monsieur
« qui m'a parlé avant-hier aurait osé... non, ce n'est
« pas possible... on m'a recommandé de n'ouvrir ce
« carton que quand je serais seule... mais c'est à mon
« père que je vais le remettre, c'est lui qui l'ouvrira...
« car je ne veux pas avoir de mystère pour lui. J'ai
« bien voulu ne point lui rapporter la conversation que
« j'ai eue avec notre propriétaire... mais si ce monsieur
« ne me laisse pas tranquille, tant pis pour lui! c'est
« mon père qui lui répondra. »

Georgina en rentrant est comme de coutume entourée par ses frères et sœurs qui tous regardent avec curiosité le beau carton qu'elle porte et s'écrient:

« — Qu'est-ce qu'il y a donc là dedans, ma sœur?

« — Oh! ce sont des gâteaux! dit le petit Emile.

« — Ce sont des joujoux? » dit Paul.

« — Je ne sais pas du tout ce qu'il y là dedans, et « nous ne le saurons que quand notre père sera venu, « car c'est lui seul qui doit ouvrir ce carton. »

Un demi-heure plus tard le père de famille revenait près de ses enfants, toujours gai, chantant, heureux, lorsqu'il se trouvait entouré de ses filles et de ses fils; le plaisir animait sa physionomie et on voyait dans ses yeux qu'il n'aurait pas changé sa position contre celle d'un prince de la finance.

Gerbier venait d'embrasser ses enfants lorsque Georgina vient déposer devant lui le beau carton que lui a remis le concierge.

« — Qu'est-ce que tu m'apportes là, » dit Gerbier, « que renferme ce magnifique carton... sous une telle en-« veloppe il ne doit y avoir que de belles choses...

« —J'ignore ce qu'il y a là dedans mon père, c'est le « concierge, monsieur Bluteau, qui m'a remis cela...

« — Pour moi...

« — Non, pour moi...

« — Pour toi? et de quelle part...» reprend Gerbier dont le front se rembrunit.

« — Il prétend que c'est un commissionnaire qu'il ne « connaît pas qui a apporté ce carton, en recommandan « de me le remettre à moi-même; il a même ajouté qu'on « me priait de ne l'ouvrir que lorsque je serais seule, « mais moi, mon père, qui ne connais personne, qui « n'attends rien de personne, j'ai pensé que c'était à « vous que je devais d'abord remettre cela. »

Gerbier embrasse le front de sa fille en répondant:

« — Tu as bien fait, mon enfant, tu as agi comme tu « le devais... car ce beau carton doit renfermer des « choses... enfin nous allons voir... »

En un instant Gerbier a brisé les cachets, dénoué les rubans, ouvert le carton, et on aperçoit un superbe châle de cachemire. Les deux plus jeunes filles s'écrient :

« — Ah ! que c'est beau !...

« — C'est pas des gâteaux ! » dit Émile.

Georgina regarde sans admirer ; son père qui est devenu très-pâle, murmure :

« — Et c'est à toi... à ma fille qu'on envoie cela...

« — Oh ! mon père, on s'est trompé sans doute...

« — Attends, nous ne voyons pas tout peut-être... »

Et Gerbier enlevant le cachemire qui est bleu, en découvre un autre dont le fond est ponceau et qui semble encore plus magnifique.

« — Mon Dieu, les beaux châles ! » répètent de nouveau les deux jeunes filles.

« — Ça ne se mange pas ! » murmure le petit Émile.

« — Taisez-vous, enfants ! vous trouvez cela beau... « cela est bien laid... bien affreux au contraire... car je « devine moi quel est le prix que l'on veut de ces paru- « res...

« — Mon père, il n'est pas possible que tout cela soit « pour moi...

« — Attends... j'aperçois dans ce coin une toute pe- « tite boîte en maroquin... il y a un petit papier avec de « l'écriture piqué après... voyons : « Pour la charmante « Georgina. » Oh ! c'est bien pour toi... il n'y a pas le « moindre doute à avoir ; sachons maintenant ce qu'il y a « dans cette boîte. »

Une superbe paire de boucles d'oreilles en diamants était renfermée dans la boîte. Tous les enfants et même Georgina jettent un cri de surprise. Les petites sœurs vont encore dire : Ah ! que c'est beau ! mais un regard de leur père arrête ces paroles sur leurs lèvres. Celui-ci crispe ses poings et fixe encore ses yeux sur sa fille aînée en murmurant :

« — Tu me jures que tu ne sais pas d'où tout cela te « vient?...

« — Mon père... je ne sais rien... mais je ne dois plus « vous taire maintenant une rencontre que j'ai faite il y « a deux soirs... en revenant ici... je ne vous en avais « pas parlé... parce que je pensais que cela n'aurait au- « cune suite, et que je voulais éviter de vous causer le « moindre ennui... et de vous mettre en colère contre « quelqu'un.

« — Gageons que c'est notre propriétaire que tu as « rencontré...

« — Oui, mon père!...

« — Ah! j'avais bien deviné l'autre jour que ce n'était « pas pour voir le logement qu'il était monté ici!... « eh bien, que t'a-t-il dit, ce monsieur, je le devine « d'avance ; c'est égal, dis toujours. »

Georgina rapporte à son père tout ce que lui a dit monsieur Duhautcours. Gerbier laisse de temps à autre éclater des marques de colère, il frappe de son poing sur la table, en murmurant :

« — Ton honneur... ta vertu!... c'est toute ta richesse, « mon enfant, et il voulait faire de toi une femme com- « me il y en a trop... tu l'as envoyé promener, et il a « pensé que la vue de ces cadeaux te séduirait, t'ébloui- « rait, et ferait plus d'effet sur toi que ses paroles... Ah! « le gredin!...

« — Vous croyez donc, mon père que c'est ce monsieur « qui a envoyé ce carton!...

« — Oui, sacrebleu je le crois, mais au reste nous al- « lons nous en assurer. Marie... écoute, petite, tu vas des- « cendre chez le portier, tu lui diras que ta sœur Geor-

« gina désire lui parler et le prie de monter un mo-
« ment... ta sœur, Georgina, tu entends bien?

« Oui, papa. »

La petite fille descend. Gerbier remet les diamants et les cachemires dans le carton, en disant :

« — Le concierge doit avoir deviné les intentions de « son maître... il montera... il ne se serait pas dérangé « pour toi il y a huit jours!... Je me disais aussi, il est « diablement poli et câlin depuis quelque temps le père « Bluteau... il y a quelque anguille sous roche!... on « monte... le voilà, il ne faut pas qu'il me voie d'a- « bord...

Gerbier se retire dans une autre pièce. Le concierge arrive sur les pas de la jeune Marie, il regarde dans la chambre avant d'entrer, en disant à demi-voix

« — C'est mam'selle Georgina qui a quelque chose à « me communiquer... je présume qu'il ne faut pas que « son père entende..,

« — Au contraire... il faut que j'entende!» s'écrie l'imprimeur en se montrant tout à coup, « car c'est moi « qui vous ai envoyé chercher. »

Le concierge semble inquiet il se retourne vers la porte, mais Gerbier court à lui; le prend par le bras et le fait brusquement rentrer dans la chambre, en lui disant :

« — Pourquoi donc voulez-vous vous en aller? vous « êtes donc fâché de causer avec moi?...

« — Moi, monsieur Gerbier, pas du tout... mais il m'a- « vait semblé qu'on m'appelait en bas...

« — On ne vous appelle pas. Nous avons à jaser un « peu nous deux... vous connaissez ce carton?...

« — Ce carton... oui... je... c'est-à-dire, je crois l'avoir « vu...

« — Ne cherchez donc pas de faux-fuyants... c'est vous « qui tout à l'heure l'avez remis à ma fille Georgina.

« — Ah tiens, au fait ! c'est vrai... je le reconnais à
« présent...

« — De qui le teniez-vous !...

« — De qui... mais... comme j'ai dit à mademoiselle...
« d'un commis... ou commissionnaire que je ne connais
« pas... voilà la chose ponctuellement...

« — Vous mentez...

« — Comment ! je mens !... monsieur, je trouve étonnant que...

« — Monsieur Bluteau, ne prenons pas un air insolent..
« ça ne va pas avec moi. Je vous ai dit que vous mentiez...je le répète... et je vous ordonne de me dire de
« qui vous tenez ce carton...

« — Monsieur, je vous ai dit ce que je devais vous
« dire... vous n'avez pas d'ordre à m'octroyer.

« — Ah! c'est comme cela... Georgina ! ouvre cette
« fenêtre...

« — Oui, mon père.

« — C'est bien. Et maintenant, monsieur Bluteau, si
« vous ne voulez pas me dire qui vous a remis ce carton...et ce qu'on vous a dit en vous le remettant, ce
« n'est pas par l'escalier que vous descendrez, c'est par
« cette fenêtre! »

Le concierge devient verdâtre, il voudrait se sauver, mais Gerbier le tient toujours par le bras, et l'ouvrier a une poigne qui le serre comme un étau. Le malheureux Bluteau ne veut pas descendre par la fenêtre, mais il ne voudrait pas non plus trahir son propriétaire qui lui a recommandé le secret sous peine d'être chassé; il prend alors un ton suppliant et balbutie :

« — Mon bon monsieur Gerbier... certainement si je
« ne sais pas... je ne peux pas vous dire...je vous jure...

« — Tu mens...

« — Je vous suis tout dévoué... demandez-moi autre
« chose...

« — Qui t'a remis ce carton ?...
« — Tous les jours il vient des commissionnaires dans « la maison et on ne les connait pas pour cela...
« — Veux-tu dire la vérité ?...
« — Si je n'en sais pas plus...
« — Alors tu veux descendre par la fenêtre...
« — Vous ne ferez pas un si gros forfait...
« — Tu vas le voir...

Et Gerbier saisit le concierge par le milieu du corps, l'enlève et le porte contre la fenêtre... les enfants interdits regardent leur père avec effroi, monsieur Bluteau pousse des cris horribles ; tout à coup la porte s'ouvre...

Franville parait, regarde ce qui se passe et dit :

« — Tiens ! tiens, on jette les portiers par les fenêtres « ici... c'est assez drôle... mais on ne fait ces choses-là « que d'un entre-sol... ici c'est trop haut... Voyons, « Gerbier... que t'a-t-il fait cet invalide-là ?

« — Il ne veut pas m'avouer que c'est son propriétaire « qui a envoyé ce carton à ma fille.

« — Eh ! mon Dieu !... puisque vous le savez, monsieur... ce n'est pas la peine de me le demander.

« — Ah ! tu en conviens donc à présent ! » dit Gerbier en déposant le concierge à terre. « C'est bien heureux, « c'est tout ce que je voulais... à présent, reprends ce « carton, tu le rendras à M. Duhautcours et... mais « non... j'ai une autre idée... je lui reporterai moi-« même ses cachemires et ses diamants... Allons, va... « file... on n'a plus besoin de toi ! »

Le concierge ne demande pas son reste ; il est déjà dehors et en bas avant qu'on ait refermé la porte.

« — Des cachemires !... des diamants !... » dit l'ancien militaire quand le concierge est parti ; « et c'est « Duhautcours qui a envoyé tout cela ici... qu'est-ce « que cela veut dire.

« — Cela veut dire que ma Georgina a eu le malheur

« de plaire à ce monsieur... et qu'il a cru que grâce « à ses présents elle écouterait ses infâmes propositions.

« — Cela ne m'étonne pas, c'est un gaillard qui ne « doute de rien, qui se croit tout permis, qui pense que « tout doit lui céder parce qu'il roule sur l'or.

« — Je lui ferai voir, moi, qu'. · a encore des per« sonnes que l'or ne fait pas plier.

« — Mais s'adresser à cette chère enfant... si pure, si « bonne... qui aime tant son père, sa famille... Il a le « diable au corps.

« — Je ne sais pas ce qu'il a au corps... mais il saura « ce que j'ai au cœur, moi... et il faudra qu'il me fasse « raison de l'affront qu'il me réservait.

« — Tu veux te battre avec lui?

« — Certainement!...

« — Ah! mon père!... »

Georgina court entourer son père de ses bras, les autres enfants imitent leur sœur et viennent tous se serrer contre leur protecteur, leur soutien, comme pour lui dire :

« — Tu ne peux pas exposer ta vie... puisque tu es « notre seul appui... que deviendrons-nous sans toi? »

Gerbier devine ce qu'expriment les regards de ses enfants, et malgré lui une larme vient aux bords de ses paupières, mais Franville s'empresse de rassurer les enfants en leur disant : « Rassurez-vous, mes amis, « votre père ne se battra pas... je vous en réponds sur « ma tête.

« — Pourquoi dis-tu cela, Franville?

« — Pourquoi, parce que je connais l'autre, et que je « sais que ce n'est point un cadet à se battre.

« — Tu crois qu'il refusera?

« — Je ne le crois pas, j'en suis sûr.

« — Mais cependant il faut que je me venge de cet

« homme... Il faut que je lui dise combien je trouve sa « conduite indigne.

« — Viens avec moi dans ta chambre... je vais te conter une histoire de la jeunesse de ce monsieur et tu « pourras peut-être lui en dire plus long que tu ne crois.

« — Mes enfants, soupez toujours, » dit Gerbier en allant dans sa chambre avec son ami, mais tous les enfants répondent :

« — Non, papa, nous aimons mieux t'attendre. »

XV

HISTOIRE TROP COMMUNE.

« Il y a de cela vingt-deux ans, » dit l'ancien militaire en s'asseyant en face de son ami, « Duhautcours, qui « s'appelait Charles de son prénom et que nous ne nom- « mions jamais autrement alors, était employé dans « une maison de librairie ; il gagnait fort peu de chose, « mais il souhaitait ardemment de faire fortune ; cette « pensée chez lui l'emportait sur toutes les autres, aussi « l'amour n'était pour lui qu'une distraction plutôt qu'un « sentiment.

« Cependant il avait fait connaissance d'une nommée « Adèle Dubois. C'était une jeune orpheline assez jolie, « mais faible de santé ; elle faisait de la broderie, mais « étant souvent malade, elle travaillait peu, il s'en suivait « que la pauvre fille avait à peine de quoi vivre, et ce « n'était pas Charles, son amant, qui l'aurait aidée, lors « même qu'il l'aurait pu. Cela n'empêchait pas Adèle « d'aimer Charles tendrement ; pour rester sa maîtresse

« elle avait refusé d'écouter des hommes qui l'auraient « tirée de sa pauvreté... ainsi que cela se voit trop sou- « vent, elle adorait un homme qui l'aimait fort peu... « peut-être pas du tout, qui ne lui procurait aucun « plaisir et souvent la traitait fort durement; ne lui « faisait aucun cadeau, ne s'occupait pas même de savoir « si elle avait le nécessaire... Et quelquefois pour sortir « au bras de son amant, pour lui faire honneur, la pauvre « fille ne mangeait pendant la semaine que du pain bien « dur afin de pouvoir s'acheter un bonnet le dimanche... « Enfin elle l'aimait! Tout est dans ce mot-là.

« Une circonstance toute naturelle vint encore aug- « menter l'amour d'Adèle, tandis qu'au contraire cela « parut diminuer celui de Charles : La jeune fille devint « mère; elle s'en réjouissait sans songer à son peu de res- « sources, son amant ne semblait pas, lui, se réjouir « d'un événement où il ne voyait qu'un surcroît de « gêne et d'embarras. Lorsque Adèle faisait déjà pour « l'avenir ces doux projets que fait toujours une mère « en pensant à son enfant, la figure de Charles s'allon- « geait, il ne paraissait nullement touché au tableau des « joies paternelles. Je voyais cela, moi, parce qu'alors « j'étais encore à Paris, et souvent j'accompagnais les « deux amants dans une promenade champêtre. Adèle « me parlait sans cesse de son enfant... de ce qu'elle « espérait en faire... soit que ce fût une fille ou un gar- « çon. Pendant qu'elle me disait cela, j'examinais Char- « les, qui ne soufflait pas mot; et quelque chose me di- « sait que les projets de la pauvre fille ne s'accompliraient « pas.

« Mais bientôt je me rengageai. J'avais pris goût pour « l'état militaire, et je dus partir pour l'Afrique où était « mon régiment. Je ne fus donc pas témoin des événe- « ments que je vais te raconter. Je t'expliquerai plus « tard comment je fus instruit de tout.

« Voyant approcher le moment où elle allait devenir « mère, et sachant bien que sa santé ne lui permettait « pas de nourrir elle-même son enfant, Adèle avait déjà « dit à son amant de s'occuper de trouver une nourrice « et Charles lui disait toujours d'être tranquille, de ne « point s'inquiéter de cela ; et la pauvre fille se privait « encore de tout pour préparer une petite layette à son « enfant.

« Le moment critique arriva, Adèle mit au monde un « garçon, et le soir même Charles emportait l'enfant « qu'on avait placé dans une petite bercelonnette, en « disant qu'il allait le porter à la nourrice. Adèle avait « eu une couche compliquée d'accidents graves, elle était « fort malade et incapable de voir ce qui se passait au- « tour d'elle.

« Au bout de six jours elle revint à la vie et fut en « état de parler ; alors son premier soin fut de s'infor- « mer de son fils. Il est en nourrice, lui répondit Charles, « il est en Bretagne, près de Rennes, c'est loin, mais il « est très-bien, et d'ailleurs comme nos moyens ne nous « permettraient pas d'aller le voir, peu importe qu'il soit « loin ou près. La jeune mère dut se contenter de cette « réponse. Petit à petit sa santé se rétablit, elle se remit « au travail, mais son plus grand bonheur était de pen- « ser à son fils et d'en demander des nouvelles à son « amant qui lui répondait toujours : — Il se porte fort « bien, vous n'avez pas besoin de vous en inquiéter.

« Cependant les mois s'écoulaient. La pauvre Adèle « ne pouvait pas obtenir d'autre réponse lorsqu'elle s'in- « formait de son enfant. Elle commençait à trouver sin- « gulier que jamais Charles ne voulût lui montrer une « lettre de la nourrice. Quand elle insistait pour savoir « le nom et l'adresse de cette femme à laquelle elle vou- « lait écrire, son amant se mettait en colère, lui répondait « que lui seul avait le droit de s'occuper de son fils, et

« la menaçait de cesser de la voir si elle revenait encore « sur ce sujet. La pauvre fille dévorait ses larmes mais « un secret pressentiment lui disait que cet homme au- « quel elle avait tout sacrifié, avait lâchement abandonné « leur enfant.

« — Bientôt Charles mit plus d'intervalle dans les « visites qu'il rendait à Adèle; puis des semaines s'écou- « laient quelquefois sans qu'il vint la voir. C'est que ce « monsieur avait trouvé une occupation plus lucrative, « c'est qu'il commençait à devenir plus heureux, à entre- « voir la fortune; mais au lieu de faire partager sa « nouvelle aisance à celle qui avait partagé sa misère, « il s'éloignait d'elle, il la fuyait, il semblait honteux de « l'avoir connue; enfin il ne cherchait plus qu'à rompre « entièrement une liaison qui lui pesait.

« Adèle s'apercevant du changement de son amant « lui dit un jour : — Abandonnez-moi, monsieur, puis- « qu'en devenant heureux vous cessez de m'aimer, aban- « donnez-moi, cessez de me voir, vous en avez le droit, « mais rendez-moi mon fils, il est plutôt à moi qu'à vous « car vous n'avez pas voulu le reconnaître. — Pas si « bête, répondit Charles. J'aurais fait là une belle affaire ! « Non, non, il y a déjà trop de jeunes gens qui com- « promettent, qui perdent leur avenir en se mettant sur « le dos des enfants dont ils ne sont pas toujours les pè- « res. — Est-ce pour moi que vous dites cela, monsieur, « s'écria Adèle, oseriez-vous douter aussi de ma con- « duite. — Je ne vous dis pas cela; mais je vous engage « à me laisser tranquille. J'ai été votre amant; je ne peux « pas l'être toujours, il n'y a rien d'éternel ici-bas. Je « romps avec vous... un peu plus tôt, un peu plus tard, « nous aurions toujours fini par là, et maintenant notre « liaison me serait préjudiciable... elle compromettrait « mes intérêts. — Encore une fois, monsieur, vous êtes « libre, mais rendez-moi mon fils.

« Charles haussa les épaules en répondant : — Qu'en « feriez-vous? vous gagnez à peine de quoi vous nourrir « vous-même, et vous voulez encore vous charger d'un en- « fant... — Que vous importe, monsieur, je veillerai, je « passerai les nuits s'il le faut, mais du moins j'aurai « mon fils avec moi. — Vous tomberiez malade au bout « de peu de temps et l'enfant manquerait de tout. Je « vous assure qu'il est beaucoup mieux où il est. — « Mais où est-il donc, enfin... Mon Dieu!... je crains de « l'avoir deviné... Au lieu de le mettre en nourrice, vous « l'avez abandonné... — Vouliez-vous que je me fisse « voleur pour payer les mois de nourrice? — Ah! c'est « affreux, c'est indigne!... mais maintenant, vous êtes plus « heureux, votre position est changée... Eh bien! ces pau- « vres enfants qu'on confie à la charité... à ces maisons « fondées pour en avoir soin... ces enfants, on m'a dit « qu'en payant une certaine somme, on pouvait toujours « les réclamer et qu'il vous étaient rendus. Charles, vous « n'êtes plus pauvre maintenant, vous irez reprendre vo- « tre fils... — Je m'en garderai bien, pour que plus tard « cet enfant vienne m'appeler son père... me poursuivre « à la promenade... me faire des scènes sentimentales « quand je me trouverai en société... et peut-être près « d'une demoiselle riche à qui je ferais la cour pour l'é- « pouser... c'est toujours ces moments-là que l'on choisit « pour envoyer un petit bambin mal débarbouillé qui « se pose devant vous, en s'écriant : « Bonjour, mon petit « papa! » On fait une drôle de mine alors. Chacun vous « regarde d'un air courroucé. Vous avez beau dire : « Mais je ne connais pas cet enfant-là! Je ne l'ai jamais « vu... il ne m'est de rien... » Le coup est porté? Le beau- « père prend des informations... on exagère vos folies « de jeunesse, et votre mariage est manqué. Non, je ne « m'exposerai point à cela.

« Adèle eut beau jurer à Charles que s'il lui rendait

« son fils, jamais elle ne dirait à cet enfant le nom de son « père, ce monsieur fut inflexible, il la quitta brutale- « ment et à dater de ce jour ne remit plus les pieds chez « elle. La pauvre fille lui écrivit plusieurs lettres pour lui « redemander son enfant, mais ces lettres restèrent sans « réponse. Elle vit bien qu'il fallait renoncer à l'espoir de « changer sa résolution.

« Sept années s'écoulèrent, j'avais obtenu un congé; « j'étais à Paris, mon premier soin fut de me rendre « chez mes anciennes connaissances. J'allai d'abord « à la demeure de Charles, il avait quitté son logement « et son premier commerce, il n'y avait plus moyen de « le revoir ; enfin un de nos amis communs que je ren- « contrai m'apprit que Charles qui ne s'appelait plus « que M. Duhautcours, était devenu homme d'affaires, « qu'il en faisait de très-bonnes, qu'il s'était marié et « qu'il avait déjà un état de maison. Tant mieux « m'écriai-je, cette pauvre Adèle est donc enfin aussi « heureuse qu'elle le mérite. Adèle ! me dit-on, mais « il y a longtemps qu'il l'a quittée, et par conséquent « ce n'est pas elle qu'il a épousée ; il a pris pour femme « une jeune fille riche et qui avait une belle dot.

« A peine eus-je entendu ces paroles que je courus « chez celle que j'avais toujours vue si dévouée, si atta- « chée à Charles au temps de sa misère. Je trouvai « la pauvre Adèle toujours dans sa petite chambre man- « sardée, courbée sur son ouvrage, mais pâle, amaigrie, « ruinée par une maladie de poitrine que le chagrin avait « augmentée encore. En me reconnaissant, elle me « tendit la main, et des larmes roulèrent dans ses yeux.

« Je sais tout, lui dis-je, il est riche, maintenant, il « vit dans l'opulence, et il vous a abandonnée !... mais « votre enfant... car vous étiez enceinte quand je suis « parti, a-t-il soin de votre enfant, au moins ?

« C'est alors que la pauvre fille me raconta en pleu-

« rant tout ce que je t'ai dit tout à l'heure, mais voici « ce qu'elle ajouta : J'avais comme un secret pressenti- « ment que mon fils pourrait m'être enlevé... j'avais « aussi entendu dire que quelquefois les nourrices se « trompaient d'enfants, que lorsqu'ils étaient si jeunes, « elles pouvaient, en ayant plusieurs chez elles, mettre « l'un dans le bereeau de l'autre sans y faire attention, « puis enfin, sans le vouloir, sans s'en douter elles-mêmes, vous rendre un autre enfant à la place de celui « que vous leur aviez confié. Poursuivie par ces idées, « et sans le dire à Charles, j'avais écrit sur un papier, « placé au fond du berceau de mon fils : « Cet enfant se « nomme Isidore, et sa mère Adèle Dubois, il est né le « 21 juillet 1831. » J'ai attaché à son cou un ruban bleu « auquel est suspendue une petite croix en or, sur laquelle « est gravée, avec mon chiffre la date ci-dessus : « Je « désire que mon fils porte toujours cette petite croix. » « Voilà ce que renfermait le berceau dans lequel était « ce pauvre enfant, lorsque son père l'a emporté en me « disant qu'il allait le confier à une nourrice. D'après « cela, vous voyez combien il serait facile de ravoir, « de retrouver mon enfant, si son père voulait bien « donner aussi tous les renseignements indispensables « pour faire les démarches nécessaires. Mais depuis « qu'il est riche, Charles, ne veut plus me voir, il ne « m'est plus possible de l'aborder. Si vous êtes plus « heureux que moi, monsieur Franville, si vous arrivez « jusqu'à lui, de grâce parlez-lui de mon fils et suppliez-« le encore de le rendre à sa mère qui ne voudrait pas « mourir sans l'avoir revu.

« Tu penses bien, mon cher Gerbier, que je promis « à la pauvre Adèle de remplir ses intentions. Oui, lui « dis-je, je verrai Charles, dussé-je pour cela forcer les « consignes et rosser ses valets, puisqu'il en a mainte-« nant !... Il faut non-seulement qu'il vous rende votre

« fils ; mais puisqu'il est à son aise, il faut qu'il paye « la pension de cet enfant jusqu'à ce qu'il soit d'âge à « se suffire à lui-même.

« Dès le lendemain je me mis en course. Je sus bientôt où demeurait notre homme, mais le difficile était « de parvenir jusqu'à lui. M. Duhautcours avait déjà « toute la morgue d'un sot parvenu, il faisait dire qu'il « n'y était pas, ou qu'il ne pouvait pas recevoir. J'y mis « de l'obstination et je parvins enfin jusqu'à lui. En me « reconnaissant, il fit la grimace, cependant j'étais de« venu sous-lieutenant, et cela le rendit presque poli. « Je le tutoyais comme autrefois, mais lui, ne me tu« toyait pas. Enfin, après l'avoir félicité sur sa nouvelle « position, j'arrivai au but principal de ma visite : je « lui parlai d'Adèle, de son fils ; ce monsieur prit alors « un air renfrogné, fronça le sourcil, me dit qu'il était « marié et ne devait plus se souvenir des erreurs de sa « jeunesse. Vous devez vous en souvenir pour les répa« rer, lui dis-je, et puisque la fortune vous a souri, puis« que vous êtes devenu riche, votre devoir est de rendre « cet enfant à sa mère... Vous savez bien que la malheu« reuse Adèle ne lui dira jamais le nom de son père et « ne se permettra aucune démarche qui puisse vous « compromettre. Mais je prêchais dans le désert, M. Du« hautcours me répondit très-sèchement qu'il ne recon« naissait à personne le droit de se mêler de ses affaires, « et il me tourna le dos en m'annonçant qu'il ne voulait « plus rien entendre sur ce sujet.

« La conduite de cet homme me révolta, il me fallut « retourner près d'Adèle sans avoir rien obtenu. La pau« vre fille s'y attendait.

« — Cet homme n'a point de cœur, me dit-elle, je suis « punie d'avoir si mal placé mon amour.

« Six semaines plus tard, la pauvre fille quittait la « vie, en me disant encore de sa voix si douce et si tou-

« chante : « Franville, quand je serai morte n'oubliez « pas mon fils... son père ne sera peut-être pas toujours « si dur pour lui... il peut survenir des événements qui « changent ses sentiments... Je vous en prie, mon ami... « ne le perdez pas de vue... et parlez lui toujours de mon « fils. » Je lui jurai de remplir ses derniers vœux... et « j'ai tenu parole. Forcé de rejoindre mon régiment, je « retournai en Algérie. Cinq années plus tard, à la suite « d'une affaire, je fus blessé et obligé de quitter le ser- « vice, parce que la jambe gauche est toujours en retard. « Je suis revenu à Paris... j'ai appris que la fortune de « Duhautcours n'avait fait que croître et embellir, qu'il « s'était marié deux fois, qu'il était veuf et million- « naire. Bon, me dis-je, puisqu'il a tant d'argent, il n'est « pas possible qu'il refuse encore de faire quelque chose « pour le fils d'Adèle... qui est bien son fils aussi, et il « ne saurait en douter. Je me remis donc à faire anti- « chambre chez le fastueux Duhautcours, enfin je parvins « jusqu'à lui. Il fit de nouveau la grimace en me recon- « naissant. Je lui fis encore compliment du rapide che- « min qu'il avait fait. Il m'écoutait d'un air assez imper- « tinent, et pourtant je ne le tutoyais plus. Ennuyé du « ton protecteur qu'il osait prendre avec moi, je me mis « à lui parler comme autrefois. Je l'appelai Charles tout « court et lui demandai dans quelle pension il avait « placé le petit Isidore. Alors ce monsieur devint furieux, « il m'aurait fait mettre à la porte s'il l'avait osé!... Je « ne lui en laissai pas le temps! Mais avant de le quit- « ter, je me donnai le plaisir de lui dire ce que je pensais « de sa conduite et de le traiter comme il le méritait. « Depuis ce jour, je ne me suis pas présenté de nouveau « chez lui, où bien certainement je n'aurais pas été reçu. « Mais chaque fois que le hasard m'a fait rencontrer Du- « hautcours, chaque fois que je me suis retrouvé seul « avec lui, je n'ai pas manqué de lui rappeler le fils d'A-

« dèle, qui, maintenant, s'il existe encore, doit avoir « vingt ans et quelques mois. Mais j'ai toujours trouvé « à cet homme le cœur aussi sec, aussi dur... Aussi suis-« je resté tout surpris quand tu m'as dit qu'il était amou-« reux de ta fille. A présent, tu connais comme moi M. Du-« hautcours, tu vois que je ne t'ai pas trompé en t'an-« nonçant que tu pourrais lui en dire bien plus long que « tu ne le croyais.

« — Merci, mon cher Franville, merci, » dit Gerbier en prenant la main de son ami. « Oui, je suis bien aise « de connaître le passé de cet homme qui voudrait sé-« duire ma fille; car, en lui reportant ses présents, je ne « me gênerai point pour lui en toucher quelques mots... « Tu me le permets, n'est-ce pas?

« — Tout ce que tu voudras!... J'ai remarqué, d'ail-« leurs, qu'avec les méchants la douceur ne réussit ja-« mais. Je t'abandonne le Duhautcours; traite-le selon « ses mérites.

« — Et cet homme a une fille, dit-on, à laquelle il ne re-« fuse rien.

« — Oui; il a aussi un fils... Et on prétend qu'il aime « ses enfants... cela me passe... je n'y conçois rien! D'où « vient donc cet amour paternel qui est tout à coup arri-« vé à ce monsieur ?... Ah! les hommes sont incom-« préhensibles...

« — Dès demain j'irai lui faire ma visite... Veux-tu m'ac-« compagner?

« — Je le veux bien... Je sais que ma présence lui est « désagréable, j'irai avec toi.

« — C'est convenu. Maintenant, allons rejoindre les « enfants... Allons souper, et plus un mot de tout « cela.

« — Ah! voilà papa! » s'écrient les enfants en voyant revenir leur père et en courant l'embrasser.

Gerbier s'asseoit, prend ses deux petits garçons sur

ses genoux, reçoit les caresses de ses filles, et dit en souriant à Franville :

« — Et ce monsieur qui trouve que j'en ai trop !... Ah !
« il ne sait pas que je suis plus riche que lui. »

Le lendemain à midi, Gerbier quittait son imprimerie et rentrait chez lui pour y prendre le carton que la veille on avait remis à sa fille. En descendant son escalier il rencontre Franville qui venait le rejoindre, et tous deux se dirigent vers la rue du Helder, à la demeure de Duhautcours.

C'était seulement à cette heure que le capitaliste était visible, et encore souvent on attendait en vain ; il y avait toujours tant de monde qui avait affaire à lui, tant de gens qui venaient solliciter sa protection pour obtenir un emploi dans une nouvelle entreprise, ou la faveur de mettre des fonds dans une spéculation, que les derniers venus étaient renvoyés sans pouvoir obtenir d'audience.

Lorsque les deux amis se présentent, le salon d'attente était garni de personnages de tout âge, de tous rangs, qui sollicitaient un moment d'entretien du millionnaire, de l'homme heureux auquel toutes les spéculations réussissaient. Le bonheur est un aimant qui attire tout à lui ; on veut en approcher, s'y frotter pour tâcher d'en attraper quelques parcelles.

« — Est-ce que nous allons faire la queue après tout
« ce monde-là ? » dit Gerbier à son ami, tout en tenant le beau carton sous son bras.

« — Non... il y a un moyen d'être introduit tout de
« suite... Tu vas voir... Je gage qu'il réussira. »

Et Franville, s'approchant d'un domestique à belle livrée, lui dit tout bas :

« — Veuillez dire en secret à votre maître qu'une per-
« sonne désire lui parler de la part de mademoiselle
« Georgina... et qu'on ne peut pas attendre. »

Le domestique va faire sa commission. Il revient bientôt et fait signe aux deux amis de le suivre. Après les avoir fait passer par plusieurs couloirs dérobés, il leur ouvre un petit cabinet de toilette et leur dit :

« — Restez ici, monsieur va s'y rendre dans un ins-« tant. »

En effet, à peine les deux amis ont-ils eu le temps d'examiner l'élégance, la richesse des objets qui frappent leurs regards, qu'une autre porte s'ouvre et Duhautcours paraît. En se trouvant devant le père de Georgina, en apercevant Franville avec lui, il change de couleur; mais, s'efforçant de se remettre, il prend un air aimable et murmure :

« — Quoi... c'est mon locataire, monsieur Gerbier... « et notre ancienne connaissance, monsieur Franville... « Quel motif vous amène chez moi, messieurs ? Pourrais-« je vous être bon à quelque chose?... J'en serais en-« chanté.

« — Le motif qui m'amène, tenez, le voilà, monsieur, » dit Gerbier en présentant le carton à Duhautcours.

Celui-ci regarde, en se pincant les lèvres, l'objet qu'on lui montre, puis répond d'un air indifférent :

« — Je ne comprends pas encore... Veuillez vous ex-« pliquer...

« — Oh! que si, monsieur, vous me comprenez fort « bien; car vous devez reconnaître ce carton... il ren-« ferme deux cachemires et une petite boite avec des « diamants... Tenez, monsieur, tout y est... voyez... Je « suis bien aise de vous faire voir que rien ne man-« que.

« — Eh bien, monsieur Gerbier, qu'est-ce que cela me « fait, à moi, que rien ne manque... Que m'importe ce « qu'il y a ou ce qu'il n'y a pas dans ce carton... que vous « mettez sous mes yeux, je ne sais pourquoi!...

« — Vous ne savez pourquoi ?... Allons, monsieur, ne

« dissimulez plus, c'est inutile... C'est vous qui avez en-
« voyé hier ce carton à ma fille Georgina.

« — Moi !... Qui diable a pu vous mettre cela dans l'i-
« dée ?...

« — Votre concierge, qui l'a avoué. »

Duhautcœurs se mord les lèvres davantage, puis s'é-
crie :

« — Mon concierge est un sot, un imbécile... il a
« menti... je le chasserai dès ce soir...

« — Vous le chasserez si vous voulez, ça m'est bien
« égal, ce n'en est pas moins vous qui avez envoyé ces
« riches parures à ma fille...

« — Je vous répète que vous vous trompez... Si celui
« qui a donné ce carton au concierge a dit qu'il venait
« de ma part... c'est un mensonge qu'il a fait. Et à pro-
« pos de quoi, monsieur Gerbier, irais-je envoyer ces
« présents à votre fille ?

« — Et à propos de quoi, monsieur, lui avez-vous
« parlé l'autre soir dans la rue... A propos de quoi lui
« avez-vous proposé d'habiter un hôtel, d'avoir une voi-
« ture à ses ordres, des toilettes ravissantes, des domes-
« tiques pour la servir, d'être une fille entretenue enfin...
« et de déshonorer son père... Dites, monsieur, répon-
« dez... mais répondez donc ?... »

Gerbier s'était animé en parlant, ses yeux lançaient des éclairs, et il s'était avancé sur Duhautcœurs qui, confondu, atterré, reculait devant lui, car il ne croyait pas que Georgina ferait part à son père de ce qu'il lui avait dit, et en voyant que celui-ci sait tout, il ne trouve plus un mot à répondre.

« — Eh bien ! monsieur, vous ne dites plus rien, » reprend Gerbier, « vous voyez qu'il n'y a plus moyen
« de me tromper. Vous aviez cru, sans doute, que ma
« fille ne me raconterait pas tout cela... Vous espériez
« l'éblouir avec vos superbes propositions... Mais vous

« vous étiez mal adressé... Ma fille est honnête... Elle « veut rester honnête... Elle préfère cela au luxe, à « vos cadeaux... C'est rare, n'est-ce pas... mais enfin « vous voyez que cela se rencontre encore... Elle n'a « pas de secrets pour son père, et moi, monsieur, je « viens vous demander de quel droit vous osez insulter « ma fille en la croyant capable de vous écouter... Je « viens vous demander raison de votre conduite, car « vous vouliez porter la honte, le déshonneur dans « ma famille... et je ne suis pas d'humeur à endurer « cela... Vous devez m'entendre, monsieur, je viens « pour avoir réparation d'une insulte... J'ai amené « Franville avec moi... C'est un brave, il sera mon « témoin. Allons, monsieur, choisissez le vôtre, et « rendons-nous sur le terrain. »

Duhautcours voudrait pouvoir reculer encore, mais il est tout contre un meuble, il faut qu'il reste là.

Après avoir réfléchi quelque temps, il se rappelle qu'il est riche, que le duel est défendu, et reprenant un ton arrogant, il s'écrie :

« — Monsieur, je vous répète que je ne sais pas ce « que vous voulez me dire... J'ai causé avec mademoi- « selle votre fille... c'est vrai... mais elle a sans doute « fort mal interprété ce que je lui disais... Elle s'est « effarouchée de quelques propos galants... comme « on en débite à toutes les jolies femmes... J'ai pu lui « dire qu'elle méritait d'habiter un hôtel, d'avoir une « voiture !... Mais lui proposer tout cela... quelle plai- « santerie... Je ne vous dois donc aucune réparation, « puisque je ne vous ai pas offensé.

« — Et ce carton, monsieur, ces cachemires, ces « diamants... Avec ces mots : pour la charmante Geor- « gina ?

« — Encore une fois, ce n'est pas moi qui vous ai « envoyé cela !

« — Vous le niez toujours ?... Voulez-vous que je « vous apprenne de qui cela vient alors... Je vais vous « le dire... Celui qui a envoyé ces présents est un homme « riche... immensément riche... qui, dans sa jeunesse « a mis aux Enfants trouvés un fils qu'il avait eu d'une « pauvre fille toute dévouée pour lui ; alors il était sans le « sou... c'est vrai... Admettons que sa position rende « cette faute excusable... mais il est devenu million- « naire... et il refuse de rechercher l'enfant qu'il a « abandonné... il fait à une jeune fille qu'il veut sé- « duire un présent qui vaut peut-être dix mille francs... « et avec une centaine de francs il aurait rendu son « fils à une pauvre mère qui le redemandait sans cesse... « et il ne l'a pas voulu... voilà, monsieur, quel est. « l'homme qui a envoyé ce carton à Georgina... il est « gentil, n'est-ce pas ? »

Duhautcours ne répond rien, mais il jette sur Franville un regard furieux. Celui-ci se borne à faire un petit mouvement d'épaules qui signifie : « Est-ce que « tout cela n'est pas vrai ? »

« — Et maintenant, monsieur, » reprend Gerbier, « je « n'ai plus qu'une chose à vous dire, c'est que je vous « donne congé, non pas pour le terme prochain, mais « pour celui qui court... l'époque où on le donne est « peut-être passée, mais je m'en moque, et vous vou- « drez bien le revoir comme cela.

« — En vérité, monsieur Gerbier, je ne comprends pas « pourquoi vous voulez quitter ma maison...

« — Vous ne comprenez pas ?... c'est cependant bien « simple, c'est que je ne me soucie plus de vous rencon- « trer, et que ma fille Georgina ne s'en soucie pas plus « que moi.

« — Tout ceci est la suite d'un malentendu qu'il « faut oublier... d'ailleurs, si ma vue vous est désa- « gréable, vous savez bien que je ne vais presque ja-

« mais dans ma maison de la rue des Petites-Ecuries...

« — Oh ! laissez donc... vous viendrez voir si les cheminées fument. Non, monsieur, c'est une chose décidée, « nous ne voulons plus vous avoir pour propriétaire... « ainsi, vous acceptez notre congé, c'est convenu... votre « suisse aura l'argent le jour même... et s'il se permettait ensuite de faire la moindre difficulté pour me laisser emporter mes meubles... mais je suis tranquille, il « ne s'en permettra pas. Maintenant, viens, Franville, « nous n'avons plus rien à faire ici. »

Les deux amis sortent sans saluer Duhautcours, qui est demeuré immobile et garde le silence, ne comprenant pas qu'avec ses millions il puisse rencontrer des obstacles à ses volontés.

XVI

UNE PORTE DIFFICILE A OUVRIR.

Auguste et son ami Isidore se sont trouvés très-bien couchés dans l'hôtel de la rue d'Amsterdam, et en s'éveillant le matin dans cette chambre élégante, confortable en tout, et qui ressemble si peu à l'espèce de grenier qu'ils habitaient au-dessus de mademoiselle Philiberte, ce petit dialogue s'établit entre les deux jeunes gens:

« — Dis donc! eh! là-bas, toi, Auguste, est-ce que tu « dors encore?...

« — Ma foi, je m'éveille à l'instant... on est si bien « ici... si mollement couché... parole d'honneur on passe- « rait sa vie dans son lit...

« — Tu vas un peu trop loin... mais ce qu'il y a de « certain, c'est qu'on est au mieux dans cet hôtel... et « comme pour le moment nous étions loin d'avoir chez « nous toutes ces petites douceurs qui embellissent l'exis- « tence, il me semble qu'il faut nous arranger pour « rester ici longtemps... aussi longtemps que ton oncle « restera à Paris... parce que naturellement nous som-

« mes dans cet hôtel sous sa recommandation, et c'est « lui qui payera notre dépense...

« — Je ne demande pas mieux, mais notre porte ne « peut pas résister toujours aux efforts des serruriers...

« — Ne t'inquiète pas de cela, ça me regarde... je ne « manquerai pas de raisons à donner... entre nous, cher « ami, ton oncle que je vénère, que je porte dans mon « cœur, ne me fait pas l'effet d'avoir inventé les clyso- « pompes... autrement dit, je le crois facile à faire tour- « ner. Il a de l'amour-propre, il veut encore avoir l'air « d'un jeune homme, voilà des faiblesses que nous « mettrons à profit pour le retenir à Paris, pour qu'il y « prolonge son séjour indéfiniment... car tant qu'il y « sera, nous vivrons bien, nous nous amuserons, nous « ferons joyeuse vie, et c'est lui qui payera, cela va tout « seul, les neveux n'ont pas l'habitude, de payer pour « leur oncle. Il a fait un héritage !... un héritage plus « considérable qu'il ne le pensait, et sur lequel il ne « comptait pas...

« — Et dont il n'a pas besoin, » dit Auguste, « car il est « fort à son aise. Mon oncle Langlumot a bien douze « mille francs de rente, sans compter sa maison à « Lisieux, qui est très-belle, et son clos qui est très- « grand...

« — Comment ! il a douze mille francs de rente, une « maison et une clos... et il remporterait là-bas son hé- « ritage... nous ne devons pas souffrir cela... il doit le « manger avec nous.

« — Si tu le fais souvent jouer au billard comme hier, « cela ira vite...

« — Silence, gros Auguste... mon cher ami, quand j'ai « eu l'avantage de faire ta connaissance, que t'ai-je dit ?

« — Tu m'as dit : « Votre caractère me plait, le mien « vous va... soyons amis ; renouvelons *Achille* et *Patrocle*, « *Oreste* et *Pylade*, *Pythias* et *Damon*, mettons tout ce que

« nous avons en commun... j'ai dit : Je le veux bien. Seu-
« lement alors j'avais encore sept ou huit cents francs
« devant moi; toi, tu n'avais pas un centime... voilà ce
« que nous avons mis en commun...

« — Vous ne dites pas tout, gros Auguste, j'avais, ce
« qui vaut mille fois mieux que l'argent... j'avais le
« génie, l'imagination... l'esprit !... avec lesquels on se
« crée des ressources lorsque l'argent fait défaut; de ce
« côté-là, cher ami, vous ne pouvez pas vous flatter d'être
« aussi riche que moi... j'espère ?. . mais, de votre côté,
« vous avez la force physique... vous boxez comme un
« Anglais ; quand vous enlevez votre homme, vous le
« jetez en l'air comme une plume... voilà votre apport
« dans l'association. Je me suis dit : dans notre existence
« de plaisirs, de folies, on rencontre quelquefois des gens
« de mauvaise humeur qui ne prennent pas bien les plai-
« santeries... moi, je suis mince, délicat, je ne suis pas
« fort, enfin, eh bien, Auguste sera là pour rosser ceux
« qui se fâcheront... il me semble que c'était assez bien
« imaginé... comme cela à nous deux nous réunissons
« tout... aussi, depuis que nous sommes inséparables,
« nous avons filé des jours tissés d'or et de soie...

« — Mon argent a filé aussi, nous n'avions plus de cré-
« dit, et sans mademoiselle Philiberte, chez qui nous
« trouvions encore la table et le logement, puisque la
« petite pièce mansardée où nous couchions dépend de
« son appartement... nous étions sur le pavé...

« — Eh bien !... cette hospitalité que nous a offerte
« cette blanchisseuse digne d'être Écossaise, croyez-vous
« que ce soit à vos grosses joues que nous la devons...
« ne savez-vous pas que depuis longtemps cette indus-
« trielle en tient pour votre ami... parce que je lui ai dit
« que je l'épouserai peut-être quand je retrouverai mes
« parents... promesse que je n'ai nullement l'intention
« de tenir...

« — Est-ce que vraiment tu as l'espoir de les retrou-« ver, tes parents?...

« — Pourquoi pas? on a vu des choses plus extraor-« dinaires... j'ai tous les renseignements à fournir pour « me faire reconnaître... les noms, les dates...

« — Et qui te fait penser que tes parents sont riches...

« — Quant à cela, cher ami, je n'ai aucune certitude, « mais voilà ce que je me suis dit : « Lorsqu'en se sépa-« rant de son enfant on a bien soin de mettre dans son « berceau un écrit avec les noms, prénoms, dates, tout « ce qui est nécessaire pour le reconnaître plus tard, « c'est qu'on a l'intention de lui rendre un jour la posi-« tion dont on a été momentanément forcé de le priver... « ce ne sont pas ordinairement les pauvres diables qui « font cela... tant de soins, tant de précautions an-« noncent quelque chose pour l'avenir... Voilà pourquoi « je puis espérer de trouver un jour mes parents... d'a-« voir une brillante position... les enfants si bien recom-« mandés arrivent toujours... et c'est pour cela que j'ai « trouvé bon de...

« — De quoi?...

« — Il est inutile que je t'en dise davantage. Levons-« nous vivement et allons présenter nos devoirs à notre « oncle... ne le laissons pas déjeuner sans nous... ce « serait une faute impardonnable? »

Les deux jeunes gens s'habillent et se rendent près de Langlumot qui est en train d'achever sa toilette.

« — Bonjour, cher oncle...

« — Ah! messieurs, je vous salue... je me disais : « est-ce qu'ils sont partis sans me dire adieu!

« Ah! cher oncle, pour qui nous prenez-vous... et « d'ailleurs, avant de partir, il faut être certain de pou-« voir arriver... Je vais écrire un mot à mademoiselle « Philiberte, afin de savoir si notre porte est ouverte... « J'enverrai un commissionnaire... il ira pendant que

« nous déjeunerons... car vous déjeunez, n'est-ce pas « notre oncle?...

« — Certainement, mais habituellement je prends ce « repas ici... on m'y sert tout ce que je veux et c'est « fort bon.

« — Alors, mon oncle, nous déjeunerons ici avec « vous...

« — Volontiers, messieurs... je vais donner des or- « dres en conséquence...

« — Je vous préviens, notre oncle, que j'ai grand « appétit !

« — Soyez tranquille... Oh ! la maison est bonne...

« — Est-il frais et vermeil, ce matin, notre oncle...

« — Et comme il sent bon... le jasmin... l'orange...

« — Est-il coquet !... vous vous parfumez !...

« — Ma foi, je mets ce que je trouve là, sur cette toi- « lette... c'est très-confortable dans cet hôtel... Allons, « écrivez votre lettre... je vais commander le déjeu- « ner... »

Isidore sait ce qu'il doit écrire à mademoiselle Philiberte ; sa missive est bientôt écrite et envoyée, puis on se met à table devant un joli déjeuner que l'on sert dans une pièce qui précède la chambre de Langlumot.

Tout en déjeunant, Isidore dit au provincial :

« — Que comptez-vous faire aujourd'hui, notre oncle, « avez-vous des projets?...

« — Je comptais aller faire une petite promenade au « bois de Boulogne, qui, à ce que j'ai appris par les « journaux, est en train de devenir un séjour enchanté, « un jardin anglais, enfin, qui n'est pas reconnaissa- « ble...

« — Voilà une excellente idée... Oui, le bois de Bou- « logne est totalement transformé, vous y verrez des ri- « vières, des rochers, des cascades.

« — Y a-t-il encore des arbres?

« — Oui, mais moins qu'autrefois. De plus, vous y « verrez des femmes charmantes, des toilettes éblouis- « santes... C'est là maintenant que la belle société se « donne rendez-vous de trois à six heures...

« — Oh! alors, je me mettrai en habit!

« — Je vous le conseille. Pardieu, nous irons avec « vous, cher oncle... Il y a souvent par là des actrices... « des danseuses de l'Opéra... nous vous les ferons con- « naître.

« — Cela me fera plaisir... Mais dites-moi, je pense « que vous ferez aussi un peu de toilette, toi surtout, « Auguste, tu as un paletot bien usé...

« — Oui, c'est vrai, il est un peu négligé... mais c'est « que...

« — Soyez tranquille, notre oncle, » reprend vivement Isidore, en marchant sur le pied de son ami pour qu'il se taise. « Nous irons chez nous changer de tout... oh! « nous vous ferons honneur... on nous cite à Paris pour « notre mise... c'est nous qui donnons les modes!... « nous sommes ce qu'on appelle des beaux!

« — Vraiment? Eh bien cela ne me déplaît pas... « j'aime que les hommes aient de l'élégance... cela séduit « toujours les femmes...

« — Ah! scélérat d'oncle!... comme vous les connais- « sez bien!... mais j'aperçois mon commissionnaire... « ah! il tient une lettre... qui vous a remis cela?...

« — La blanchisseuse de fin...

« — Très-bien... voilà pour vous... allez... et mainte- « nant voyons ce que nous écrit mademoiselle Phili- « berte...

« — Lis tout haut, dit Auguste.

« — C'est bien ce que je vais faire... cette blanchisseuse « de fin écrit toujours en gros... mais ceci est un détail... « lisons :

« Monsieur Isidore et monsieur Auguste... (elle nous « écrit collectivement) je dois vous prévenir que votre « porte n'est point ouverte... (Ah ! sapristi... et pourquoi « donc cela...) point ouverte... Ce matin seulement on « a pu trouver un habile serrurier, il a passé plus de « deux heures après votre serrure, puis il y a renoncé « en disant : C'est une serrure de sûreté inventée par *Fi-* « *chet*, le plus malin y perdrait son latin...

« — Ah! voilà qui est bien contrariant! » s'écrie Langlumot, « mais pourtant il faudrait...

« — Attendez, notre oncle, je n'ai pas fini, laissez-moi « achever la lettre... « y perdrait son latin. Le serrurier « étant parti, d'après vos ordres, monsieur Isidore, je « voulais faire briser la porte...

« — Comment ? » dit Auguste, « tu voulais qu'on « brisât la porte...

« — Ma foi oui !... les grands expédients. Je ne con- « nais que ça ! et puis il est très-désagréable d'être sans « le sou et dans ce négligé à la porte de chez soi... « mais laisse-moi donc finir... « Je voulais faire briser « la porte... mais lorsque j'eus fait part de mon inten- « tion au concierge, il s'est mis en fureur en criant : « Mademoiselle, je n'entends pas qu'on brise rien dans « la maison... le propriétaire est absent, mais en son « absence je réponds de tout... Il est donc inutile que « vous alliez chercher quelqu'un pour faire enfoncer la « porte de ces messieurs, car je ne laisserai pas donner « le plus léger coup de marteau dessus. Quand le pro- « priétaire sera revenu, alors, ça le regardera ; mais, « jusqu'à son retour, je réponds de la maison et on ne « détruira rien... » C'est en vain que j'ai voulu faire « entendre raison à ce portier ; il est entêté comme un « mulet... il faut donc prendre votre parti, messieurs,

« et rester où vous êtes jusqu'à ce que ce propriétaire « revienne de la campagne... J'oubliais de vous dire « qu'on ne l'attend que dans quinze jours !

« Votre servante, PHILIBERTE. »

« — Nous voilà gentils ! » s'écrie le gros Auguste, lorsque son ami a terminé la lecture de la lettre. « Et « on n'attend ce propriétaire que dans quinze jours...

« — C'est bien fâcheux que vous ayez mis à votre « porte une serrure *Fichet !* » dit Langlumot. « Quelle « diable d'idée vous avez eue là...

« — Écoutez donc, notre oncle, c'est une garantie « contre les voleurs... moi, j'ai une très-belle garde- « robe... Auguste a des livres de science très-précieux... « et qui coûtent cher à acheter... Enfin, que voulez- « vous ?... c'est un malheur... mais quand nous nous « ferons du mauvais sang, cela ne remédiera à rien. « C'est quinze jours que nous passerons avec vous dans « cet hôtel... où du reste on est très-bien...

« — Mais je comptais repartir dans huit jours, moi !...

« — Bah ! mon oncle... pendant que vous êtes à Paris, « il faut vous y amuser... voir tout ce qu'il y a de nou- « veau... aller à tous les spectacles... vous n'avez pas « trop de quinze jours...

« — Mais Hortense, ma femme !...

« — Vous lui écrirez que la succession n'est pas « encore liquidée...

« — C'est vrai... je peux lui écrire cela...

« — Par exemple, comme nous ne pouvons pas aller « avec vous dans ce négligé, vous allez, cher oncle, « prêter à votre neveu Auguste un billet de cinq cents « francs avec lequel il ira au *Prophète* ou à *François Pre-* « *mier*, acheter de quoi se vêtir gentiment... Je l'y ac- « compagnerai, je ferai aussi quelques petites emplettes

« bientôt vous nous reverrez brillants comme des « soleils ?...

« — Diable... mais cinq cents francs...

« — Qu'est-ce que cette misère pour un homme qui « vient d'hériter...

« — Et qui a touché plus qu'il n'espérait !...

« — D'ailleurs, notre oncle, je vous réponds de mon « ami... il vous remboursera avec son premier ma- « lade...

« — Allons... puisqu'il le faut... mais pourquoi diable « avoir mis une serrure Fichet à votre porte ?... »

L'oncle se décide à fouiller dans le portefeuille et il donne un billet de banque à Auguste. Les deux jeunes gens étreignent Langlumot dans leurs bras, puis sortent vivement pour aller visiter le magasin de confection.

Au bout de deux heures ils reviennent à l'hôtel. Ils ne sont plus reconnaissables, ils sont tout neuf des pieds à la tête. A Paris, avec moins de cinq cents francs, deux hommes peuvent parfaitement s'habiller, surtout quand on tient moins à la qualité des étoffes qu'à l'effet que l'on veut produire.

Langlumot est tout émerveillé du changement qui s'est opéré dans les deux jeunes gens, qui joignent à leur toilette cette tournure, cette désinvolture qui en double l'effet.

« — Comment nous trouvez-vous, notre oncle? » dit Isidore en se posant sur la hanche.

« — Ma foi, messieurs, vous êtes charmants... vous « êtes d'une élégance... vous n'êtes pas reconnaissables !... « Comment avez-vous fait pour trouver en si peu de « temps, des vêtements qui vous vont si bien... car on « jurerait que tout cela a été fait pour vous !

« — A Paris, pourvu qu'on ait de l'argent, rien de si « facile que de se transformer des pieds à la tête... main- « tenant surtout qu'il y a des magasins de confection,

« où vous pouvez choisir dans des milliers d'habits, de « paletots, de jaquettes, de pantalons, de gilets... Il y « en a pour toutes les tailles, pour toutes les grosseurs, « pour tous les âges... vous n'avez que l'embarras du « choix. Ah! par exemple, vos cinq cents francs y ont « passé, mais nous tenons à vous faire honneur. Et main« tenant au bois de Boulogne... Avez-vous retenu une « calèche?

« — Non, est-ce qu'il faut avoir une calèche pour s'y « promener?

« — C'est indispensable!... sous peine d'avoir l'air de « *croquants*, comme disaient nos aïeux... qui avaient des « mots très-jolis et que je veux remettre à la mode... « Mais venez, notre oncle, je connais par ici un loueur « de voitures... je pense que nous y trouverons ce qu'il « nous faut.

« — Eh bien, partons, messieurs, ah! Auguste, j'y pen« se... puisque tu vas passer quelques jours dans cet hôtel, « as-tu dit que tu étais médecin?

« — Je ne crois pas, mon oncle...

« — Je vais le dire en sortant, car il est possible que « quelqu'un y devienne malade et alors tu pourrais y « montrer tes talents et peut-être y commencer à te faire « connaître.

« — C'est juste, mon oncle, vous pensez à tout vous!...

« — Il faut s'amuser, messieurs, c'est très-bien, mais « il ne faut pas pour cela négliger ses affaires...

« — Auguste... écoute bien ceci...

« — Qu'est-ce que c'est?

« — Si tu n'adorais pas cet oncle-là, tu serais un polis« son! et pas autre chose. »

On trouve une jolie calèche à deux chevaux, avec un cocher très-bien mis. Ces trois messieurs montent dedans. Langlumot se carre dans le fond, où Isidore se place près de lui en disant au cocher:

« — Au Bois... menez-nous bien, vous serez content « de nous... nous vous garderons jusqu'à la nuit.

« — Comment... nous garderons cet équipage jusqu'à « la nuit? » s'écrie le provincial.

« — Ne voudriez-vous pas revenir du bois de Boulogne « à pied... Ah! notre oncle! de quoi aurions-nous l'air...

« — Mais cela va nous coûter bien de l'argent...

« — Il est fait pour rouler... vous avez hérité?... lais- « sez-nous donc ordonner les divertissements... vous ver- « rez que nous nous y entendons... Est-ce que vous n'êtes « pas satisfait de rouler dans cette superbe calèche?...

« — Si fait... elle est parfaitement suspendue... on peut « croire qu'elle est à nous...

« — Et voyez comme tout le monde vous regarde... on « vous prend pour un grand personnage, et vous en avez « bien la mine...

« — Ma foi, c'est gentil d'aller en calèche... je m'amuse « beaucoup... J'ai une petite tapissière à Lisieux, mais « cela n'approche pas de ceci. »

Lorsqu'on arrive au Bois où les équipage se croisent, où les cavaliers passent comme l'éclair de tous côtés, où les promeneurs abondent, Langlumot n'a pas assez de ses yeux pour regarder, pour admirer; quand il aperçoit une jolie femme dans une voiture découverte, il ne manque pas de demander à Isidore s'il sait qui elle est. Le petit jeune homme n'est jamais à court de réponse et s'écrie:

« — Pardieu! certainement que je la connais... c'est « une chanteuse de l'Opéra...

« — Et celle-ci?

« — C'est une cantatrice des Bouffes...

« — Et cette amazone... là... à votre gauche...

« — C'est une danseuse qui arrive de Londres, elle « vous a remarqué... elle a souri en vous regardant...

— Vous croyez?

« — Demandez plutôt à Auguste. »

Auguste, qui n'est occupé que de son cigare, répond en lâchant une bouffée de fumée :

« — Excellent panatellas !...

« — On te demande si cette jolie amazone... tu sais « bien, mademoiselle... chose... qui danse à l'Opéra... « a souri à notre oncle ?

« — Elle sourit à tout le monde ! »

Isidore hausse les épaules en murmurant :

« — Il ne sait pas ce que nous lui disons... je suis « sûr qu'il rêve à quelque nouvelle médecine pour « laquelle il veut avoir un brevet...

« — Est-ce vrai, Auguste, tu inventerais une méde- « cine ?

« — Oui, mon oncle... on a purgé avec de la limonade « moi je veux purger avec de la salade...

« — Diable ! ce serait une fort bonne invention...

« — Surtout pour ceux qui aiment la salade, » dit Isidore, « mais nous voici arrivés au lac... Il faut « mettre pied à terre et nous promener un peu au bord « de l'eau... vous voyez que c'est bon genre... les voi- « tures se rangent et attendent ici... les dames se pro- « mènent sur le gazon ou sur l'eau...

« — C'est charmant... c'est ravissant... mettons pied « à terre... je m'amuse beaucoup... »

Langlumot descend de calèche ainsi que les deux jeunes gens. Ces messieurs se promènent depuis quelques instants sur les bords de la rivière, lorsque tout à coup des cris se font entendre et chacun se porte du côté où ils partent. Nos trois promeneurs font comme les autres.

« — C'est une dame qui est tombée dans l'eau en « voulant entrer dans un bateau, » dit un monsieur.

« — Il n'y a pas de danger, la rivière n'est pas pro- « fonde...

« — On l'a déjà retirée de l'eau, mais elle est sans connaissance...

« — Un médecin... on demande un médecin !...

« — Entends-tu, Auguste, » dit M. Langlumot à son neveu, « on demande un médecin, voilà le moment « de se montrer ! vite, cours à cette dame... »

Le gros Auguste préférait se livrer entièrement aux douceurs de son cigare ; mais pressé par son oncle et son ami, il est bien obligé de se diriger vers la personne qui a besoin de secours.

On aperçoit une dame étendue sur le gazon, et près d'elle une autre dame qui pousse des gémissements en s'écriant :

« — Mon Dieu !... Argentine ne revient pas à elle... « ma cousine... ouvrez un peu les yeux, je vous en « prie...

« — Eh ! mais, » dit Langlumot, « je reconnais ces « dames, j'ai voyagé avec elle en vagon de première « classe... ce sont des personnes très-comme il faut... « sans moi celle-ci ne pouvait pas atteindre le marche-« pied du vagon. »

C'était en effet les deux cousines de la Grenouillère qui étaient allées se promener au bois de Boulogne, et avaient malheureusement voulu aller en bateau, ce qui avait amené l'incident fâcheux arrivé à mademoiselle Argentine. La grosse Armande a aussi reconnu Langlumot, elle court à lui en disant :

« — Ah! monsieur, que je suis contente de vous re-« trouver... vous êtes si galant... ma cousine est éva-« nouie... et pas de médecin...

« Rassurez-vous, mademoiselle, voilà mon neveu qui « est docteur, médecin, praticien... il va donner ses soins « à votre cousine... tenez, voyez... il lui jette de l'eau au « visage... il est très-savant... votre cousine rouvre les « yeux...

« — Comment te sens-tu Argentine ?

« — Ah ! bien faible... il me sera impossible de marcher...

« — Avez-vous votre voiture, mesdames?...

« — Non... nous avons renvoyé notre fiacre à l'entrée « du bois.

« — Cher oncle, n'avez-vous pas votre calèche... si « nous y conduisions ces dames...

« — C'est juste... ma calèche est là... on peut y tenir « cinq...

« — Ah ! monsieur, cela va vous gêner...

« — Trop heureux de vous être agréable...

« — Que de reconnaissance!...

« — Auguste, prends le bras de madame qui est souf« frante... Isidore, donnez-lui aussi le vôtre... madame « acceptez le mien jusqu'à ma calèche...

« — Volontiers, monsieur, » reprend la grosse Armande en s'enlaçant à Langlumot.

« — Pardieu ! » se dit Isidore tout en prenant un bras de mademoiselle Argentine, « voilà une aventure dont « il faudra que nous ayons pied ou aile. »

XVII

NOUVEAU LOGEMENT, NOUVEAU VOISIN.

En sortant de chez M. Duhautcours avec son ami Franville, Gerbier lui dit :

« — Maintenant il faut que je trouve un logement,
« j'ai donné congé à mon propriétaire et certes je ne
« m'en repens pas, nous ne devions plus habiter dans la
« maison de ce monsieur. Mais c'est dans douze jours le
« huit, et je n'ai pas trop de temps pour trouver à me
« caser moi et ma famille ; ce qui me chiffonne c'est
« que les petits logements sont trop chers pour les pe-
« tites bourses... je ne voudrais cependant pas augmen-
« ter mon loyer... mes mioches ne sont pas encore en
« état de gagner de l'argent... il se passera même du
« temps avant qu'ils n'en gagnent, car je n'ai pas envie
« de les envoyer dans ces fabriques où l'on voit travailler
« de pauvres petits enfants qui devraient encore recevoir
« les soins de leurs parents... non... j'aime mieux boire
« de l'eau... veiller plus tard et donner un bon état à mes

« garçons... et un peu d'éducation si c'est possible... ça « ne fait jamais de mal... et ça fait souvent du bien.

« — Alors, » dit Franville, « au lieu d'augmenter ton « loyer, diminue-le... voilà une occasion toute trouvée... « tu seras plus riche au bout de l'année.

« — C'est juste, mais je ne veux pas non plus nicher « mes enfants dans un trou malsain, mal aéré... Le bon « air... c'est ce qui conserve la santé... et puis je vou« drais que ma Georgina eût sa chambre.

« — Ce n'est pas absolument nécessaire pour quel« qu'un qui sort le matin et ne rentre qu'à la brune.

« — Tu parles comme un militaire habitué à bivoua« quer !... Chère fille !... sais-tu qu'il y en a plus d'une « qui aurait reçu le carton sans me le montrer et gardé « les présents qu'il renfermait ?...

« — Oui... et tu dois être fier de ta fille... écoute, je « n'ai rien à faire, moi, qu'à me promener, flâner du « matin jusqu'au soir... tandis que toi tu travailles à ton « imprimerie, eh bien je vais m'occuper de te chercher « un logement...

« — Ce bon Franville ! toujours prêt à obliger... mais « avec ta jambe qui a été blessée... et qui est restée un « peu boiteuse, cela te fatigue de marcher beaucoup, tu « l'as dit toi-même !...

« — J'y mettrai le temps !... il faut bien que je fasse « quelque chose... Combien veux-tu mettre à ton loge« ment... Ton *ultimatum ?*

« — Dame... chez ce monsieur Duhautcours j'en avais « pour deux cent quatre-vingts... c'était beaucoup pour « moi...

« — C'était de trop ! je te diminuerai.

« — Mais cependant je ne veux pas être dans un gre« nier...

« — Laisse-moi donc tranquille, je sais ce qu'il vous « faut à tous ; il me semble que tu peux t'en rapporter à

« moi. Allons, va à ta besogne et moi je vais commen-
« cer la mienne... j'irai le soir vous rendre compte de ce
« que j'aurai vu dans la journée. »

Les deux amis se séparent. Lorsque Gerbier rentre le soir chez lui, son premier soin est d'apprendre à sa famille qu'ils déménageront le huit.

Les enfants pour qui tout changement est un plaisir, laissent éclater leur joie. Georgina aussi est heureuse de quitter la maiso [illegible] M. Duhautcours. Mais ensuite vient la question toute naturelle :

« — Où allons-nous demeurer, papa?

« — Quant à cela, mes enfants, je n'en sais rien, c'est
« Franville qui se charge de nous chercher un autre lo-
« gis... mais nous pouvons nous en rapporter à lui, il
« sait ce qu'il nous faut, du reste, il ne terminera rien,
« je pense, avant que nous ayons vu par nos yeux, il
« viendra le soir nous apprendre le résultat de ses
« courses... mais tenez, je l'entends. »

C'est en effet l'ancien militaire qui entre chez ses amis, et va d'un air d'humeur se jeter sur une chaise en murmurant :

« — Mille millions de gargousses!... je n'aurais jamais
« cru que c'était à ce point-là!...

« — Qu'est-ce que tu as, Franville! tu es en colère...

« — Oui... contre les architectes d'abord qui se per-
« mettent de bâtir des logements qui sont à moitié dans
« les caves et n'ont pour fenêtres que des soupiraux...
« ils appellent cela des sous-sol!... Allez donc vous
« loger là dedans pour être perclus de tous vos membres
« avant la fin de l'année...

« — Non, non, je ne veux pas mettre ma famille dans
« un sous-sol!...

« — Sois tranquille... j'en ai visité un par curiosité,
« puis, j'ai demandé : combien cette cave?

« — Quatre cents francs, monsieur!... J'avais envie de

« m'informer si on était nourri. Ensuite j'en ai vu au « cinquième... au sixième... au-dessus de l'entre-sol.

« — Dis tout de suite des septièmes !

« — Ma foi ça y ressemble... trop petits ou trop chers... : « quelques-uns vous auraient pu convenir, mais les « portiers!... il y en a un que j'ai manqué de faire des- « cendre de son sixième sur le dos... on ne se doute « pas de l'interrogatoire que ces cerbères vous font subir, « en se posant sur la hanche ou sur leur balai!...

« — Avez-vous des chiens, des chats ou autres ani- « maux domestiques?... c'est que je vous préviens que « nous n'en voulons pas dans la maison.

« — On n'en a pas.

« — Très-bien, quel genre d'état excerce votre ami?

« — Il travaille dans une imprimerie.

« — Passé minuit je n'ouvre plus la porte.

« — Et si l'on se trouve attardé, il y a d'ailleurs des « théâtres qui ne finissent qu'après minuit.

« — J'en suis fâché, mais alors on paye le supplé- « ment.

« — Ah! diable, et de combien est-il votre supplé- « ment?

« — Cinquante centimes par heure après minuit. »

« — J'avais écouté tout cela avec assez de patience, « mais tout à coup voilà cet homme qui se ravise et me « dit :

« — J'oubliais le plus essentiel : a-t-on des enfants?

« — Des enfants, est-ce qu'il n'est plus permis d'avoir « des enfants maintenant?... est-ce que la paternité est « défendue?

« — Je m'inquiète pas de cela, mais je vous préviens « que le propriétaire ne veut pas d'enfants au-dessous de « sept ans dans la maison, parce que cela fait trop de « bruit et que cela dégrade souvent les murs et les esca- « liers.

« — Ah! corbleu! là-dessus je lui ai pris le bras que « je lui ai secoué avec une certaine force, en lui disant : « votre propriétaire traite donc les enfants comme les « chiens et les chats; il veut donc qu'on les jette à l'eau « quand ils sont petits... il n'a donc jamais été enfant, « cet homme qui leur ferme sa maison... ah! nom d'une « pipe... ceci dépasse les pouvoirs que tout propriétaire « a dans son immeuble... et si un logement me plaisait « ici, eussé-je douze marmots je le louerais, puis si on « me donnait congé pour ce motif, j'irais chez le com« missaire de police... chez le juge de paix... j'irais de« vant les tribunaux... et là j'y ferais couvrir de honte « cet homme qui ose vous défendre de garder vos en« fants avec vous!...

« Le portier ne répondit rien... il tremblait, je l'ai « lâché et me voilà.

« — Allons, calme-toi, mon brave, Paris est grand et « s'il y a des propriétaires plus que ridicules, il y en a « aussi de bons, d'humains, et qui ne sont pas durs « pour les pauvres gens.

« — Ainsi soit-il ? nous verrons ailleurs demain. »

Cinq jours s'écoulent pendant lesquels Franville vient régulièrement chaque soir, chez Gerbier, rendre compte de ses courses, dire ce qu'il a vu, ce qui est à louer. Mais il n'a encore rien trouvé de convenable, ou bien ce qui conviendrait est beaucoup trop cher pour le père de famille. Cependant le jour approche où il faudra déménager. Franville devient triste, il murmure sans cesse après les portiers; Gerbier lui-même, malgré la gaîté de son caractère, commence à s'inquiéter de ce qu'il deviendra avec sa nombreuse famille.

Mais le sixième soir la scène change: Franville arrive tout en nage, bousculant les enfants pour entrer plus vite. Cette fois la joie brille dans ses yeux et avant même de s'asseoir il s'écrie :

« — Victoire!... nous avons notre affaire... un bijou, « mes enfants, un logement à croquer... c'est pas grand, « mais il y a tout ce qu'il vous faut... une petite entrée... « grande comme ma poche... juste la place de votre « table et vous autour... une pièce pour le papa... qui « couchera ses fils dans sa chambre... une autre pièce « fort gentille pour notre grande Georgina... derrière « un cabinet où pourront coucher ces deux demoi- « selles, enfin une petite cuisine avec fourneaux, che- « minée, pierre à laver, et tout cela propre, net, fraîche- « ment décoré et au quatrième, moins haut qu'ici, belle « maison, escalier clair, propre... et une portière qui a « l'air d'une bonne femme, qui permet les chien les « chats, toutes les bêtes possibles... en voilà de la chance.

« — Oh! quel bonheur! dit Georgina.

« — Mais le prix... le prix? » demande Gerbier.

« — Le prix... moins cher qu'ici... deux cent cinquante « francs au lieu de deux cent quatre-vingts... c'est trente « francs que tu auras de plus à la fin de l'année...

« — Franville, embrasse moi, il n'y avait que toi pour « trouver cela...

« — Pardieu, il fallait bien trouver... Tu ne pouvais « pas camper dans la rue avec ta famille... en Algérie « passe encore, ça se voit... parce qu'en Afrique les « mœurs ont encore quelque chose qui se rapproche de « nos premiers pères...

« — Et dans quel quartier ce joli logement? demande « Georgina.

« — Faubourg Saint-Martin, pas très-haut... près de « Saint-Laurent...

« — Bravo! j'aime ce quartier-là, » dit Gerbier, « on « est près des boulevards, près des spectacles... Nous « n'y allons guère, mais on ne sait pas... s'il nous tom- « bait des billets...

« — Et moi, » dit Georgina, « pour aller à mon ma-

« gasin, je n'aurai qu'à descendre le faubourg et suivre « les boulevards jusqu'à la rue de Richelieu.

« — Enfin, vous êtes contents?...

« — Si content, que je vais aller tout de suite donner « le denier à Dieu...

« — Nigaud! qui croit que je l'ai attendu pour cela... « Mais une trouvaille pareille, il fallait la saisir au col- « let... le logement aurait pu se louer dans la journée, « je l'ai vu ce matin à midi, je l'ai loué en ton nom, j'ai « donné ton adresse... et si demain à midi on n'a pas « rapporté le denier à Dieu, le joli petit local est à vous... « est-ce que j'ai mal fait?

« — Tu as parfaitement agi au contraire. Demain viens « me prendre à mon imprimerie et tu me conduiras à « cette maison.

« — Oh! que je suis contente! » s'écrie Georgina, « je « ne sais pas pourquoi quelque chose me dit que nous « serons bien heureux dans ce logement-là...

« — Tant mieux, ma fille, tant mieux... croyons aux « pressentiments quand ils sont couleur de rose, n'y « croyons pas quand ils sont fâcheux, voilà comme « il faut prendre les choses... c'est toujours comme cela « que je les ai prises, moi, et je m'en suis bien trouvé. « Mais ce bon Franville, que de peines, de fatigues pour « nous rendre service...

« — Laisse-moi donc tranquille! cela m'a fait du bien, « ma jambe va mieux. »

Le lendemain Gerbier s'est rendu avec son ami, au logement que ce dernier a loué pour lui. Il le trouve au-dessus de ce qu'il espérait; et la portière lui dit :

« — Si monsieur désire entrer avant le huit, l'appar- « tement est vacant, il est à la disposition de mon- « sieur.

« — Merci, madame, j'entrerai le plus tôt que je pour- « rai car je voudrais déjà habiter chez vous.

« — Eh bien, » dit Franville, « qui t'empêche de déménager demain ?

« — Oh ! il faut faire ses préparatifs d'avance... Georgina n'est pas prévenue... tu crois que tout le monde « change de guérite à la minute... comme toi, qui es « tout seul... mais quand on a cinq enfants à emballer, « cela ne va pas si vite. »

Gerbier ne disait pas tout : il lui fallait la somme pour son terme, il ne pouvait déménager qu'après l'avoir payé et il n'avait pu encore la compléter, mais il se serait bien gardé de dire cela à Franville, parce qu'il savait que celui-ci se serait gêné pour lui prêter l'argent qui lui manquait ; il ne voulait pas non plus le dire à sa fille parce qu'elle aurait encore passé les nuits à travailler pour gagner un peu plus. Tout cela tracassait, ou plutôt préoccupait Gerbier, car son heureux caractère triomphait toujours des ennuis, des contrariétés, des embarras causés par le manque d'argent.

« — Quand je me désolerais, » se disait-il, « cela ne mettra pas un sou de plus dans ma poche... et tant que mes « enfants se porteront bien, je ne dois pas avoir de cha- « grin. »

Il fallait cependant trouver l'argent pour solder le terme au concierge, sans quoi M. Bluteau pouvait s'opposer à ce qu'on enlevât les meubles. Gerbier a bientôt pris son parti : il possède une montre en or, dernier reste de ses travaux de graveur, il l'engagera pour avoir la somme qui lui manque, et il tâchera que ses enfants ne s'aperçoivent pas qu'il ne l'a plus.

Bientôt rien ne s'oppose à ce que la famille Gerbier change de logement. Les enfants ne connaissent point encore celui qu'ils vont habiter, mais sur ce que leur père leur en a dit, ils se font une fête d'aller s'y installer. Le 7 du mois, tous les préparatifs sont terminés, les paquets sont faits, Franville est là pour donner un coup de main, la voiture de déménagement est dans la cour ; on y entasse le modeste mobilier de l'imprimeur, et on a soin d'y ménager une place pour les deux petits garçons; puis, fouette cocher, on quitte sans regret la maison de M. Duhautcours pour celle du faubourg Saint-Martin.

Georgina et tous les enfants poussent des cris de joie en se voyant dans leur nouveau logement. On y admire les papiers qui sont frais, le parquet qui est ciré, la distribution des pièces; enfin tout le monde est content et tout le monde se met à l'ouvrage pour ranger, pour mettre les meubles en ordre. Mais la nuit arrive avant que l'on ait tout terminé; Franville, qui souffre un peu de sa jambe et qui a aidé toute la journée au déménagement, quitte la famille de bonne heure, en disant à Gerbier :

« — Ne vous éreintez pas... qui diable vous presse?... « vous finirez de ranger demain!... on ne fait pas tout « en un jour.

« — J'aimerais mieux finir ce soir que demain, » dit Gerbier, lorsque l'ancien militaire est parti.

« — Et moi aussi, » dit Georgina; « on est si heu- « reux quand tout est en ordre... mais le cabinet pour « mes sœurs est prêt, ainsi que les petits lits de mes « frères...

« — Ah ! sapristi, et le tien, et le mien qui ne sont « pas montés...

« — Eh bien, mon père, nous les monterons...

« — Le tien ira, j'espère, mais le mien est diablement « difficile... les vis sont dures... et puis il me faudrait « quelque chose pour tourner, pour serrer les vis dans « les écrous... Diable... je n'ai rien de ce qu'il faut...

« — Eh bien, mon père, la portière aura sans doute « l'outil qui vous est nécessaire... Voulez-vous que « j'aille lui demander?

« — Non, non, tu es déjà assez fatiguée, mon enfant; « depuis ce matin, tu n'as pas arrêté... reste là... Je vais « descendre chez cette portière... voir si elle a ce qu'il « me faut... Ah! si quelqu'un pouvait aussi me donner « un coup de main... pour changer ce vieux buffet de « place... il n'est pas bien là... il gêne la porte... il fau- « drait le placer là-bas...

« — Oh! oui, il sera beaucoup mieux; eh bien, je « vais vous aider, mon père...

« — Toi?... par exemple!... lorsque nos deux com- « missionnaires pouvaient à peine porter ce meuble qui « est horriblement lourd... Non, mon enfant, tu te ferais « du mal inutilement... Enfin nous verrons plus tard... « il faut d'abord s'occuper de monter nos lits... Je vais « voir chez la portière, elle aura peut-être bien un tour- « nevis... ou un gros clou! »

Le nouveau locataire descend expliquer à la portière ce dont il aurait besoin pour monter les lits; celle-ci écoute avec attention et répond enfin :

« — Un tournevis?... n'est-ce pas avec cela qu'on « débouche les bouteilles?...

« — Non, vous confondez avec les tire-bouchons.

« — Et ça ne ferait pas votre affaire tout de même?...

« — Oh! pas du tout!...

« — C'est dommage... j'ai un excellent tire-bouchon... « mais je ne me connais guère de tournevis... »

En ce moment la porte de la loge s'ouvre; un jeune homme paraît et demande à la portière sa clef.

Gerbier s'est retourné : il est frappé de la figure intéressante et douce de ce jeune homme qui paraît avoir tout au plus vingt ans. C'est un brun, un peu pâle de visage, dont le maintien est gracieux, dont le regard est franc et sympathique. Sans être un fort joli garçon, il y a dans la figure de ce jeune homme quelque chose qui charme, qui attire. Sa mise est modeste comme toute sa personne. Il porte un paletot de gros drap, un pantalon de laine, et sur sa tête un de ces feutres gris à grands bords adoptés depuis quelque temps pour la campagne, et que l'on rencontre aussi à la ville.

« — Ah! monsieur Alexis! » s'écrie la portière, tout en remettant une clef au nouveau venu, « est-ce que vous « n'auriez pas chez vous par hasard un tournevis?...

« — Je crois que si, madame Bernard. Pourquoi cela?

« — C'est que voilà monsieur que ça obligerait bien... « Il m'en demandait un, et je n'en possède pas... Monsieur « est un nouveau locataire, emménagé d'aujourd'hui; « monsieur est votre voisin; il loge au-dessus de vous, « au quatrième.

« — Oui, monsieur, » dit Gerbier, « et je vous avouerai « que je me trouve embarrassé, j'ai encore deux lits à « monter... mais je n'ai pas les outils nécessaires pour « cela...

« — J'ai chez moi ce qu'il vous faut, monsieur, et je « m'estime heureux de pouvoir être utile à un nouveau « voisin... Si je puis vous aider à quelque autre chose, « disposez de moi...

« — Ma foi, monsieur, ce n'est pas de refus; et puis« que vous me montrez tant d'obligeance... je vous « avouerai que j'ai un gros meuble à changer de place, « et que, tout seul, il me serait bien difficile d'en venir « à bout... Je dis tout seul, bien que j'aie cinq enfants « avec moi, mais ils ne sont pas encore en état de m'ai« der...

« — Très-bien, monsieur, je vais alors vous donner « un coup de main. »

Gerbier monte avec son nouveau voisin, qui ne s'arrête pas au quatrième, et va tout de suite chez lui chercher ce qu'il faut pour mettre le bois de lit en place. Pendant ce temps, Gerbier rentre chez lui et dit à Georgina :

« — Je viens de trouver ce qu'il me fallait.

« — Quelque chose pour tourner les vis, mon père?

« — Mieux que cela... un voisin très-gentil, très-obli« geant, qui va me prêter ce qu'il me faut, et de plus me « donner un coup de main.

« — Comment, vous avez déjà fait connaissance avec « un voisin !...

« — J'ai rencontré celui-là chez la portière... et, ma « foi, je me suis senti tout de suite prévenu en sa fa« veur... Mais, tiens, le voici. »

Alexis entre chez Gerbier, tenant à sa main ce qu'il faut pour monter les lits, mais il s'arrête tout étonné, tout interdit, en apercevant Georgina qui le regarde, puis baisse les yeux bien vite.

« — Vous m'aviez dit que vous n'aviez que de petits « enfants?... » balbutie le jeune homme; « mademoi« selle n'est donc pas votre fille?

« — Si fait, monsieur, c'est ma fille aînée, celle qui « tient mon ménage, qui a soin de ses sœurs et de ses « frères... Mais, quoiqu'elle ait dix-huit ans, ne trouvez« vous pas que ce serait dommage de lui faire porter ce « gros buffet?... Les jeunes filles ne sont pas faites pour « ces rudes besognes.

« — Oh! certainement, monsieur, ce n'est pas made« moiselle qui doit... qui pourrait... les dames ne sont « faites que pour les ouvrages qui n'exigent aucune « force... et mademoiselle... plus que tout autre... »

Le jeune homme s'embrouille... il se trouble et ne peut pas achever sa phrase; de son côté, Georgina rougit et ne sait quelle contenance tenir. Mais Gerbier met fin à cette situation en disant :

« — Eh bien, voisin, si vous voulez, nous allons ter« miner tout cela...

« — Je suis à vos ordres, monsieur. »

En quelques minutes, le gros buffet est changé de

place. Puis les deux lits sont parfaitement montés. Le jeune homme est adroit et montre le plus grand empressement à se rendre utile. Quant à Georgina, elle tourne sans cesse autour du jeune voisin et de son père, au point que celui-ci est plus d'une fois obligé de lui dire :

— Mais ôte-toi donc de là... tu vas te faire blesser... « tu gênes monsieur... »

Alors le jeune homme répond bien vite :

« — Mademoiselle ne me gêne pas du tout!... j'ai bien « assez de place. »

Enfin tout est terminé, trop tôt au gré du jeune Alexis, qui éprouve le plus vif plaisir à regarder la jolie fille de son voisin, et peut-être aussi au gré de celle-ci qui, sans savoir pourquoi, revient toujours se placer devant le jeune Alexis.

« — Voilà qui est fini, » dit Gerbier; « et maintenant, « monsieur, il ne me reste plus qu'à vous remercier de « votre obligeance...

« — Oh! monsieur, cela n'en vaut pas la peine... Et « vous êtes sûr que je ne puis plus vous aider à rien?..

« — Je vous remercie... mais à présent je n'ai plus « qu'à ranger mes effets...

« — Enfin, monsieur, si par hasard vous aviez plus « tard besoin de quelque chose... veuillez disposer de « moi... Je loge ici-dessous... la porte à droite... Je serai « trop heureux de vous être utile...

« — Merci, monsieur, je m'en souviendrai, car c'est « bien agréable de pouvoir quelquefois compter sur ses « voisins. Merci de nouveau et bonne nuit. »

Le jeune homme salue Gerbier et sa fille et se retire en jetant encore un doux regard sur Georgina, qui, par hasard sans doute, le regardait aussi au même moment.

« — Ma foi, voilà un voisin bien aimable! » dit Gerbier, quand le jeune homme est parti.

« — Oh! oui, mon père... il a l'air bien honnête...

« bien obligeant... Qu'est-ce qu'il fait ce jeune homme-là ?

« — Je n'ai pas pensé à le lui demander.

« — Oh ! la portière vous le dira...

« — Maintenant, allons nous coucher... Je suis très-« fatigué et tu dois l'être aussi...

« — Mon Dieu ! je n'y pensais plus, mon père... Ah ! « le joli logement... comme il me plait !... et à vous « aussi, n'est-ce pas, mon père ?

« — Certainement... J'espère que nous y serons bien...

« — Nous y serons à merveille... La maison est très-« jolie, très-bien tenue...

« — Nous causerons de cela demain... Bonsoir, mon « enfant ! »

Gerbier embrasse sa fille et rentre dans sa chambre. Georgina en fait autant, tout en se disant :

« — Je crois que mes pressentiments ne me trompaient « pas, quand ils me disaient que nous serions heureux « dans ce nouveau logement.... C'est étonnant comme « je m'y plais déjà !... »

Peut-être la connaissance du jeune voisin avait-elle redoublé la croyance de la jolie fille dans ses pressentiments.

XVIII

CE QUE FEMME VEUT.

Après la scène que Gerbier est venu faire chez Duhautcours, en lui rapportant le carton aux présents, celui-ci est demeuré longtemps en proie à une colère d'autant plus vive, que pendant longtemps il avait été forcé de se contraindre. Il marche à grands pas dans son cabinet, frappe sur ses meubles, se fait mal à la main, mais cela ne le calme pas; au contraire, et il continue de frapper sur tout ce qui se trouve à sa portée, en murmurant :

« — C'est inconcevable !... un homme riche comme « moi... un homme dont toutes les spéculations réus- « sissent, se verra contrarié dans ses projets par un « misérable artisan... par un homme qui boit de l'eau... « Cet homme viendra chez moi me braver... me faire « de la morale... C'est odieux tout cela !... Et ce Fran- « ville qui a été lui raconter cette aventure de ma jeu- « nesse... Ce n'est pas que je fasse cas de l'opinion de

« ce Gerbier... Ah ! si ce n'était pas le père de cette « ravissante Georgina... Petite sotte qui refuse mes « présents ! qui va rapporter à son père ce que je lui ai « dit... On voit bien que cela n'a aucune éducation... « Il veut déménager... eh bien ! qu'il déménage ! qu'il « aille au diable avec sa famille... Elle est bien jolie, « cependant, cette Georgina... et elle est honnête... elle « n'a point d'amoureux !... C'est un phénix que cette « jeune fille... et il faudrait renoncer à tout cela... Ah ! « cette pensée m'irrite à un point !... »

Duhautcours se trouve alors près d'un meuble sur lequel sont de fort beaux vases de la Chine, il frappe le meuble si fortement, qu'un des vases s'ébranle, puis tombe sur le tapis, où il se brise en éclats.

La vue de ce beau vase brisé calme un peu la fureur de ce monsieur, qui voit que sa colère vient de lui coûter cinq cents francs.

Au même instant, mademoiselle Célesta entre dans le cabinet de son père, elle pousse un cri en apercevant les débris du vase :

« — Ah ! mon Dieu ! qu'est-ce que c'est que cela, « mon père ?

« — Mais tu le vois bien : c'est une potiche qui est « tombée et qui s'est cassée en tombant.

« — Quel dommage !... c'était la plus belle !

« — C'est un léger malheur... J'ai le moyen d'en acheter de plus belles encore...

« — Oh ! je le sais bien ! Qu'est-ce qui l'a fait tomber ?

« — Que t'importe ? elle est brisée ; n'en parlons « plus...

« — Tiens, ce carton ! Que fais-tu donc de ce carton « de femme dans ton cabinet, car il doit y avoir des « objets de toilette là dedans ?

« — Tu crois ?

« — Je le gagerais... Oh ! je t'en prie, mon père, dis-
« moi ce qu'il y a dans ce carton...

Duhautcours a déjà pris son parti et change la destination des objets que renferme le carton ; il sourit à sa fille en lui disant :

« — Comment, tu ne devines pas ce qu'il peut y avoir
« là dedans ?

« — Mais je te l'ai dit, des étoffes pour dame... Ai-je
« raison ?

« — Pas tout à fait... c'est-à-dire ce sont bien des
« objets pour dame... ou pour demoiselle...

« — Ah ! c'est un cadeau que tu vas me faire, j'en
« suis sûre. Oh ! que tu es aimable... Voyons... Voyons
« bien vite...

Et mademoiselle Célesta courant au carton, l'ouvre et aperçoit un des cachemires... elle pousse un cri de joie :

« — Oh ! le beau châle ! le superbe cachemire... car
« c'est un cachemire, je l'ai vu tout de suite.

« — Parbleu ! est-ce que j'irais t'offrir un châle de
« Lyon... fi donc !

« — Quelle belle couleur ! que je suis contente !

« — Mais il n'est pas tout seul... il y en a un autre
« dessous.

« — Il se pourrait ? Ah ! voyons l'autre... »

Mademoiselle Duhautcours, en enlevant lestement le cachemire qui est dessus, fait tomber à terre la petite boîte aux bijoux qui était dans un coin du carton, et qu'elle n'avait pas aperçue.

« Eh ! qu'est-ce encore que cela ? »

Et elle se baisse pour ramasser la boîte ; mais déjà Duhautcours s'est aperçu qu'on a laissé, attaché après, le papier sur lequel est écrit :

« Pour la charmante Georgina. »

Et aussitôt il s'est précipité sur la boîte, la prend et

s'empresse d'enlever le papier, qu'il fourre dans sa poche.

« — Ah! qu'est-ce que tu prends donc là, que tu as « peur que je voie?

« — C'est la note du bijoutier... il me semble que tu « n'as pas besoin de savoir ce que je dépense pour toi.

« — Quoi... il y a donc des bijoux dans cette boîte?

« — Apparement. Tu le verras tout à l'heure... Mais « que dis-tu de ce second cachemire des Indes?

« — Magnifique! encore plus beau que l'autre... et tout « cela est pour moi?

« — Et pour qui donc voudrais-tu que ce soit?

« — En vérité, tu es trop bon... mais la boîte... ah! « je t'en prie!.. ouvre la boîte.

« — Tiens, que dis-tu de cela?

« — Des diamants! des boucles d'oreilles en diamants! « Oh! c'est admirable... Quelle magnificence! Laisse-moi « t'embrasser : mais je pense à quelque chose, mon « père.

« — Quoi donc!

« — Il me semble avoir entendu dire que les demoi- « selles ne portaient pas de diamants avant d'être ma- « riées?

« — Quelle bêtise! les demoiselles qui ne sont pas mil- « lionnaires, c'est possible; mais toi, je te couvrirais de « diamants des pieds à la tête, et je te réponds que cela « ne fera qu'augmenter le nombre de tes admirateurs.

« — Oui, oui, vous avez raison, il faut me couvrir de « diamants, cela fera endêver toutes les autres demoi- « selles. Ah! merci, merci, mon père, je mettrai ces bou- « cles d'oreilles ce soir, pour aller chez madame Dumes- « nil... Il y a toujours beaucoup de monde. Vais-je faire « de l'effet!...

« — Tu es satisfaite, c'est très-bien; mais dis-moi, Cé- « lesta, tu ne te sens pas malade, n'est-ce pas?

« — Non vraiment, pas du tout.

« — Tu n'éprouves pas de douleur quelque part ?

« — Nulle part; mais pourquoi me demandez-vous « cela?

« — C'est que, depuis quelques jours, il me semble que « tu changes... tu n'as plus tes belles couleurs d'autre- « fois... »

Mademoiselle Célesta fait un bond de joie en s'écriant :

« — Ah! c'est donc vrai ! j'en suis venue à bout enfin... « Quel bonheur!

« — Tu en es venue à bout... Qu'est-ce que tu veux « dire par là ?

« — Oh! rien, mon père, je veux dire seulement que je « suis bien contente de perdre ces affreuses couleurs qui « m'ont causé tant d'ennuis, qui me rendaient si mal- « heureuse...

« Je ne comprends pas, tu étais fraiche comme une « rose, tu l'es beaucoup moins, et cela te fait sauter de « joie.

« — J'avais de grosses couleurs comme les femmes de « la campagne, on se moquait de moi. J'ai entendu sou- « vent rire aux dépens de mes joues. Vous comprenez « que j'aime bien mieux avoir l'air intéressant.

« — Je ne suis pas de cet avis-là.

« — Vous ne vous y connaissez pas, mon père, ce n'est « pas du tout bien porté, les grosses couleurs, ce n'est « pas bon genre.

« — Bon genre! la santé avant tout. Je vous ai déjà « dit, ma fille, que l'on avait toujours bon genre quand « on avait une grande fortune; mais je remarque aussi « que tu tousses beaucoup depuis quelque temps.

« — Je tousse... Je ne m'en suis pas aperçue... C'est « que je me serai enrhumée... cela arrive à tout le « monde.

« — Ce n'est pas un rhume que tu as... ta toux est

« sèche... fréquente... c'est de l'irritation. Tiens, voilà « encore que cela te prend.

« — Mon Dieu ! mon père, c'est vous qui êtes cause « que je tousse ; je n'y pensais pas du tout, vous m'en « avez donné l'envie.

« — Ma fille, votre réponse est une mauvaise plaisan- « terie, vous ne devez pas trouver mauvais que je m'inté- « resse à votre santé. Je me rappelle ce que vous avez « fait, un soir que nous allions au bal, pour dissimuler « vos couleurs. Votre essai a été très-malheureux, mais, « du moins, vous n'avez employé que des eaux ou des « pommades d'usage externe ; j'aime à croire que vous ne « prendriez aucun spécifique d'usage interne pour faire « passer l'éclat de votre teint, cela pourrait être fort dan- « gereux pour votre santé. On ne doit point chercher à « corriger la nature.

« — Soyez donc tranquille, mon cher père, je vous ré- « pète que je me porte fort bien et que je n'ai pas envie « de me rendre malade ; mais je suis bien contente de « perdre mes affreuses couleurs. Merci mille fois encore. « J'emporte mes beaux présents dans ma chambre, je « vais y essayer mes cachemires. »

Mademoiselle Célesta n'avait pas dit la vérité à son père.

Après l'essai si mal réussi du cosmétique qui devait la pâlir et lui avait fait un masque de pierrot, la fille du capitaliste avait, pendant quelque temps, pris son parti et tâché d'oublier la couleur de ses joues ; mais, on le sait : « *Désir de fille est un feu qui dévore.* »

Le désir d'avoir l'air distingué, intéressant, couvait toujours au fond du cœur de mademoiselle Célesta, elle ne le cachait pas à sa femme de chambre, et celle-ci toute dévouée à sa jeune maîtresse, ne cessait de répéter :

« — Nous n'avons pas réussi avec le cosmétique... « peut-être parce qu'il a été mal employé... mais cer-

« tainement il doit y avoir autre chose... si mademoi-
« selle veut, j'irai consulter une somnambule ou une
« tireuse de cartes. »

Célesta disait non, mais d'une façon qui pouvait se prendre pour un oui, et un jour, mademoiselle Zélie était venue d'un air triomphant dire à sa maîtresse :

« — J'ai consulté une somnambule, qui m'a dit en dor-
« mant des choses étonnantes, dont je ne me souviens
« plus du tout, puis, lorsqu'elle a été éveillée, elle a
« ajouté :

« — Vous désirez trouver un moyen de faire passer
« les couleurs de votre jeune maîtresse ?

« — Je lui avais dit cela en arrivant chez elle.

« — Eh bien ! continua-t-elle, j'ai un frère qui fait
« des cures merveilleuses en médecine ; il guérit les
« écrouelles, les engelures, les maux de dents ; il a des
« élixirs pour tout ce que l'on veut ; mais il vend ses re-
« mèdes en cachette, parce que les médecins, qui trouvent
« qu'il guérit trop de choses, s'opposent à ce qu'il exerce
« son art. Vous irez chez lui de ma part, avec un mot de
« moi, et il vous donnera, j'en suis certaine, une com-
« position qui opérera le changement que l'on désire.

« — Eh bien! Zélie, est-ce que tu as été chez ce sa-
« vant ?

« — Oui, mademoiselle, je lui ai expliqué ce qui vous
« contrariait ; il s'est écrié :

« — C'est la moindre des choses. Pourquoi votre jeune
« maîtresse a-t-elle les joues si rouges? parce que le
« le sang se porte à son visage ; il ne s'agit donc que de
« le détourner et de lui faire prendre un autre chemin.
« J'ai là ce qui remplira son but.

« — Et il m'a montré une grande fiole en me disant :

« — On en prend tous les jours trois fois, une grande
« cuillerée, le matin à jeun, puis deux heures avant de
« dîner, puis en se couchant... Au bout de dix à douze

« jours, l'effet se produit, et il est probable qu'avec « deux bouteilles on aura réussi entièrement.

« — Et cela n'est pas malsain? ai-je dit. Cela ne fera « pas de tort à la santé de mademoiselle?

« — Au contraire, m'a-t-il répondu. Cet élixir n'est « composé qu'avec des toniques, il est aussi fortifiant « qu'agréable au goût.

« — Et ces bouteilles, où sont-elles?

« — Dame, mademoiselle, je voulais vous consulter « avant, et puis elles coûtent vingt francs pièce!...

« — Eh! qu'importe le prix! Tiens, voilà de l'argent, « prends-en tout de suite deux. »

Mademoiselle Zélie s'était empressée d'aller chercher le précieux élixir, et, le même jour, Célesta avait commencé à en prendre. L'effet n'avait pas tardé à se produire, il avait même été plus rapide qu'on ne l'espérait; les belles couleurs perdaient de leur éclat, et cela était assez sensible pour que Duhautcours s'en fût aperçu et alarmé, parce qu'il avait remarqué en même temps que sa fille était atteinte d'une petite toux sèche, mais persistante.

Voilà ce qui avait amené la conversation précédente entre le père et la fille; mais Célesta ne s'inquiète nullement de sa toux, elle est enchantée de pâlir; déjà elle s'est aperçue que dans le monde les demoiselles, en la regardant, ne riaient plus et se contentaient de chuchoter tout bas.

« — Elles enragent de voir que mes couleurs dimi« nuent, » se dit-elle, « avant peu, je l'espère, j'aurai « une figure tout à fait intéressante, alors rien ne man« quera à ma félicité! »

Et en courant montrer à sa femme de chambre les beaux présents qu'elle vient de recevoir de son père, Célesta s'écrie :

« — Décidément, mes couleurs diminuent, mon père,

« s'en est aperçu, il me l'a dit, il m'a même demandé « si j'étais malade; je commence donc à avoir l'air in« téressant?

« — Assurément, mademoiselle. Oh! c'est bien visible! « cela saute aux yeux de tout le monde. Bientôt vous « serez pâle tout à fait, au lieu d'être rouge; je crois « que vous n'aurez pas besoin de boire la seconde bou« teille.

« — Oh! si fait... mes couleurs n'auraient ensuite qu'à « revenir, il ne faut pas faire les choses à demi! je boi« rai la seconde bouteille... j'en prendrai plutôt trois « que pas assez. D'ailleurs, cela n'a rien de désagréable « au goût; cela sent la menthe, la vanille... Ah! vais-je « être heureuse! des cachemires... des diamants... car « mon père m'a dit qu'il me couvrirait de diamants... « et pâle avec tout cela... Comme je ferai de l'effet dans « le monde... les jeunes femmes, les demoiselles « mourront de dépit en me regardant; n'est-ce pas, « Zélie?

« — Oh! il n'y a pas de doute, mademoiselle.

« — Les hommes n'admireront que moi, ne feront la « cour qu'à moi!

« — Mademoiselle le mérite bien, et pour se marier, « mademoiselle n'aura que l'embarras du choix.

« — Oui, mais je serai très-difficile... j'en ai le droit... « Je veux... Mon Dieu! que c'est impatientant de tous« ser comme cela... Je veux... Cela ne finira donc « pas!...

« — C'est vrai; mademoiselle veut-elle que je lui fasse une tisane?...

« — Ce n'est pas la peine... cela s'en ira comme c'est « venu. Ce n'est pas du rhume; c'est un picotement à « la gorge, à la poitrine... une irritation... mais voilà « l'heure où je puis prendre mon élixir. Donne-moi ma « bouteille.

« — Vous n'avez pas dit à monsieur votre père que « vous buviez de quelque chose qui fait pâlir?

« — Je m'en serais bien gardée!... il se serait mis en co« lère; il m'aurait dit qu'on ne doit rien prendre sans « consulter un médecin. Mais celui qui a composé cela « est un grand médecin, puisqu'il fait des cures si mer« veilleuses, n'est-ce pas?

« — Assurément, mademoiselle, d'ailleurs il faut bien « qu'il ait du talent pour faire payer si cher ce qu'il com« pose. »

La coquetterie fait commettre aux femmes bien des fautes; elles lui sacrifient trop souvent leur santé; combien n'en avons-nous pas connu qui, pour avoir voulu se faire une taille de guêpe, se sont comprimé l'estomac et donné de ces affreuses maladies dont les progrès sont si rapides et la guérison si rare.

Mademoiselle Célesta en voulant à toute force perdre ses couleurs, en se fiant à la science d'un empirique, ne s'aperçoit pas qu'elle fait refluer vers sa poitrine ce qui lui montait au visage; elle tousse chaque joùr davantage, mais elle continue de boire son élixir, car elle est arrivée à son but; ses couleurs ont entièrement disparu, excepté une légère teinte qui se montre encore aux pommettes des joues; elle est pâlotte et elle a en effet l'air intéressant parce qu'elle a l'air malade.

M. Duhautcours veut absolument que sa fille voie un médecin, qu'elle le consulte, qu'elle soigne sa santé; mais mademoiselle Célesta, qui n'a jamais été très-soumise aux ordres de son père et qui d'ailleurs est persuadée que le changement que l'on remarque en elle est simplement l'effet de son élixir et n'annonce pas une maladie, mademoiselle Célesta refuse positivement cette visite de médecin, et ne cesse de répéter :

« — Je me porte très-bien; je me porte comme je veux « me porter; il me semble que je dois mieux que tout

« autre savoir si je suis malade ; qu'on me laisse tran-
« quille, je n'ai nul besoin de médecin. »

Duhautcours n'insiste pas, il sait d'ailleurs que ce serait inutile : sa fille a pris l'habitude de commander et a perdu celle d'obéir.

XIX

LANGLUMOT TOURNE AU LOVELACE.

Les demoiselles de la Grenouillère logeaient dans une maison bourgeoise de la rue Charlot, au Marais, chez une dame qui trouvait économique de relouer en garni une partie de son appartement.

Du bois de Boulogne à la rue Charlot, il y a un fort joli *ruban de queue*, comme disent les coiffeurs. Il y a quelques hommes de lettres qui diraient : il y a une *trotte conséquente*. Tout cela dépend de la manière de parler le français. Mais qu'importent les distances à des hommes galants.

Ces messieurs avaient fait placer les deux cousines au fond de la calèche ; la maigreur de l'une faisait compensation avec l'embonpoint de l'autre ; elles y eussent été à leur aise, mais il avait été impossible aux trois cavaliers de tenir sur la banquette du devant, car l'oncle et le neveu Langlumot étaient tous deux très-gros.

« — Je vais me mettre à côté du cocher, » dit Isidore; mais les deux cousines s'écrient alors :

« — Non, monsieur, nous ne le souffrirons pas... c'est « déjà bien assez de nous avoir donné cette place dans « votre voiture.

« — Mettez-vous entre nous deux, » dit mademoiselle Armande, « vous êtes très-mince, je vous certifie que « cela ne nous gênera pas.

« — Non, mesdames, cela vous gênera.

« — De grâce, monsieur, » dit à son tour Argentine, « mettez-vous-y, ou je descends avec ma cousine. »

Il n'y avait pas moyen de refuser encore et cependant Isidore aurait cent fois préféré être sur le siége à côté du cocher, à se trouver presque enveloppé par les crinolines des deux dames, mais il se dévoue et s'assied entre les deux cousines, tout en disant à Langlumot qui se gratte le nez et lorgne mademoiselle Armande :

« — Ah! cher oncle... vous enviez ma place... vous « voudriez bien y être, je le vois!... et je vous l'aurais « déjà cédée si vous n'étiez pas si bel homme... tandis « que moi je ne suis qu'un avorton qui peut se glisser « partout. »

Langlumot est touché du compliment et veut tâcher d'y répondre d'une manière spirituelle, il commence par saluer les deux cousines, puis sourit en disant :

« — Il est certain que placé entre ces dames... plus « on est pressé... et plus on doit avoir d'agrément.

« Ah! charmant!... délicieusement répondu! » s'écrie Isidore qui ne manque pas une occasion pour chercher à se faire bien venir de Langlumot, dont il ne lui a pas été difficile de saisir les côtés faibles. « Mais il m'a « semblé, cher oncle, qu'en vous apercevant tout à « l'heure au Bois, madame vous avait parlé comme à « quelqu'un que l'on connaîtrait déjà... ai-je fait erreur?

« — Non, monsieur, » répond mademoiselle Armande,

« vous ne vous êtes pas trompé, nous avions déjà eu le « plaisir de nous trouver avec monsieur votre oncle, « dans le chemin de fer, nous occupions le même vagon « de première classe... nous avions pris cette locomo« tion à la station de Lisieux, car nous habitons fort « près de là, ma cousine et moi, une propriété assez « jolie et que l'on appelle la Grenouillère... je ne sais « pas trop pourquoi, car il n'y a pas plus de grenouilles « là qu'ailleurs. Comme nous y habitons depuis long« temps, les paysans du voisinage nous désignent tou« jours sous le nom des demoiselles de la Grenouillère... « car nous sommes demoiselles, ma cousine et moi. « Notre propriété est située un peu au-dessus de « Lisieux... près de Mesnil-Mauger, où il y a aussi une « station du chemin de fer, que nous aurions pu prendre, « mais nous avons préféré nous rendre à celle de Lisieux, « la route étant beaucoup plus pittoresque par là, et je « crois que monsieur était aussi à cette station.

« — Oui, mademoiselle, j'y étais en effet, » dit Langlumot, « car j'habite le même pays que vous... c'est« à-dire que deux lieues seulement nous séparent... « Vous êtes entre Lisieux et Mesnil-Mauger, moi, je de« meure à Lisieux même... où je possède aussi une « propriété assez belle, vous avez peut-être entendu « parler de moi... Langlumot... je m'occupe beaucoup « de pâturages...

« — Langlumot... » murmurent les dames... « Non... « nous ignorions votre nom !...

« — Moi, j'ai très-souvent entendu parler du charmant « domaine de la Grenouillère, et je me trouve heureux « d'en connaître les propriétaires. »

Les deux cousines s'inclinent et saluent autant qu'on peut le faire lorsqu'on est assis et gêné dans le fond d'une voiture.

« — Allons ! » dit Isidore, « vous êtes voisins, vous

« vous connaissiez déjà avant de vous être vus... main-« tenant vous voilà comme d'anciennes connaissances... « le destin devait vous rapprocher... comme disent les « Arabes : *C'était écrit!* l'événement du Bois est un coup « de la Providence...

« — Je crains qu'il n'ait pour moi des suites fâcheuses! » murmure mademoiselle Argentine, « je me sens comme « des frissons... je crois que j'ai la fièvre... cette chute « d'eau me sera funeste... je ferai une maladie, c'est « certain.

« — Rassurez-vous, notre docteur est là... et il n'y a « pas de maladie qui jusqu'à présent lui ait résisté... « Voyons, docteur, ne nous promettez-vous pas de guérir « mademoiselle... »

Le gros Auguste était depuis quelques instants tout préoccupé de ce qu'il demanderait chez le traiteur pour son dîner. L'envie de manger du canard lui souriait, et il répond à Isidore :

« — Avec des navets ; je crois que c'est ce qu'il y a de « mieux.

« — Comment, monsieur? vous comptez me guérir avec « des navets? » s'écrie mademoiselle Argentine.

« — Vous guérir, mademoiselle? » répond le neveu de Langlumot qui s'aperçoit qu'il n'était pas à la conversation... « Oh! assurément, je regrette seulement que vous « ne soyez pas plus malade... mais enfin nous verrons « comment cela tournera... Vous avez eu une grande « frayeur dans l'eau?

« — Oui, monsieur.

« — Très-bien; et vous avez eu froid?

« — Oui, monsieur... c'est-à-dire j'ai plutôt eu froid « après.

« — Très-bien! et en ce moment vous avez de petits « frissons?

« — Oui, monsieur.

« — Très-bien!... vous n'êtes pas à votre aise?

« — Oh! non, monsieur!

« — Ni moi non plus! » se dit Isidore qui est presque caché par les jupes de ces dames.

— « Très-bien! très-bien!... » continue de murmurer Auguste, et son oncle fait un signe approbateur en disant :

« — Je vois avec plaisir qu'il comprend la maladie! »

On arrive rue Charlot. Les deux jeunes gens prennent de nouveau mademoiselle Argentine sous les bras et l'aident à monter deux étages pour arriver à son logement; Langlumot suit avec la grosse Armande à laquelle il donne la main tout en lui faisant des yeux où il tâche de mettre beaucoup d'expression.

« — Vous allez m'écrire une ordonnance, n'est-ce pas, « docteur? » dit la malade en se jetant dans un fauteuil. « Ensuite je crois que je ferai bien de me mettre au « lit?

« — Oui, oui... mettez-vous au lit... il faudra même « le garder très-longtemps.

« — Vous pensez donc que je n'irai pas mieux de« main, docteur?

« — Demain! peste comme vous y allez... Ah! vous « croyez que vous serez guérie demain! J'espère bien « que... je veux dire, je crains bien que non. Mais soyez « tranquille, quand je soigne quelqu'un je ne le soigne « pas à moitié... et de plus, si mon sujet a quelque autre « maladie en retard... je les fais toutes arriver en même « temps, de cette façon-là vous comprenez qu'il ne peut « plus être malade de fort longtemps quand il sort de « mes mains.

« — Voulez-vous voir ma langue, docteur?

« — Cela ne peut jamais faire de mal.

« — Allons, cher docteur, » dit Isidore qui a bien de la peine à garder son sérieux, « écrivez votre ordon-

« nance, ensuite nous laisserons ces dames... il ne faut « pas être importun. »

Auguste se place devant un secrétaire, prend une feuille de papier blanc, une plume qu'il examine longtemps, puis appuie sa tête sur sa main gauche et regarde le plafond, probablement pour y chercher ce qu'il doit ordonner à la malade. Quelques minutes s'écoulent, le gros jeune homme regarde toujours au plafond, mais il n'a encore rien écrit.

Pendant ce temps Langlumot cause avec mademoiselle Armande, et la malade ferme à demi les yeux et semble très-disposée à s'endormir. Mais Isidore qui commence à s'ennuyer chez les deux cousines s'approche de son ami et lui dit à l'oreille :

« — Voyons! finis-en donc... est-ce que tu ne peux « pas accoucher d'une ordonnance... Que diable! mets « la première chose venue... Ordonne de la graine de lin « et de la fleur d'oranger... On guérit toutes les maladies « avec ça.

« — Chut! ne me trouble pas... laisse-moi faire mon « état, il faut appliquer le remède au cas...

« — Il me semble que tu n'appliques rien... tu regar-« des ta plume... voilà tout!...

« — Ah! par Esculape... je vois bien maintenant pour-« quoi je n'écris rien... ceci est une plume d'oie, et je ne « me sers que de plumes de fer.... mademoiselle, est-ce « que vous n'auriez pas ici des plumes de fer?

« — Pardonnez-moi, monsieur... là, dans le tiroir à « gauche...

« — Infiniment obligé.

« — Voulez-vous revoir ma langue, docteur?

« — Merci... je la verrai demain.

« — En voilà un docteur précieux, » se dit Isidore en se promenant dans la chambre, « il lui faut une plume « de fer, sans quoi il ne sait pas traiter ses malades...

« et dire qu'un jour cela aura peut-être beaucoup de « clients... et de la réputation... ça ne m'étonnerait pas, « on a vu des choses plus surprenantes. »

Enfin le jeune médecin est parvenu à écrire une ordonnance, ainsi que la manière de s'en servir. Alors il se lève, recommande à mademoiselle Argentine de se mettre au lit, de ne point le quitter jusqu'à nouvel ordre, et annonce qu'il viendra le lendemain matin savoir l'effet qu'aura produit la potion qu'il vient d'ordonner.

Puis, ces trois messieurs prennent congé des deux cousines, qui ne manquent pas de leur dire :

« — Nous espérons avoir aussi l'avantage de voir « M. Langlumot et son autre neveu... Ce sera une con« naissance bien agréable pendant le court séjour que « nous ferons à Paris. »

Ces messieurs s'inclinent ; Langlumot commence une phrase dont il ne peut pas sortir, mais Isidore l'en tire en s'écriant

« — Ne fatiguons pas plus longtemps la malade qui « a besoin de repos.

« — Renvoyons la calèche et allons dîner chez Bonvalet, » dit Isidore. « Nous sommes à deux pas et j'ai « très-faim...

« — Permettez, jeunes gens, » répond Langlumot, « puisque j'ai tant fait que de prendre un équipage, je « ne serai pas fâché d'arriver chez le traiteur en voiture... « on doit être bien mieux servi quand on arrive en ca« lèche.

« — Décidément notre oncle a plus d'esprit que nous, » s'écrie Isidore en remontant dans la calèche. « Vois-tu, « Auguste, nous ne sommes que des niais près de « lui. »

Langlumot savoure tous ces compliments qu'il prend au pied de la lettre, et il frappe sur les genoux du petit jeune homme en lui disant :

« — Écoutez donc! les Normands n'ont jamais passé « pour des imbéciles.

« — C'est juste, mais j'avais toujours cru qu'il n'y « avait pas de règle sans exception. »

Pendant le dîner, ces messieurs causent des deux cousines.

« — Ce sont des personnes fort à leur aise, » dit Langlumot, « j'ai souvent entendu parler du domaine de « la Grenouillère comme d'une propriété valant au « moins quatre-vingt mille francs.

« — De rente ?

« — Non; de fonds. Mais quand on possède une belle « propriété, ordinairement on a quelque chose avec.

« — Vous devez être au courant, mon oncle, » dit Auguste, « car il me semble que vous avez bien long- « temps causé avec celle de ces demoiselles que l'on « appelle Armande...

« — Oui, oui, nous avons causé... » répond le campagnard en affectant un air malin.

« — Que cet Auguste est indiscret! » s'écrie Isidore; « il y a de ces choses que l'on devine tout de suite, mais « dont on ne parle pas... Ton oncle a fait la conquête « de cette demoiselle... la belle femme, celle qui a de « l'embonpoint... Pardieu! nous le savons bien; et à « moins d'être aveugle, ce sont de ces sentiments qui « sont trop spontanés pour se dissimuler...

« — Ah! messieurs... messieurs! » dit Langlumot en rougissant de plaisir, « vous vous figurez des choses qui « ne sont pas... vous êtes dans l'erreur... Cette personne « est fort aimable, mais je n'ai aucune raison de croire... « que cela va plus loin.

« — Vous ne voulez pas en convenir... Très bien, notre « oncle, nous ne vous en parlerons plus... mais vous nous « permettrez d'en croire nos yeux... N'est-ce pas, Au- « guste, que c'est visible comme le jour et la nuit?

« — De quoi?

« — Sapristi, mon cher docteur, l'amour de la science « vous abrutit; vous n'êtes jamais à la conversation!... « Est-ce que vous n'avez pas remarqué les regards de « feu lancés sur notre oncle par mademoiselle Ar- « mande?

« — Oh! si fait... J'en ai été ébloui! Jamais on ne « m'a regardé comme ça.

« — Vous l'entendez .. Jamais on ne l'a regardé comme « ça!... Ah! nous ne sommes pas de votre force... Vous « moissonnez auprès des belles... mais nous autres, nous « nous contentons de glaner.

« — Mes enfants... si nous buvions du champagne?... « J'y prends goût au champagne... Décidément, cela « vaut mieux que le cidre. Que dites-vous de ma pro- « position?

« — Acceptée à l'unanimité! Le champagne est un « ami créé... pour les desserts!... Vous n'avez que de « bonnes idées, cher oncle... vous êtes digne de vivre « à Paris!...

« A propos de cela, dès demain j'écrirai à Hortense, « mon épouse... Je lui dirai que cette succession n'est « pas aussi claire qu'on me l'avait annoncé... que je ne « puis pas encore prévoir l'époque de mon retour...

» — Bravo!... Ah! quel roué que notre oncle!... ah! « quel scélérat! »

Ces messieurs ont bu du champagne. Jamais Langlumot ne s'est senti si gai, si heureux. Il mène les deux jeunes gens au spectacle; ensuite il les mène prendre du punch, puis il veut rejouer au billard. Une fois en train, il n'y a plus moyen de l'arrêter; et l'on rentre à l'hôtel en faisant déjà des projets de plaisir pour le lendemain.

« — Eh bien, il me semble que ça marche, » dit Isidore, quand il se retrouve seul avec Auguste. « La

« rencontre que nous avons faite au Bois est venue à « point, comme si on l'avait préparée.

« — Que trouves-tu donc de si avantageux pour nous « dans la connaissance de ces deux provinciales ridi- « cules?... Nous étions bien mieux dans la calèche « quand nous ne les avions pas avec nous.

« — Je te conseille de parler; il me semble que c'est « moi qui pourrais me plaindre... moi! qu'elles inon- « daient de leur crinoline!... Mais je sais supporter ces « petites misères, parce que je prévois les avantages qui « les suivront...

« — J'ai une cliente, c'est vrai... mais elle veut tou- « jours me montrer sa langue... c'est monotone!

« — D'abord, une cliente pour toi, c'est déjà quelque « chose; et si tu es adroit, j'aime à croire que tu la con- « serveras longtemps...

« — Si je la guérissais tout de suite, cela me ferait « bien plus d'honneur!

« — Voilà une belle idée! Tu ne comprends donc pas « quelles seront les suites de nos relations avec ces deux « demoiselles majeures!... Ton oncle est persuadé qu'il « a fait la conquête de la grosse Armande... Nous le « lui dirons tant, qu'il faudra bien qu'il en devienne « amoureux!... Je ne sais pas quel sera le résultat de « cette intrigue, mais ce que je sais, c'est que cela pren- « dra du temps, beaucoup de temps... que, pendant « qu'il fera la cour à sa belle, M. Langlumot ne songera « pas à retourner à Lisieux, et que tant qu'il sera à « Paris, notre porte ne pourra pas s'ouvrir... Le proprié- « taire ne reviendra pas de sa campagne; par consé- « quent, ce cher oncle s'habituera à nous loger, à nous « mener en calèche, et chez les meilleurs restaurateurs, « et au spectacle, et au café... enfin que nous continue- « rons cette vie de délices et de champagne que nous me- « nons depuis deux jours... Eh bien, y es-tu maintenant?

« — C'est ma foi vrai... je n'avais pas songé à tout « cela...

« — Tu n'es pas fort, mon pauvre Auguste; et si tu « guérissais sur-le-champ ta cliente, ces dames pour« raient aussi quitter Paris... Mais je suis bien tran« quille, tu ne la guériras pas... d'autant plus qu'elle « n'est pas malade, la grande maigre, elle ne peut donc « que le devenir entre tes mains. Voyons, qu'est-ce que « tu lui as ordonné? qu'as-tu mis dans sa potion?

« — La potion que j'ai ordonnée ne peut faire que du « bien; c'est... de l'eau de menthe... de l'éther... du « camphre... du sirop de gomme, du quinquina et de « l'orge perlé...

« — Ah! mon Dieu! que de choses!...

« — Aussi j'ai mis sur l'ordonnance : secouer long« temps avant de la prendre. Cela doit faire suer la ma« lade, ou je ne m'y connais pas... Or, une personne qui « est tombée dans l'eau a besoin de suer.

« — Va demain de bonne heure chez ces dames, tu « connaîtras l'effet de ta potion... et ne manque pas de « dire à la grosse Armande que ton oncle lui présente « ses hommages, et qu'il a parlé d'elle toute la soi« rée...

« — Sois tranquille... Ah! combien prendrai-je par « visite?

« — Tu songeras à cela plus tard... Tu ne vas pas al« ler te faire payer tes visites chaque fois que tu iras « voir ces dames... ce serait joli!...

« — Non, mais enfin on est bien aise de savoir sur « quoi compter... Je prendrai quarante sous...

« — Ce n'est pas assez? Tu veux donc qu'on te prenne « pour un malheureux sans talent, sans client! Plus tu « prendras cher, et plus on aura confiance en toi... Le « monde est ainsi fait. Je suis plus jeune que toi, je ne « devrais pas avoir besoin de t'apprendre cela.

« — Alors je prendrai trois francs. »

Isidore hausse les épaules et va se coucher en se disant : « Je crois qu'il l'est encore plus que son « oncle.

XX

UNE ORDONNANCE BIEN SUIVIE.

Le lendemain, sur les dix heures du matin, le gros Auguste, après s'être fait friser, bichonner et rayer, se fait chercher un cabriolet et se rend chez les demoiselles de la Grenouillère.

C'est mademoiselle Armande qui lui ouvre la porte; elle est encore en déshabillé du matin, bien que déjà pourvue de son corset. Mais sa figure est décomposée, ses traits bouleversés; enfin la plus vive inquiétude se peint sur sa physionomie. Elle s'écrie en voyant Auguste :

« — Ah! docteur... arrivez... je vous attendais avec « bien de l'impatience... nous avons grand besoin de « vous...

« — Comment... qu'y a-t-il donc? » demande Auguste, un peu effrayé de ce qu'il entend. « Est-ce que votre « cousine ne va pas mieux?...

« — Mieux!... Ah! bien au contraire... elle est beau-

« coup plus mal... Elle bat la campagne en ce moment...
« elle parle de rivière... de calèche... de poissons... c'est
« effrayant.

« — Vous m'étonnez! Est-ce qu'elle n'a pas pris de sa
« potion

« — Si vraiment... et c'est depuis qu'on lui en a donné
« qu'elle est dans cet état...

« — Comment? une potion calmante lui aurait donné
« le délire... c'est impossible!...

« — Je n'y conçois rien non plus, docteur.

« — Combien en a-t-elle pris de fois?

« — Une fois hier dans la soirée; ensuite, ce matin,
« comme elle était un peu plus tranquille, j'ai voulu
« qu'on lui en redonnât... et sa crise a recommencé...

« — Est-ce qu'on n'a pas bien suivi ce que j'ai écrit
« sur l'ordonnance?...

« — Oh! pardonnez-moi, docteur, on a suivi vos pres-
« criptions à la lettre... Je venais même de faire monter
« le concierge de la maison, pour tâcher de faire prendre
« encore de la potion à ma cousine.

« — Ah! vous lui faites donner cela par le concierge
« de la maison... Est-ce qu'il est garde-malade?

« — Non, docteur, mais c'est un homme très-fort; et
« vous comprenez que ce n'est pas une faible femme qui
« pourrait exécuter vos prescriptions.

« — Ma foi, non, je vous avoue que je ne comprends
« pas du tout... Pourquoi ne donneriez-vous pas vous-
« même de cette potion à votre cousine?...

« — Pour lui en faire boire, sans doute, je le pour-
« rais... mais avant, pour faire ce que vous avez ordon-
« né... je ne serais jamais assez forte...

« — J'ai ordonné quelque chose avant la potion?...

« — Vous le savez bien, docteur, vous avez écrit au
« bas de votre potion: bien secouer avant de la
« prendre.

« — Ah! c'est juste; oui, en effet, j'ai écrit cela; « mais je ne comprends pas qu'il faille un homme bien « fort pour exécuter cela...

« — Pardonnez-moi, docteur; elle n'en a pas l'air, « mais je vous assure qu'elle est très-lourde... et pour « la secouer, il faut quelqu'un de solide.

« — Que diable me dites-vous là? on en a donc fait « plein une dame-jeanne?... Cependant cela ne doit pas « être; les quantités étaient marquées... cela doit faire « une très-petite fiole..:

« — Une fiole, docteur! mais c'est de ma cousine « que je vous parle... Vous avez écrit qu'il fallait « la secouer longtemps avant de lui faire prendre de la « potion, et c'est pour secouer Argentine que je fais « monter notre concierge. »

Auguste se laisse tomber sur une chaise en riant aux éclats. Cette gaieté semble intempestive à la grosse Armande, qui lui dit d'un ton peiné :

« — Comment, docteur, vous riez lorsque je vous « dis que ma cousine ne peut pas supporter ce que vous « avez ordonné!...

« — Pardon, mademoiselle, mille fois pardon... « mais en vérité, il est difficile de s'en empêcher lors« qu'on voit comment vous avez interprété mon ordon« nance... J'ai écrit: Secouer longtemps avant de la « prendre, mais c'est de la potion qu'il s'agissait et « non pas de la malade! C'est la potion seule qu'il fal« lait secouer!...

« — Ah! mon Dieu!... il serait possible... pauvre « cousine... Mais aussi, monsieur, il fallait écrire : « Bien secouer la potion avant de la faire prendre!... « je n'aurais pas fait de quiproquo!

« — Eh! madame! qui est-ce qui va s'imaginer que « l'on croira qu'il faut secouer longtemps une per« sonne malade?... Enfin, j'espère que tout ceci n'aura

« pas de suite fâcheuse; veuillez me conduire près de « votre cousine. »

Lorsque le jeune docteur entre chez mademoiselle Argentine, celle-ci était en train de donner des coups de poing et des coups de pied au concierge, qui voulait absolument l'enlever de son lit pour la secouer; et elle criait de toutes ses forces :

« — Non! c'est assez !... je ne veux pas être soignée « comme cela... c'est une horreur... Si c'est cela qu'on « appelle l'homœopathie ou l'électricité, je préfère l'an- « cienne médecine... Je vais appeler au secours... Ah ! « voilà le docteur !... De grâce docteur, délivrez-moi de « cet homme !... »

On s'empresse de renvoyer le concierge, ce qui calme mademoiselle Argentine. Auguste lui promet qu'elle ne sera plus secouée ; et, sans vouloir divulguer la sottise de la grosse Armande, il rejette tout cela sur la faute du pharmacien, qui a cru devoir dire qu'il fallait faire subir à la malade ce mode de traitement avant de prendre la potion.

« — Ce pharmacien est donc un âne? » dit la malade « il voulait donc ma mort?

« — C'est un jeune élève qui a fait la potion, » dit Auguste ; « il pensait probablement à autre « chose... Remettez-vous, mademoiselle, tout ceci ne « sera rien.

« — Ah ! si vous saviez, docteur, cet affreux concierge « me secouait d'une force!... Je suis toute disloquée !

« — Cet homme croyait bien faire, il ne faut pas lui « en vouloir.

« — Je suis courbaturée... je suis très-faible... voulez « vous voir ma langue ?

« — Volontiers... oh ! fichtre... mauvaise langue !...

« — Ah !... je suis bien plus malade qu'hier !

« — Ce n'est pas ma faute! je n'ai pas l'habitude de

« faire secouer mes malades... ceci retardera un peu « votre guérison, il faudra garder le lit plus long- « temps.

« — Ah! docteur, il me serait bien impossible de me « lever maintenant... quel dommage... pendant que « nous étions à Paris nous en profitions pour jouir de « tous les agréments qu'il offre.

« — Oh ! ma cousine, il paraît qu'il faudra que nous « y restions bien plus longtemps que nous ne le pen- « sions. Ce monsieur... cet avocat qui nous a offert « ses services pour arranger notre différend avec « madame Baleine, est venu ce matin; il m'a dit que « cette indigne corsetière ne voulait pas entendre rai- « son... et que par conséquent, comme nous étions « dans notre droit, il fallait aller devant les tribunaux « et soutenir un procès...

« — Ah ! monsieur Chipotier vous a dit cela...

« — Ce sont ses propres paroles; mais il a ajouté: « Quant au procès vous le gagnerez, cela ne fait aucun « doute...

« — Nous le gagnerons... ces avocats disent toujours « cela... je ne sais pas si nous devons avoir entière con- « fiance en celui-ci... Docteur, connaissez-vous maître « Chipotier? un avocat?... il nous a dit qu'il était très- « célèbre.

« — Maître Chipotier... ma foi non, je ne connais pas « ce monsieur... mais il y a tant d'avocats célèbres à « Paris, on ne peut pas les connaître tous... c'est comme « les médecins... il y en a de fort célèbres... qui sont « totalement inconnus... c'est-à-dire... enfin... vous me « comprenez...

« — Armande, racontez donc au docteur le sujet de « notre différend avec cette corsetière... il nous donnera « son avis...

« — Volontiers, ma cousine. »

Auguste, qui ne tient pas du tout à savoir pourquoi « l'on veut plaider avec la marchande de corsets, se lève « en disant.

« — Non, non... pas maintenant... Diable! la malade « a besoin de repos... il faut la laisser dormir... vous « nous raconterez cela quand je reviendrai avec mon « oncle... c'est un homme très-fort en jurisprudence... « il a soutenu plusieurs procès pour des pommes « qu'on ramassait dans ses champs, et qui n'étaient « pas véreuses comme on le prétendait. Il pourra vous « donner de fort bons avis... Cela me fait souvenir qu'il « m'a chargé, mesdames, de vous présenter ses hom- « mages.

« — Ah! c'est un homme bien aimable! » dit mademoiselle Armande en soupirant.

« — Et votre cousin aussi, » dit Argentine.

« — Mon cousin?... ah! vous voulez parler d'Isi- « dore!... c'est mon ami, mais nous ne sommes point « parents.

« — Il appelle cependant M. Langlumot son oncle?

« — Oui, c'est un petit nom d'amitié qu'il lui donne...

« — Il a l'air bien distingué ce jeune homme! il doit « être d'une noble souche...

« — Oh! sa souche est infiniment noble... Pardon, « mesdames, mais mes malades me réclament...

« — Et vous devez avoir une nombreuse clientèle, « docteur?

« — Tellement nombreuse que je ne la compte plus!

« — Vous ne m'ordonnez rien d'autre, docteur?...

« — Non... continuez la potion... dormez beaucoup...

« — Je suis bien faible... puis-je manger quelque « chose...

« — Je n'y vois pas d'inconvénient... peu de chose... « une tranche de gigot... ou une meringue... à votre « choix.

« — Ah! vous pensez que je puis manger cela...

« — Je fais toujours manger mes malades... c'est ma « manière de les soigner...

« — Verrons-nous votre oncle aujourd'hui?

« — Assurément! il viendra s'informer de votre san« té... au revoir, mesdemoiselles. »

Auguste s'éloigne en se disant :

« — C'est embêtant les malades, toujours voir des « langues... je suis fâché d'avoir pris cet état-là... je pré« fererais être rentier... voilà une profession agréable!.. « n'avoir rien à faire que flâner, fumer, s'amuser... ah! « je ne sais pas ce que je ferais pour acquérir cette posi« tion!... mais je ne vois rien en perspective... qu'un bon « mariage... une femme riche... une grosse dot!... « Tiens... si ces demoiselles de la Grenouillère sont « riches... elles ne sont plus de la première jeunesse; « l'une est bien maigre, l'autre bien grasse... mais qu'im« porte... je prendrai l'une ou l'autre... ce n'est pas la « femme, c'est la dot que j'épouserais. Il faut que « je fasse part de cette idée à Isidore; il est rempli « d'imagination, il est capable de faire réussir ce « projet.

Le jeune médecin revient à l'hôtel, où il trouve son ami déjeunant avec son oncle, auquel il continue de persuader qu'il a fait la conquête de mademoiselle Armande.

« — Eh bien, comment va ta malade? » demande M. Langlumot à son neveu.

« — Pas bien, mon oncle... oh! elle est beaucoup « plus mal qu'hier.

« — Je m'y attendais! » s'écrie Isidore, qui ajoute tout bas :

« — Ta potion a fait du bien à ce qu'il paraît.

« — Ce n'est nullement ma faute, » dit Auguste, « j'ai « écrit sur mon ordonnance : bien secouer avant de la

« prendre, et mademoiselle Armande s'est imaginée que « c'était sa cousine qu'il fallait secouer...

« — Ah! ah! ah! le quiproquo est trop fort! » s'écrie Isidore en riant. « C'est pourtant encore notre oncle qui « est cause de cela...

« — Moi! » dit Langlumot, « je suis cause que l'on a « secoué la malade?...

« — Eh, sans doute, si vous n'aviez pas tourné la tête « à mademoiselle Armande, est-ce que jamais elle « aurait fait une pareille bévue !... mais quand les « femmes sont amoureuses, c'est fini, la raison disparait, « elles ne savent plus ce qu'elles font... »

Langlumot prend un air modeste en disant :

« — Ce diable d'Isidore voudrait absolument me per- « suader que j'ai fait une conquête!...

« — Moi ! je ne veux rien ! seulement j'ai des yeux et « j'y vois clair.

« — Je suis fâché que cette belle personne soit demoi- « selle... avec une veuve on est plus hardi!...

« — Mon cher oncle, une demoiselle de cet âge-là peut « bien passer pour veuve... croyez-moi, le cas de sé- « duction n'est point à redouter...

« — Taisez-vous, mauvais sujet!... Jeunes gens, je « vous laisse, je vais écrire à Lisieux à mon épouse... « je vais lui annoncer que l'héritage demandera du « temps!... qu'il se présente des difficultés pour réa- « liser...

« — Bravo! oh! nous nous en rapportons à vous, vous « n'en êtes pas à votre coup d'essai !

« — Plus tard je pourrai dire que je me suis donné « une entorse... ce n'est nullement dangeux, mais c'est « très-long.

« — Eh bien, Auguste... quand je te disais que ton « oncle nous jouerait tous sous la jambe... nous sommes « des écoliers, nous!... »

Langlumot rit aux larmes, il s'éloigne enchanté de lui.

« — Tu veux absolument persuader à mon oncle qu'il « a fait la conquête de la grosse Armande, dit « Auguste lorsqu'il est seul avec Isidore ; « mais tu ne sais pas que « j'avais une idée.

« — Je pouvais d'autant moins le deviner que « cela n'est pas ton habitude... fais-moi part de cette « idée ?

« — Mon cher, je crois que je ne serai jamais un grand « médecin !

« — Si c'est là ton idée il y a longtemps que je l'avais « aussi ; tu pourras faire un gros médecin, mais grand, « non.

« — Je ne me sens de goût que pour la bombance et le « *far niente,* comme disent les Italiens.

« — Alors va à Naples, et fais-toi lazarone.

« — J'aime mieux la France que l'Italie ; je me disais « tout à l'heure, en sortant de chez les deux cousines, « qu'un bon mariage pourrait seul me procurer cet ave- « nir doré...

« — Mêlé de faisans également dorés... je te vois « venir, mais va toujours...

« — Ces demoiselles de la Grenouillère sont riches à « ce que mon oncle nous a assuré...

« — Assez ! je t'ai compris... il y a plus, comme enfin « ton oncle ne nous hébergera pas toujours, comme il « faudra qu'il retourne dans ses lares, nous nous retrou- « verions dans cette affreuse débine dont il nous a mo- « mentanément tirés... il faudrait retourner dans le gre- « nier que nous cède Philiberte... être de nouveau au « régime de la soupe à l'oignon et des haricots que cette « iudustrielle veut bien nous offrir... non, sacrebleu ! j'en « ai assez de ce régime-là... et je me suis déjà dit : voilà « deux demoiselles majeures et riches, épousons-les

« Auguste et moi. Elles ne sont ni belles, ni jeunes, « mais qu'importe! quand on est amoureux de sa femme « cela ne dure jamais bien longtemps, on ne tarde pas « à changer... nous, qui n'en serons pas amoureux, nous « ne changerons pas.

« — Comment tu avais formé ce projet?... et crois-tu « qu'il réussira?

« — Cela ne saurait être douteux. Deux jeunes gens « comme nous... bien faits... jolis garçons, échoueraient « près de deux demoiselles qui ont bien la quarantaine... « est-ce que c'est possible!...

« — Isidore, si cela t'est égal, je préférerais la grasse « à la maigre...

« — Cela m'est entièrement indifférent! ceci étant une « affaire d'argent et non d'amour!

« — Mais puisque tu avais aussi cette idée, pourquo « cherches-tu à persuader à mon oncle qu'il a fait la « conquête de mademoiselle Armande?

« — Pauvre niais!... ceci servira justement à la réus- « site de nos projets... d'abord cela retient ton oncle à « Paris... et s'il s'en allait quelle figure y ferions-nous... « il me semble que ce point est assez important; ensuite « tu ne dois pas craindre que ton oncle épouse la demoi- « selle puisqu'il est déjà marié...

« — C'est juste, mais as-tu remarqué qu'il n'en a pas « soufflé mot aux deux cousines...

« — Sois donc tranquille, je le dirais moi, si les choses « allaient trop loin... mais il n'y a pas de danger...

« — Allons, je m'en rapporte à toi... nous épouserons « les deux cousines... nous palperons leurs écus!...

« — Oui... à moins cependant qu'un événement inat- « tendu ne vienne changer tout cela...

« — Quel événement?

« — Si je retrouvais mes parents, s'ils étaient million- « naires!... tu conçois que j'enverrais promener made-

« moiselle Argentine!... mais les deux cousines te reste-« raient et tu aurais le choix.

« — Laisse-moi donc tranquille avec tes parents... tù « ne les retrouveras jamais!... puisqu'ils t'ont aban-« donné, c'est qu'ils ne veulent pas de toi!

« — Ceci n'est pas une raison... j'ai toujours de l'es-« poir. »

Ces messieurs ne manquent pas de se rendre le soir chez les demoiselles de la Grenouillère. En les apercevant, mademoiselle Armande montre un visage encore plus bouleversé que le matin, et Auguste demande comment va sa malade.

« — Ah! docteur... elle va plus mal que ce matin, et « ce n'est pas ma faute cette fois, je vous certifie qu'on « ne l'a pas secouée du tout!...

« — Mais alors, qu'est-il survenu?

« — Elle étouffe, elle se plaint... elle se sentait mieux « sur les quatre heures, alors elle a voulu manger la « tranche de gigot que vous aviez permise... c'est depuis « ce moment qu'elle se plaint!

« — Comment misérable! » dit tout bas Isidore à Auguste, « tu permets une tranche de gigot à quel-« qu'un qui a la fièvre... tu veux donc me tuer ma fu-« ture!...

« — Calmez-vous! tout ceci ne sera rien, » s'écrie Auguste, « je vais voir la malade... je vais lui ordonner « autre chose...

« — Tu ne vas pas lui faire prendre du pâté de foie « gras, j'espère...

« — Je sais mon état... j'ai été recu docteur, il me « semble que cela suffit... j'ai le droit de traiter mes ma-« lades comme je l'entends. »

Pendant que le jeune médecin est près de mademoiselle Argentine, la cousine Armande reste avec Isidore et Langlumot. La conversation est à peine commencée lorsque arrive un grand monsieur sec tout habillé de noir et cravaté de blanc. C'est maître Chipotier, l'avocat avec lequel nous avons déjà fait connaissance dans un vagon de troisième classe; ce monsieur salue la compagnie aussi gravement que les apothicaires saluent M. de Pourceaugnac; mais au lieu d'une seringue, maître Chipotier tient sous son bras un rouleau de papiers.

« — Enchanté d'avoir le bonheur de vous rencontrer « derechef aujourd'hui, » dit l'avocat à la grosse Armande. « D'abord je voulais savoir des nouvelles de « votre cousine, qui ce matin avait, m'avez-vous dit, un « dérangement complet dans son état normal...

« — Ma cousine ne va pas bien ce soir... mais en ce « moment le docteur est près d'elle...

« — Si le docteur est près d'elle, vous devez être, ma« demoiselle, entièrement dépourvue d'inquiétude... ja« mais un malade n'est mort auprès de son médecin, « ceux-ci les quittent toujours avant.

« — Mais j'espère, monsieur, que ma cousine n'est « point en danger de mourir.

« — Vous avez le droit d'espérer, mais il ne faut ja« mais trop se flatter, il survient souvent des accidents « imprévus qui aggravent les maladies... ma femme est « morte d'une piqûre d'épingle, certainement cela ne « paraissait pas dangereux d'abord! mais il est survenu « tant de péripéties...

« — Ah! voilà le docteur, il va nous donner des nou« velles.

« — Cela va mieux, » dit Auguste, « la tranche de « gigot ne gêne plus la malade... à force de me montrer « sa langue... elle s'en est débarrassée... pas de sa « langue! du gigot. J'ai ordonné une légère tisane com« posée de thé... avec pas mal d'eau-de-vie, beaucoup « de jus de citron...

« — C'est du punch que tu as ordonné alors...

« — Cela y ressemble un peu... mais comme je veux « savoir s'il sera bien fait, j'ai dit à la servante de m'en « apporter d'abord à moi... pour le goûter... c'est dans « ma manière de soigner... je sais alors si l'on a bien « suivi mes prescriptions.

« — Je demande à le goûter aussi » dit Isidore, « tou-« jours dans l'intérêt de la malade !

« — Je donnerai aussi volontiers mon avis, » dit l'avocat

« — Nous en goûterons tous, » dit Langlumot, « car « j'approuve fort la méthode de mon neveu.

« — Mademoiselle, » reprend maître Chipotier, « je « désirerais aussi connaître votre résolution relativement « à votre différend avec madame Baleine, vous avez « sans doute consulté votre cousine, et vous êtes déci-« dée à plaider.

« — Ma pauvre Argentine n'était point en état de s'oc-« cuper de cela... Ce matin nous avons voulu consulter « le docteur, il nous a dit d'attendre que son oncle fût « présent... si vous aviez la bonté, monsieur Chipotier, « d'expliquer à ces messieurs ce dont il s'agit.

« — Avec le plus grand plaisir... et je vais commen-« cer, si ces messieurs veulent bien me prêter leurs « oreilles.

« — Nous vous les prêtons, dit Langlumot en saluant l'avocat, qui, pour mieux pérorer, commence par faire les mêmes gestes qui dans le vagon avaient été si peu du goût de Franville.

« — Messieurs, vous allez connaître le cas dans le-« quel se trouvent les demoiselles de la Grenouil-« lère : ces dames habitent la Normandie, beau pays « qui est aussi le mien... Je n'ai pas besoin de vous « vanter ses excellents pâturages... ses vertes vallées « et ses pommes ! ses pommes qui donnent ce cidre

« délicieux avec lequel on se passe de vin, quand on « n'a pas le moyen d'en acheter! Je n'ai pas besoin de « vous dire que ce pays a inspiré à l'un de ses enfants « cette tendre romance. »

Ici maître Chipotier se met à chanter :

« Je vais revoir ma Normandie,
« C'est le pays qui m'a donné le jour.

« — Je n'ai pas besoin de vous dire...

« — Pardon, monsieur, » dit Isidore que le bavardage de l'avocat commence à ennuyer, « mais vous « n'avez pas besoin de nous dire autre chose que le « sujet de la contestation de ces demoiselles avec ma- « dame Baleine.

« — C'est juste, monsieur, j'y arrivais... mais l'amour « du pays m'entraînait :

« A tous les cœurs bien nés que la patrie est chère

« Ces demoiselles habitent donc le domaine de la Gre- « nouillère, situé entre Lisieux et le Mesnil-Mauger, mais « comme elles se mettent fort bien, comme elles veulent « suivre les modes de Paris, c'est de Paris qu'elles font « venir leurs chapeaux, leurs robes et leurs corsets... « Le corset, ce vêtement si nécessaire à la femme, à ce « qu'on prétend, et ce que je nie, moi!... car la nature « n'a point donné à la femme des attraits... arrondis, « pour qu'elle les emprisonne dans ce que j'appellerai; « le caleçon de la poitrine! Ève, notre mère à tous, Ève « portait-elle un corset? Non!.. il paraît qu'elle n'en était « pas moins bien tournée... du moins les portraits que « nous avons d'elle, la représentent comme une superbe « créature; les femmes sauvages n'ont point de corsets;

« les Hottentotes, qui allaitent leurs enfants par derrière « leur dos, trouveraient le corset fort gênant; j'ai connu « des hommes qui en portaient! mais alors...

« — Avocat, à la question, de grâce!... vous vous en « écartez toujours!...

« — J'y arrivais, monsieur... La question, ce sont bien « des corsets : ces demoiselles ayant appris que ma- « dame Baleine avait la renommée pour cette partie du « costume féminin, lui ont envoyé leurs mesures bien « exactes, bien prises, avec tous les renseignements né- « cessaires à une confectionneuse. Très-bien; madame « Baleine envoie les corsets avec son mémoire... mé- « moire d'apothicaire! car il montait à cent quarante « francs... cent quarante francs pour deux corsets... vous « me direz que ceux-ci étaient pourvus d'une foule de « petites cachettes où l'on pouvait mettre une grande « quantité de suppléments plus ou moins mignons.

« — Monsieur... de grâce! » s'écrie mademoiselle Armande, « vous entrez dans des détails trop minutieux. « Si les corsets avaient été bien faits pour Argentine et « moi, nous aurions payé sans murmurer la lettre de « change que madame Baleine avait tirée sur nous; « mais le corset d'Argentine était infiniment trop large « pour elle, le mien était trop étroit pour moi, et cepen- « dant celui de ma cousine ne m'allait pas, et elle ne « pouvait pas mettre le mien. Alors nous sommes venues « à Paris, rapportant les corsets soigneusement empa- « quetés et la marchande refuse de les reprendre, et veut « nous les faire payer... voilà le sujet de la contesta- « tion.

« — Bravo!... supérieurement parlé! » dit Langlumot. « Mademoiselle, nous sommes parfaitement au fait « de la question.

« — Et vous ne vous êtes pas perdue dans votre su- « jet! » dit Isidore.

Pendant que mademoiselle Armande parlait, maître Chipotier très-vexé de ce qu'on lui ait coupé la parole, continue cependant de faire des gestes, pour accompagner sa cliente; il termine par un bras lancé en l'air avec tant de force qu'il attrape un guéridon placé près de lui et fait sauter quelques tasses qui sont dessus.

Mademoiselle Armande tressaille en s'écriant :

« — Ah! qu'est-ce que cela ?

« — Rien, c'est ma manière d'applaudir » dit l'avocat. « Mademoiselle vous avez très-bien raconté votre affaire, « mais il s'agit maintenant d'expliquer le fait et le « droit : car c'est là-dessus que nous établirons les bases « de notre procès...

« Il y a fait... ceci est évident... maintenant où est le « droit... est-il de notre côté ?... Je prétends que oui, « parce que...

« — Assez, avocat, assez, » s'écrie Isidore, « voici la ti-« sane que le docteur a ordonnée pour sa malade, et « que nous devons tous goûter... ceci est notre droit. »

Une servante venait d'entrer dans le salon apportant une soupière, remplie de punch, dont le parfum flattait agréablement l'odorat.

« — Ah! mon Dieu, docteur, tant de tisane pour ma « cousine, » dit mademoiselle Armande, « est-ce qu'il « faudra qu'elle prenne tout cela ?

« — Rassurez-vous, quand nous en aurons goûté, il « n'y en aura plus trop... la bonne, donnez-nous des « verres, et vous, belle demoiselle, soyez notre *Hébé* et « buvez avec nous de cette tisane.

« — Vous voulez que j'en boive aussi.

« — Cela vous empêchera de tomber malade. »

La tisane est trouvée excellente par tous ces messieurs, et même par mademoiselle Armande. Le docteur y retourne pour être certain qu'elle est bien faite; Isidore, parce qu'il adore le punch; Langlumot parce que cela le rend très-gai, et enfin l'avocat parce qu'il se trouve rarement à pareille fête, et veut en profiter.

C'est à qui de ces messieurs reviendra le plus souvent à la soupière, si bien qu'au bout de trois quarts d'heure il ne reste plus rien dedans ; mais tout le monde est très-aimable.

« — Maintenant portez cette soupière à la malade, » dit Auguste à la bonne, « il est impossible que le contenu « lui fasse du mal. »

La bonne ouvre de grands yeux en regardant dans la soupière, mais comme la grosse Armande est alors très-occupée à causer avec Langlumot, elle n'ose pas l'interrompre et s'éloigne avec la soupière vide.

« — Ces messieurs ne m'ont pas dit leur opinion au « sujet de l'affaire des corsets, » murmure Chipotier qui n'a plus la langue aussi déliée qu'en arrivant.

« — Notre opinion ! » dit Isidore. « Eh ! parbleu, elle « ne saurait être douteuse ! ces demoiselles sont par« faitement dans leur droit, il faut qu'elles soutiennent le « procès... n'est-ce pas, notre oncle ?

« — Oui, oh ! c'est mon avis... je dirai même plus... « c'est mon sentiment. »

L'avocat enchanté de ce que l'on conseille de plaider, fait un bond sur sa chaise, ouvre ses bras comme s'il voulait embrasser tout le monde et s'écrie :

« — J'étais certain que ces messieurs seraient de mon « avis ! nous sommes faits pour nous entendre ! Ma foi, « pendant que j'ai le plaisir d'être avec eux, il faut « que je les régale du récit d'une cause fort piquante... « que je plaidai il y a quelque temps et dont voici le « sujet : madame Rigaut, ma cliente, voulait se séparer « d'avec son mari, parce qu'elle l'avait vu monter au « grenier avec sa bonne, grosse fille de vingt ans envi« ron, à la mine espiègle... nous pouvons même dire « délurée... »

Mais il n'y avait plus de punch, et Isidore venait de s'éclipser; Auguste l'avait suivi, et M. Langlumot avait jugé convenable d'imiter les jeunes gens. Alors mademoiselle Armande était allée voir comment se portait sa cousine. Maître Chipotier, s'apercevant qu'il parle dans le désert, se décide aussi à s'en aller, en se disant :

« — Ils auront été pris d'un urgent besoin de sortir...
« je leur conterai cette cause à la première occasion. »

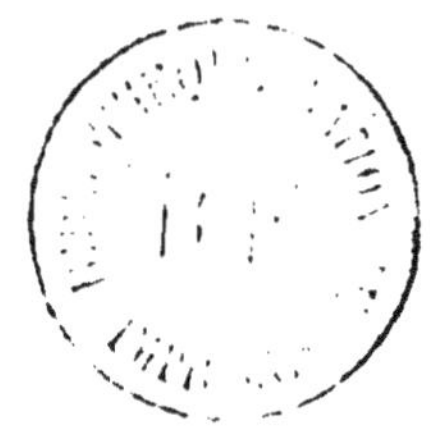

FIN DU PETIT ISIDORE.

TABLE DES MATIÈRES

FIN DE LA TABLE DU PREMIER VOLUME

Aureau. — Imprimerie de Lagny.

www.ingramcontent.com/pod-product-compliance
Lightning Source LLC
LaVergne TN
LVHW010548110826
845149LV00003B/597

9782012166349